図解即戦力

オールカラーの丁寧な解説で
知識ゼロでもわかりやすい！

HACCP対応
食品衛生管理の

しくみと対策が
しっかりわかる

今城 敏
Satoshi Imanari

技術評論社

●参考文献●

西田 博「着眼点 食品衛生」1982年　中央法規出版
河端俊治、春田三左夫、細貝祐太郎「実務 食品衛生」1987年　中央法規出版
矢野俊博編集「改訂 実践 食品工場の品質管理」2021年　幸書房
「ISO 22000：2018食品安全マネジメントシステム 要求事項の解説」2019年　日本規格協会
「改訂新版 HACCP導入と運用の基本」2021年　日本食品衛生協会

はじめに

食のグローバル化が進展する中で、食品衛生の重要性はますます高まっています。国内外で法律改正の動きが進み、食の安全・安心に対する国際的な動向も飛躍的な変化を見せています。

日本の状況を見てみると、2018年の食品衛生法の改正に伴い、2021年までに、原則として、すべての食品等事業者に、HACCPに沿った衛生管理の実施が義務付けられ、食品業界全体の管理体制が強化されました。これは、日本の食品安全管理を国際的な水準に引き上げ、消費者の信頼を維持する上できわめて重要なステップとなりました。

また、国際的な視点からは、2020年のコーデックス「食品衛生の一般原則」の見直しも注目されています。この見直しはHACCPの重要性を改めて強調し、ハザードの明確な認識を求めています。これにより、食品業界全体での衛生管理の基本的な考え方が統一され、国際的な水準に合致することが重要になりました。

本書では、これらの新たな動向と法律を踏まえて、食品衛生管理の実践的な手法からHACCPの具体的な取り組みまで、幅広く解説しています。本書の構成として、まず食品衛生管理の重要性と食品安全への取り組みの意義について考え、食中毒の原因や衛生管理ポイント、ハザードとその対策方法について理解を深めます。次に、食品衛生法や各規格基準について、またコーデックス規格やISO規格、米国における規制など、食品衛生管理を取り巻く法律や規格について学びます。さらに、フレームワーク思考を用いてHACCPを理解するとともに、HACCPの導入とシステム構築のポイントを見ていきます。そして最終章では、今後の食品衛生管理の重要性や課題、品質戦略の捉え方について掘り下げます。食品安全文化の育成や食品防御の強化、トレーサビリティシステムの導入、新たな管理手法の活用など、積極的に取り組むべきテーマについても詳細に示しています。

本書が、食品業界における品質確保の一助となり、読者の皆様の品質保証・品質管理の実践に役立てていただければ幸いです。

2023年9月　今城 敏

CONTENTS

Chapter 3

食品衛生の敵と戦う

Chapter 4
食品衛生の敵に備える

Chapter 5
HACCPを導入するための準備

Chapter 6

4Mで一般衛生管理プログラムを理解する

Chapter 7

HACCPの概要と具体的な構築ポイント

Chapter 8

HACCPを着実に運用するために

Chapter 9

食品業界における衛生管理事例

Chapter 10
食品安全の将来展望と品質戦略

付章

第1章

食品安全をめぐる日本と世界の現状

食品衛生管理は、フードチェーンの全段階において、食品の安全性を確保するための対応や手段を指します。食品衛生管理を学ぶためには、まずリスクを管理して食品の安全を保証する「食品安全」について理解を深めることが大切です。日本と世界の食品安全に対する考え方や取り組みを見ていきましょう。

Chapter1
01

食品衛生管理の重要性

食品は私たちの生命を維持し、健康を支える上で重要な存在です。その食品が食中毒菌や有害物質などによって汚染され、それが原因で健康や生命が脅かされないようにするために、重要な役割を持つのが食品衛生管理です。

どんな食品も「絶対に安全」とはいえない

私たち人間が生きていくためには、「食」を欠かすことはできません。しかし、私たちが食品を摂取する際、成分の質や量が適切であっても、たとえば食中毒菌や汚染物質、硬質異物（P.50）といった有害な因子が含まれている場合、それによってさまざまな健康被害が発生する可能性があります。

有害な食品の危険性は、調理や製造・加工の方法、摂取方法などの条件によって変化し、乳幼児や高齢者など、摂取者の免疫力や耐性によっても変わります。つまり、どんな食品でも健康に影響を与える場合があり、食品に対して「絶対に安全」と言い切ることは難しいといえます。

健康を守るために「食品衛生」を重視する取り組み

食品の安全対策や衛生管理の改善に取り組むことは、私たちの健康を守る上で非常に重要です。世界保健機関（WHO）が規定した「食品衛生」の定義によれば、食品衛生とは「食品の生育、生産、製造から最終消費までのすべての段階で、食品の安全性、健全性、良質さを確保するために必要なすべての対策」を意味します。

日本では、飲食に起因する衛生上の危害の発生を防止し、食品の安全性を確保するために、1947年に「食品衛生法」が制定されました。その中で、食品衛生については「食品、添加物、器具及び容器包装を対象とする飲食に関する衛生」（第4条第6項）と規定されています。

食品由来の健康被害を防止するために、これまでに食品の安全対策としてさまざまな方策が考案され、実施されてきました。しかし、現在でも多くの問題が未解決のまま残されている状況です。

世界保健機関（WHO）
World Health Organization。「すべての人々が可能な最高の健康水準に到達すること」を目的として設立された国連の専門機関。

食品衛生法
食品汚染や食中毒など、飲食に起因する健康被害の発生を防止し、食品の安全性を確保するための法律。

企業における食品衛生管理の重要性と目的

人々の健康と安全の確保

食品の衛生管理は、消費者の健康と安全を守るために不可欠。衛生管理が不十分な場合、食中毒や感染症、アレルギー反応などの健康リスクが増加する。これは消費者の健康に悪影響をもたらすだけでなく、企業の信頼性やブランドイメージにも大きな打撃を与えることになる。

法令遵守と社会的責任

食品業界では、食品衛生法やその他の関連法規によって衛生管理が定められている。適切な衛生管理を行うことでコンプライアンス（法令遵守や社会的規範に従うこと）を確保し、罰則や営業停止などのリスクを回避することができる。また、企業は社会的責任を果たすことが求められており、コンプライアンス確保に努めることで、消費者や地域社会の信頼を得ることができる。

食品の品質向上

適切な衛生管理を行うことで、食品の品質が向上し、食品の鮮度や味、質感が保たれる。これにより、消費者が満足する商品を提供することができるようになり、リピート購入や口コミによる新規顧客の獲得につながる。

企業の信頼性とブランドイメージの向上

適切な衛生管理を実施する企業は、消費者からの信頼を得やすくなり、ブランドイメージが向上する。信頼性が高い企業は、長期的な成功や成長を実現しやすくなる。

コスト削減と効率性の向上

適切な衛生管理を行うことで、製品の不良率が減少し、廃棄コストが削減される。また、消費者からのクレームが減ることで、対応にかかる人的・物的コストも抑えられ、経営効率が向上する。

出典：著者作成

食品事業に関わる企業にとって、
食品衛生管理は、企業価値も
左右するとても重要なテーマです。

Chapter1 02

食品安全への取り組み

食品の安全性を確保することは重要な公衆衛生の問題であり、世界共通の課題です。世界保健機関（WHO）は、食中毒を防ぐために「5つの鍵」のコンセプトを用いて、食品衛生の知識と行動を提唱しています。

経済や社会に大きな影響を及ぼす食品安全

生産から消費までの過程（フードチェーン）には、食品が汚染されるさまざまなリスクが存在します。世界では食品を通じて200種類以上の病気が広がり、毎年40万人以上が死亡しているという現実を見ても、食品由来の健康被害を防止する難しさがわかります。

食品を原因とする病気は長期的な健康被害をもたらし、特に乳幼児や高齢者などの弱者に大きな影響を与えます。一方で、生産や流通構造といった食品の供給は複雑であり、世界的に食品が流通している現在では、食品安全（＝食品の安全性）がより重要な課題になっています。

食品安全は、食品に関わる分野の人々だけが対応すればよいわけではありません。私たちの健康はもちろん、経済や社会全体にも影響を与える問題であり、あらゆる人が食品安全の維持についての役割を持ち、多職種、多領域の取り組みが求められます。さまざまな分野の専門家や地域社会、教育機関の協力のもと、消費者自身も安全な食品の選択と取り扱い方を学ぶ必要があります。食品安全は、社会全体が総力を挙げて取り組むべき課題なのです。

フードチェーン
食料の一次生産（原材料の生産）から最終消費までの流れ。食品やその原材料の生産・加工・流通・保管・販売の一連の段階や活動を指す。

食品安全
コーデックス委員会（CAC）（P.22）は「予期された方法や意図された方法で作ったり、食べたりした場合に、その食品が食べた人に害を与えないという保証」としている。また消費者庁は食品の安全を守るしくみ（リスク分析）の1つに「リスク管理」を挙げている（P.20）。

食品をより安全にするための「5つの鍵」

世界保健機関（WHO）は食品衛生の知識と行動について、「5つの鍵(Five Keys to Safer Food)」というわかりやすいコンセプトを用いて、世界中に普及しています。そして、2006年には報告書として「食品をより安全にするための5つの鍵マニュアル」を発表しました。日本でもこのマニュアルが翻訳され、食品衛生教育が行われています。日常生活においてこの5つの鍵の内容を守り、行動することで、食中毒を防ぐことができます。

世界保健機関（WHO）が示す「食品をより安全にするための5つの鍵」

第 1 の鍵：清潔に保つ

食中毒の原因となる危険な微生物が人の手、まな板、ふきんなどに付着すると、そこから食品に移行して食中毒を引き起こす可能性がある。

- 食品を取り扱う前、トイレに行った後は必ず手を洗い、調理中も頻繁に手を洗う。
- まな板、ふきんなどの調理器具は十分に洗浄、消毒する。
- 調理場や食材を、ねずみ、昆虫などの害から守る。

第 2 の鍵：生の食品と加熱済み食品とを分ける

生の肉や魚に付着した危険な微生物が、他の食品に移行する可能性がある。

- 生の肉類や魚介類などは、他の食品と分けて取り扱う。
- 生の食品と加熱済み食品は、それぞれ調理器具や保存容器を分けて使う。

第 3 の鍵：よく加熱する

適切に加熱することで、食中毒の原因となる多くの微生物を死滅させることができる。

- 特に肉類、卵、魚介類はよく加熱する。
- スープやシチューのような食品は、中心温度が 70℃以上になるよう加熱する。
- 調理済みの食品はよく再加熱する。

第 4 の鍵：安全な温度に保つ

食品が室温で保存されていると、微生物が急速に増える可能性がある。

- 調理済み食品を室温に 2 時間以上置かない。
- 食品保存は 5℃以下、食べる際は 60℃以上を保つ。
- 冷凍された食品を室温で解凍しない。

第 5 の鍵：安全な水と原材料を使う

水や氷などを含む原材料、あるいは傷んだり、カビが生えたりしている食品は、危険な微生物や化学物質で汚染されている可能性がある。

- 安全な水を使用し、新鮮で良質な食品を選ぶ。
- 安全性が確保された、殺菌乳などの食品を選ぶ。
- 果物や野菜を生で食べる場合にはよく洗う。

出典：国立医薬品食品衛生研究所によるポスター（世界保健機関（WHO）"Five Keys to Safer Food"より許可を得て翻訳）をもとに作成

ONE POINT

食品の安全は重要な公衆衛生問題

「食品をより安全にするための5つの鍵マニュアル」は、食品衛生の基本的な知識と行動の普及を目的としています。食品を通じた健康被害は、先進諸国であっても大きな問題となっており、特に乳幼児への影響が大きいとされています。食品による健康被害は、ひとたび発生すると多くの人々に影響を与え、社会的な問題にもなります。そうした事態を予防するためには、食品を安全に製造・流通・販売するしくみを整えることはもちろん、私たち1人ひとりが日々の生活で注意を払うことが重要です。

Chapter1 03

食中毒が社会に与える経済的損失

食中毒は飲食店や家庭で起きる身近な問題というイメージがありますが、ひとたび大規模な食中毒事件が発生すると、症状を発症した当事者にとどまらず、社会全体に大きな影響と経済的な負担をもたらします。

社会現象としての性格を持つ食中毒

食中毒とは、食品や手指、調理器具、容器包装などに付着した有害な微生物や化学物質を口にすることで、下痢や腹痛、発熱、嘔吐などの症状を起こす健康被害のことです。

食中毒は当事者だけの問題ではなく、社会にも経済的な負担（社会的費用）をもたらします。食中毒による社会的費用は、主に病気に直接関係する費用と、企業・産業が負担する費用に分けられます。

そのうち、病気に関係する費用については、米国農務省経済調査局（USDA/ERS）をはじめ、各国が行う調査によって算出されますが、企業・産業が負担する費用については、調査すべき項目も多く、具体的な金額を算出することは困難です。しかし、企業が食中毒事件を起こした場合、多方面への損害賠償、工場や生産体制の改善措置、企業イメージの回復など、莫大な費用がかかることは容易に想像できます。

社会的費用
企業の活動から発生し、企業自身は負担しないが、社会全体としては費用として生じている損失を指す。

米国農務省経済調査局（USDA/ERS）
United States Department of Agriculture/Economic Research Service。農務省の所管する主な政策に対応した食料、農業、農村、環境、国債の各分野において、経済や政策的な観点から研究を行っている。

雪印乳業食中毒事件の経済的損失

2000年に発生した雪印乳業食中毒事件は、企業による大規模な食中毒事件として記憶している人も多いと思います。北海道の工場で製造された脱脂粉乳に、黄色ブドウ球菌が産生する毒素（エンテロトキシン）が含まれていたことが原因で、1万3,000人を超える被害者を出し、世界最大の黄色ブドウ球菌食中毒となった事件です。

結果として、雪印乳業は、被害者や家族の時間的損失、心理的な傷害、行政や医療機関に対する費用、ブランド価値の低下など、大きな経済的損失を被ったことが推測されます。また、この事件

食中毒の費用を生む項目

患者、社会

- 患者の治療費
- 医療費
- 心的費用（恐怖、痛み）
- 危険回避の費用　など

行政

- 調査・研究費用
- 検査費用
- 会議費用
- 広報費用
- 業者に対する補償
- 訴訟および訴訟に対する対応

企業

- 原料、製品のリコール
- 工場及び生産の改善
- 法的な損害
- ブランドの失墜
- 事件による需要の減少
- 企業イメージの回復
- 企業の破産

産業全体

- 汚染した動植物の処分
- 関連施設の清掃・改修・改善
- 輸送・販売の方法・ルートの改善
- 衛生・検査体制の強化
- 食品についてのイメージ落下
- 食品イメージの回復（広報、宣伝）

食中毒は、
さまざまな面で
社会に大きな負担を
負わせて
しまいます。

雪印乳業食中毒事件にともなう企業の損失の推定

（単位：億円）

期間	損失額	内訳	
2000年4月～2001年3月	1,014億円	経常利益段階の見積もり実損	712
		中毒事故棚卸し資産除去損	113
		中毒事故その他損失	189
2001年3月～2001年8月	382億円	経常利益段階の見積もり実損	250
		減価償却方法変更の影響	5
		特別退職金（特別損失）	90
		市乳工場合理化費用（特別損失）	10
		その他事業構造改革損失（特別損失）	27
小計	1,396億円	合計　2,096億円	
ブランド損失	700億円		

※数値は雪印乳業株式会社「51期事業報告書」「52期事業報告書」「半期報告書」より
※ブランド損失はインターブランドモリヤマによる試算

出典：いずれも日本食品微生物学会雑誌19巻（2002）3号「食中毒の社会費用」（清水 潮）をもとに作成

によって、牛乳や乳製品をはじめとする加工食品に対する不安を消費者に与えるなど、産業全体への影響もあり、大きな社会的費用が生じた事例といえます。

Chapter1 04

食品安全の活動は誰が行うのか

毎年6月7日は「世界食品安全デー」です。世界中の人が食品安全について考え、食品安全に対する意識を高める目的で制定されました。生産から消費に至るまで、すべての人が食品の安全性を確保する役割を持っています。

毎年6月7日は「世界食品安全デー」

国際連合は2018年の国連総会において、食品安全に関する意識を高め、「持続可能な開発目標（SDGs）」を達成するために、6月7日を「世界食品安全デー（World Food Safety Day：WFSD）」と定めました。

世界保健機関（WHO）は毎年この日に向けて、食品安全の普及・啓発のためにさまざまなテーマを掲げています。第5回となる2023年には「食品規格が命を救う（Food standards save lives）」をテーマとし、「世界フードセーフティーデイ2023へのガイド（A guide to World Food Safety Day 2023）」を発表しました。

持続可能な開発目標（SDGs）
2030年までに持続可能でより良い世界を目指す国際目標で、17のゴールと169のターゲットからなる。「誰1人取り残さない」という理念を掲げ、発展途上国だけでなく、先進国も含めたすべての国が積極的に取り組んでいる。

食品安全はすべての人の責任

WHOはガイドの中で、「食品安全はすべての人にとって重要であり、すべての関係者が、食品が安全に消費されることを確保する役割を担っている」と唱えています。具体的には、どんな関係者が、どんな役割を持っているのでしょうか。

グローバル：国際的な協力や情報共有を行うことで、食品安全の確保に務めます。

行政機関：食品管理システムの整備や、国際的な食品安全基準の策定などに関与し、消費者や食品等事業者への啓発活動も行う必要があります。

食品等事業者：食品が安全であることを確保する責任があり、従業員への食品安全の情報伝達が求められます。

職場や学校：食品安全や衛生習慣の教育という重要な役割を持ちます。食品の適切な取り扱い方や正しい衛生習慣を身に付ける

食品等事業者
フードチェーンを構成する食品の製造、加工、調理、販売などを行う事業者。

「世界フードセーフティーデイ」のガイドから見る数字

世界では毎年、10人に1人が汚染された食品が原因で病気になっている。

安全でない食品が引き起こす下痢によって6人に1人が死亡しており、5歳未満の子どもの主な死因となっている。

毎年、世界中で推定500万人が、感染症が原因で亡くなっている。

200を超える疾病が、細菌、ウイルス、寄生虫、あるいは重金属のような化学物質によって汚染された食品を食べることで引き起こされている。

5歳未満の子どもは、安全でない食品の消費による栄養失調や死亡のリスクがより高く、食品由来疾病による負荷の40%を占めている。

フードチェーンを通じて、家畜と人との直接接触、あるいは環境を介して、薬剤耐性微生物が伝染する可能性がある。薬剤耐性微生物の感染が原因となり、世界では毎年70万人が死亡していると推定されている。

食品由来の寄生虫疾病により、急性及び慢性の健康障害が引き起こされる可能性がある。11の主要な寄生虫疾病による患者数は、1年あたり4,840万人と推定されており、そのうちの48%が食品を介して伝染している。

出典：国際連合食糧農業機関（FAO）・世界保健機関（WHO）「世界フードセーフティーデイ2022へのガイド」、「世界フードセーフティーデイ2023へのガイド」をもとに作成

ことで、ほとんどの食品媒介疾患は予防することができます。

消費者：常に最新の情報を入手し、食品安全の意識を高めながら、日常生活でWHOの示す「食品をより安全にするための5つの鍵」（1-02参照）を実践することが大切です。

このように、食品安全を実現するためには、すべての関係者が一丸となって取り組むことが求められます。また、食品安全の確保と向上をはかることで、私たちの生活と健康に対する食品の影響を最大限に活用し、持続可能で、より良い未来を築くことにつながるといえます。

Chapter1
05

食品安全の動き①

日本の食品安全行政

日本では、食生活を取り巻く環境の変化や、BSE問題などによる食品への不安が広がったことをきっかけに、食品安全に対して「リスク分析」という考え方を基本に、新たな行政のしくみが構築されました。

過去の問題を契機に食品安全行政を改革

日本では、2001年に発生したBSE問題をきっかけに、食品安全行政の改革が始まりました。厚生労働大臣及び農林水産大臣の私的諮問機関としてBSE問題に関する調査検討委員会が設置され、報告書で指摘された問題点と改善すべき点をもとに、2003年に「食品安全基本法」が制定されます。同法にはリスク分析の考え方が導入され、それに基づいて、内閣府に食品安全委員会が設立されました。また、厚生労働省には医薬食品局食品安全部（現：医薬・生活衛生局）が、農林水産省では消費・安全局がそれぞれ設立され、食品衛生法の改正やJAS法の改正、牛トレーサビリティ法の導入など、食品安全関連の規制の強化が進められました。

BSE問題
牛海綿状脳症(BSE)(P.52)に関わる社会問題で、食肉産業から消費者までを巻き込み、食の安全性が問われた。日本でも2001年に初めてBSE発生が確認され、食品への不安が広がった。

食品安全基本法
食品の安全性の確保を図るために、リスク分析の手法を取り入れて制定された法律。

リスク分析
食品中に含まれるハザード(P.38)を摂取することにより、ヒトの健康に悪影響を及ぼす可能性がある場合に、その発生を防止し、またはそのリスクを低減するための考え方。「リスクアナリシス」とも呼ぶ。リスクを科学的に分析する「リスク評価」「リスク管理」「リスクコミュニケーション」から構成される。

消費者行政の観点からの改革

その後、食品をはじめとした、消費者の安全に関わるさまざまな事故や被害が発生し、食品規制の調和と協調が議論される中、消費者行政の一元化と省庁間の横断的対応が求められるようになります。そこで、消費者の視点から消費者行政全般を担う組織として、2009年に消費者庁が設置され、食品表示や緊急時対応などの権限が移管されました。

消費者庁への情報管理の一元化や、緊急時に司令塔として機能するなど、消費者の安全を確保するための対策を強化することで、食品安全に関する問題や食品規制の整備に対して、より効果的な対応が可能となりました。

さらに政府は、厚生労働省で食品衛生基準行政を担当している食品基準審査課を消費者庁に2024年に移管することが決まって

食品の安全を守るリスク分析のしくみ

リスクコミュニケーション

リスク評価やリスク管理の全過程において、リスク評価者、リスク管理者、消費者、事業者、研究者、その他の関係者の間で、相互に情報の共有や意見の交換を行うこと。

食品安全委員会

リスク評価
どのくらいなら食べても安全か評価

・機能的に分担
・相互に情報交換

厚生労働省、農林水産省、環境省など

リスク管理
食べても安全なようにルールを決めて、監視

消費者庁

関係府省庁及び地方公共団体などとの連絡調整、企画・運営など

リスク分析とは、問題発生を未然に防止したり、悪影響の起きる可能性（リスク）を低減するための枠組みのことです。

リスク評価	食品に含まれるハザードの摂取（ばく露）によるヒトの健康に対するリスクを、ハザードの特性などを考慮しつつ、付随する不確実性を踏まえて、科学的に評価すること。
リスク管理	すべての関係者と協議しながら、技術的な実行可能性、費用対効果、リスク評価結果などのさまざまな事項を考慮した上で、リスクを低減するために適切な政策・措置（規格や基準の設定、低減対策の策定・普及啓発など）について、科学的な妥当性をもって検討・実施すること。
リスクコミュニケーション	リスク分析の全過程において、リスクやリスクに関連する要因などについて、一般市民（消費者、消費者団体）、行政（リスク管理機関、リスク評価機関）、メディア、事業者（一次生産者、製造業者、流通業者、業界団体など）、専門家（研究者、研究・教育機関、医療機関など）といったそれぞれの立場から情報の共有や意見交換をすること。

出典：消費者庁「食品の安全を守る仕組み」（https://www.caa.go.jp/policies/policy/consumer_safety/food_safety/food_safety_portal/safety_system/）をもとに作成

います。これは、新型コロナウイルスなどの感染症対策能力を強化するための組織見直しの一環です。この方針により、科学的知見に基づく食品安全の啓発の推進や、販売現場のニーズに対するタイムリーな対応が可能になるとされています。また、これによって、消費者庁が国際的な食品基準に関する議論に、一体的に参画できるようになると見込まれています。

食品安全委員会
食品安全基本法の制定により、内閣府に設置された行政機関。規制や指導などのリスク管理を行う関係行政機関から独立し、科学的知見に基づき客観的かつ中立公正にリスク評価を行う。

JAS法
正式名称は「日本農林規格等に関する法律」。日本農林規格の制定、保護のしくみや認定機関・飲食料品以外の農林物資の品質表示などについて定める日本の法律。農林水産省及び消費者庁が所管。

牛トレーサビリティ法
正式名称は「牛の個体識別のための情報の管理及び伝達に関する特別措置法」。牛への耳標の装着、出生から牛肉になるまでの履歴情報の届出・記録・保存、記録された情報のインターネットでの公表などが定められている。

Chapter1
06

食品安全の動き②

コーデックス委員会の役割と食品安全基準の国際的運用

消費者の健康の保護や、食品の公正な貿易の促進などを目的として設立されたコーデックス委員会(CAC)は、個別の食品に対する標準規格や各種ガイドライン、衛生規範など、国際社会で共有される食品規格を策定しています。

コーデックス委員会とは

コーデックス委員会（CAC）は、国連機関である国際連合食糧農業機関（FAO）と世界保健機関（WHO）が1963年に設立した政府間組織です。世界の消費者の健康を保護し、公正な食品貿易の実施を促進することを目的とし、国際的な食品安全基準（コーデックス規格）の策定などを行っています。加盟国は2023年6月現在、188の加盟国と1加盟機関（欧州連合：EU）の代表がともに作業する機関で、日本は1966年に加盟しました。

コーデックス委員会（CAC）
Codex Alimentarius Commission。Codex委員会やCodexと表記されることが多い。

国際連合食糧農業機関（FAO）
Food and Agriculture Organization of the United Nations。食糧の安全保障と、栄養、作物や家畜、漁業と水産養殖を含む農業、農村開発を進める先導機関。

世界で通用する食品の国際規格

コーデックス規格は、国際社会で共有される食品規格として、世界的に認められています。「消費者の健康保護」と「食品取引における公正性の確保」を目的に、安全規格のベースラインを示し、貿易係争時において科学的根拠になる役割を果たしており、世界貿易機関（WTO）の判断基準としても用いられています。

コーデックス規格自体は法的拘束力を持たず、国の法律や規制に取り入れられることで拘束力が発生します。規格は「一般規格」「ガイドライン」「実施規範」に分類され、水平方向に適用される場合もあります。

一般規格：「コーデックス・スタンダード」といわれ、個別の食品に対する規格基準を決めるためのものです。

ガイドライン：実施の指針であり、特定主要分野における方針を定める原則や、原則を解釈するためのガイドラインに区分されます。

実施規範：個別食品や食品群の生産、加工、製造、輸送、保管の実施について定めており、食料消費の安全性と適切性を確保す

コーデックス委員会の組織概要とコーデックス規格策定の流れ

コーデックス総会 CAC

執行委員会（CCEXEC）　事務局

一般問題部会（10 部会）	個別食品部会（12 部会）	地域調整部会（6 部会）
一般原則 CCGP（フランス）	生鮮果実・野菜 CCFFV（メキシコ）	アフリカ CCAFRICA（ウガンダ）
食品添加物 CCFA（中国）	油脂 CCFO（マレーシア）	アジア CCASIA（中国）
食品衛生 CCFH（アメリカ）	スパイス・料理用ハーブ CCSCH（インド）	ヨーロッパ CCEURO（ドイツ）
食品表示 CCFL（カナダ）	魚類・水産製品 CCFFP（ノルウェー）	ラテンアメリカ・カリブ海 CCLAC（エクアドル）
分析・サンプリング法 CCMAS（ハンガリー）	穀類・豆類 CCCPL（アメリカ）	近東 CCNE（サウジアラビア）
残留農薬 CCPR（中国）	加工果実・野菜 CCPFV（アメリカ）	北アメリカ・南西太平洋 CCNASWP（フィジー）
食品残留動物用医薬品 CCRVDF（アメリカ）	乳・乳製品 CCMMP（ニュージーランド）	
食品輸出入検査・認証制度 CCFICS（オーストラリア）	糖類 CCS（コロンビア）	
栄養・特殊用途食品 CCNFSDU（ドイツ）	食肉衛生 CCMH（ニュージーランド）	
食品汚染物質 CCCF（オランダ）	植物タンパク質 CCVP（カナダ）	
	ナチュラルミネラルウォーター CCNMW（スイス）	
	ココア製品・チョコレート CCCPC（スイス）	

注：（　）内は議長国
灰色の部会は休会中

出典：厚生労働省「コーデックス委員会組織図（2023.4 現在）」をもとに作成

ステップ 1　新規作業の提案（各国・部会から）総会における新規作業の承認

ステップ 2　「規格原案」の提示

ステップ 3　各国・関係団体による「規格原案」に対するコメントの提出

ステップ 4　部会における「規格原案」の検討

ステップ 5　総会における検討・予備採択（採択された場合、「規格原案」から「規格案」へと呼び名が変わる）

ステップ 6　各国・関係団体による「規格案」に対するコメントの提出

ステップ 7　部会における「規格案」の検討

ステップ 8　総会における検討・採択（採択された場合、正式な「コーデックス規格」となる）

出典：各種資料をもとに著者作成

る上で不可欠なものとされています。

食品衛生に関するコーデックス規格としては、HACCP（**4-01**参照）のガイドラインが示されているほか、食品中のアクリルアミド低減に関する実施規範などが存在しています。

コーデックス規格
食品の安全基準と品質規格に大別される。安全基準は消費者の健康保護を目指し、食品添加物の利用、汚染物質の摂取、微生物対策など、食品全般にわたる衛生規範を定めたもの。品質規格は公正な貿易を促進するために設けられ、食品の成分、製造方法、表示、検査方法などを規定し、食品貿易に必要な輸出証明の方法や手続きを定めたもの。

規格
工業製品などの寸法、形状、品質などについて定められた標準。規格には標準化の及ぶ範囲により、個々の企業ないし工場内だけで決める社内規格、業界や協会などで制定される団体規格、国家的な規模で定められる国家規格、さらに、国際標準化団体によって制定され、世界的に適用される国際規格がある。

世界貿易機関（WTO）
World Trade Organization。貿易に関する国際的なルールを決め、貿易障壁を削減・撤廃するため、加盟国間で貿易交渉を行う国際機関。

主なコーデックス規格

一般規格	230種類	ガイドライン	81種類	実施規範	55種類

	部会	参照出典	最新版	タイトル（筆者による仮訳）
一般規格 Standards	CCFL	CXS 1-1985	2018	包装食品の表示に関する一般基準
		CXS 146-1985	2009	特別用途包装食品の表示及び強調表示に関する一般基準
	CCCPC	CXS 87-1981	2016	チョコレート及びチョコレート製品に関する規格
	CCCPL	CXS 152-1985	2021	小麦粉に関する規格
		CXS 198-1995	2019	米に関する規格
	CCFA	CXS 192-1995	2021	食品添加物に関する一般基準
	CCFFP	CXS 190-1995	2017	急速冷凍魚フィレ肉に関する規格
	CCFFV	CXS 293-2008	2008	トマトに関する規格
	CCFH	CXS 106-1983	2003	照射食品に関する一般基準
	CCMAS	CXS 239-2003	2004	食品添加物に関する一般分析方法
	CCMMP	CXS 283-1978	2022	チーズに関する一般基準
	CCNFSDU	CXS 73-1981	2017	ベビーフード缶詰に関する規格
	CCPFV	CXS 67-1981	2019	レーズンに関する規格
	CCS	CXS 212-1999	2022	糖類に関する規格
	CCVP	CXS 175-1989	2022	大豆たんぱく製品に関する規格
ガイドライン Guidelines	CCFL	CXG 1-1979	2009	強調表示に関する一般ガイドライン
	CCFH	CXG 21-1997	2013	食品に関連する微生物学的基準の設定と適用のための原則とガイドライン
		CXG 30-1999	2014	微生物学的リスクアセスメントの実施に関する原則とガイドライン
		CXG 61-2007	2009	食品中のリステリア管理への食品衛生の一般原則の適用に関するガイドライン
		CXG 78-2011	2011	鶏肉中のカンピロバクター及びサルモネラの管理に関するガイドライン
		CXG 79-2012	2012	食品中のウイルス管理への食品衛生の一般原則の適用に関するガイドライン
		CXG 88-2016	2016	食品中の寄生虫管理への食品衛生の一般原則の適用に関するガイドライン
		CXG 96-2022	2022	生物学的集団感染の管理に関するガイドライン
	CCFICS	CXG 53-2003	2008	食品検査及び認証制度に関連する衛生措置の同等性の判断に関するガイドライン
	CCGP	CXG 62-2007	2007	各国政府による食品中のリスク分析のための作業原則
	CCPMPP	CXG 14-1991	1991	食肉及び食鳥加工製品に使用されるスパイス及びハーブの微生物学的品質に関するガイドライン
実施規範 Codes of Practice	CCFH	CXC 1-1969	2022	食品衛生の一般原則
		CXC 15-1976	2007	卵及び卵製品に関する衛生規範
		CXC 23-1979	1993	低酸性及び酸性食品缶詰に関する衛生規範
		CXC 39-1993	1993	集団給食における下処理済食品及び調理済食品に関する衛生規範
		CXC 40-1993	1993	無菌的に加工及び包装された低酸性食品に関する衛生規範
		CXC 46-1999	1999	賞味期限の延長された冷蔵包装食品に関する衛生規範
		CXC 53-2003	2017	生鮮果実及び野菜に関する衛生規範
		CXC 57-2004	2009	乳及び乳製品に関する衛生規範
	CCMPH	CXC 58-2005	2005	食肉に関する衛生規範
	CCPFV	CXC 2-1969	2011	果物及び野菜の缶詰に関する衛生規範
	TFPHQFF	CXC 8-1976	2008	急速冷凍食品の工程及び取り扱いに関する実施規範
	CCCF	CXC 59-2005	2010	樹木ナッツ中のアフラトキシン汚染の予防及び低減に関する実施規範
		CXC 67-2009	2009	食品中のアクリルアミド低減のための実施規範
		CXC 78-2017	2017	スパイス中のマイコトキシンの予防及び削減に関する実施規範
	CCFFP	CXC 52-2003	2019	魚介類及び魚介類製品に関する実施規範

※2023年9月現在　出典：コーデックス委員会「All standards」（https://www.fao.org/fao-who-codexalimentarius/codex-

食品中の汚染物質113種類の最大レベルを設定	食品中の残留農薬5,969種類の最大残留レベルを設定
食品中の食品添加物4,468種類の最大レベルを設定	食品中の動物用医薬品632種類の最大残留レベルを設定

タイトル（原文）
General Standard for the Labelling of Prepackaged Foods
General Standard for the Labelling of and Claims for Prepackaged Foods for Special Dietary Uses
Standard for Chocolate and Chocolate Products
Standard for Wheat Flour
Standard for Rice
General Standard for Food Additives
Standard for Quick Frozen Fish Fillets
Standard for Tomatoes
General Standard for Irradiated Foods
General Methods of Analysis for Food Additives
General Standard for Cheese
Standard for Canned Baby Foods
Standard for Raisins
Standard for Sugars
Standard for Soy Protein Products
General Guidelines on Claims
Principles and Guidelines for the Establishment and Application of Microbiological Criteria Related to Foods
Principles and Guidelines for the Conduct of Microbiological Risk Assessment
Guidelines on the Application of General Principles of Food Hygiene to the Control of Listeria Monocytogenes in Foods
Guidelines for the Control of Campylobacter and Salmonella in Chicken Meat
Guidelines on the Application of General Principles of Food Hygiene to the Control of Viruses in Food
Guidelines on the Application of General Principles of Food Hygiene to the Control of Foodborne Parasites
Guidelines on the Management of Biological Foodborne Outbreaks
Guidelines on the Judgement of Equivalence of Sanitary Measures associated with Food Inspection and Certification Systems
Working Principles for Risk Analysis for Food Safety for Application by Governments
Guide for the Microbiological Quality of Spices and Herbs Used in Processed Meat and Poultry Products
General Principles of Food Hygiene
Code of Hygienic Practice for Eggs and Egg Products
Code of Hygienic Practice for Low and Acidified Low Acid Canned Foods
Code of Hygienic Practice for Precooked and Cooked Foods in Mass Catering
Code of Hygienic Practice for Aseptically Processed and Packaged Low-Acid Foods
Code of Hygienic Practice for Refrigerated Packaged Foods with Extended Shelf Life
Code of Hygienic Practice for Fresh Fruits and Vegetables
Code of Hygienic Practice for Milk and Milk Products
Code of Hygienic Practice for Meat
Code of Hygienic Practice for Canned Fruit and Vegetable Products
Code of Practice for the Processing and Handling of Quick Frozen Foods
Code of Practice for the Prevention and Reduction of Aflatoxin Contamination in Tree Nuts
Code of Practice for the Reduction of Acrylamide in Foods
Code of Practice for the Prevention and Reduction of Mycotoxins in Spices
Code of Practice for Fish and Fishery Products

texts/all-standards/en/）をもとに作成

Chapter1 07

食品安全の動き③

ISO規格と食品安全マネジメントシステム

国際標準化機構（ISO）は、食品の安全性を確保するために、国際的な衛生管理手法であるHACCPをもとにしたマネジメントシステムとして、ISO 22000という国際規格を制定しています。

国際間の取引をスムーズにするための共通基準

国際間で取引をスムーズに行うためには、何らかの基準となるものが必要です。そうした国際的な基準を定めているのが、スイスのジュネーブに本部を置く国際標準化機構（ISO）です。ISOは技術的な仕様を対象に国際規格（ISO規格）を制定しており、変化する社会の要請に対応するために、定期的に見直されます。

ISO規格には、製品そのものを対象とする「モノ規格」と、組織の活動を管理するためのしくみである「マネジメントシステム規格」の2種類があります。

国際標準化機構（ISO）
International Organization for Standardization。国際的な規格を制定する非政府機関。

組織の活動を管理するための規格

ISO規格に適合するマネジメントシステムを持つ組織は、「継続的に改善するしくみを持ち、有効に運用している組織」といえます。ISOは、製品・サービスの品質を継続して生み続けるマネジメントシステム自体の質が重要であるとして、それに対応するために規格化を開始し、ISO 9001（1987年）をはじめとする各種の規格を制定しました。

また、食品安全分野においては、食品専門委員会（ISO/TC34）で審議されたISO 22000「食品安全マネジメントシステムーフードチェーンの組織に対する要求事項」が2005年に制定されています。この規格は、食品産業の品質保証や品質管理に携わる人々に対して、食品の安全性を確保するためのマネジメントシステムを提供するものです。

ISO 22000の導入により、食品産業は国際的な基準に沿った食品安全対策を実現し、信頼性を高めることができます。また、消費者に対して安全な食品を提供することに貢献し、食品産業全体

マネジメントシステム
組織の目的を達成するために、組織を適切に指揮・管理するしくみのこと。

ISO 9001
品質マネジメントシステム（Quality Management System：QMS）に関する国際規格。もっとも普及しているマネジメントシステム規格であり、全世界で170カ国以上、100万以上の組織が利用している。

ISO規格の種類

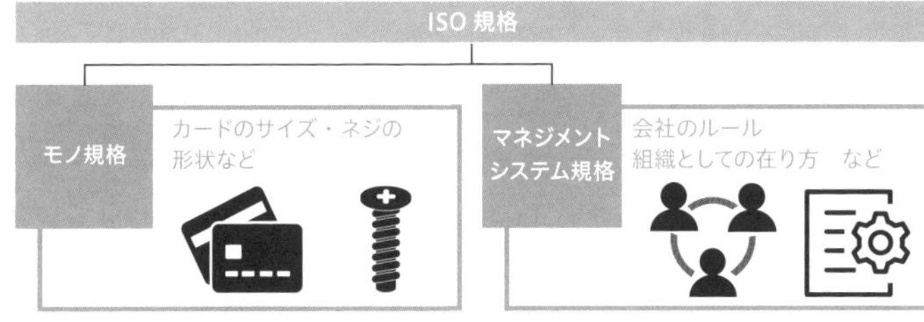

ISOにおける主なマネジメントシステム規格の種類

規　格	種　類	目　的
ISO 9001	品質	製品やサービスの品質を向上させて、顧客満足を達成する。
ISO 14001	環境	経営を通して、環境リスクの低減と環境問題の解決につなげる。
ISO 22000	食品安全	フードチェーンにおいて、食品事故発生のリスク低減と安全な食品を製造する。
ISO 27001	情報セキュリティ	情報の漏洩や不正アクセスの防止など、セキュリティの確保を行う。
ISO 50001	エネルギー	エネルギーパフォーマンス（エネルギーの効率や使用、消費量）を継続的に改善すること。
ISO 45001	労働安全	労働者の健康や労働災害の発生抑止などに取り組み、安全で健康な職場を提供する。
ISO 39001	道路交通安全	交通事故による死亡事故・重傷事故の発生を撲滅させる。

食品安全マネジメントシステムの構成イメージ

マネジメントシステム　組織で運営するためのしくみ

HACCP　科学に裏付けされた製造加工

一般衛生管理プログラム（前提条件プログラム）　食品安全の基本

正しいことを決める・守る組織　組織統制

経営者の論理・哲学　企業倫理

出典：いずれも各種資料をもとに著者作成

の品質向上につながります。食品安全マネジメントシステムの構築と維持は、食品産業における重要な取り組みとなっています。

食品専門委員会(ISO/TC34)

ISO内の専門委員会で、人間と動物の食物（動植物の繁殖用素材を含む）の標準化を担当。ISOの規格は新規提案をもとに、専門委員会やその下部組織で段階的に審議され、最終的に国際規格として発行される。食品安全マネジメントシステムに関する規格ISO22000はISO/TC34によって検討された。

ISO 22000

食品安全マネジメントシステム（Food Safety Management System：FSMS）に関する国際規格。HACCPの食品衛生管理手法をもとに食品安全のリスクを低減し、安全なフードサプライチェーンの展開を実現する。

食品安全の動き④

Chapter1
08

「予防管理」の視点で食品安全に取り組む米国

米国では、食品安全に対して、事故を事前に防ぐために「予防管理」という方針を取っています。その観点から大幅に食品規制を見直し、2011年に食品安全強化法（FSMA）が制定されました。

食品安全強化法が制定された背景

米国では、毎年約4,800万人（米国民のおよそ6人に1人）が食中毒を発症しています。2011年には、3,307件の食品由来の疾患による死亡事故が発生しました。

そこで、米国食品医薬品局（FDA）は事故が起こってからの「事後的対応」から、事故を防ぐための「予防管理」へ転換することとし、公衆衛生の向上を目的として、食品安全強化法（FSMA）が米国議会で可決されました（2011年）。実に70年ぶりの大幅な法律の改正です。

FSMAは食品による疾患や死亡事故を未然に防止するための法律で、米国内で製造される食品だけでなく、米国内で流通する輸出食品にも適用されます。対米輸出を行っている日本の食品等事業者にも適用されるため、日本においてもFSMAに関する査察への対応が重要な課題となっています。

日本でも重視すべき食品安全強化法第103条

FSMAは全4章から構成されており、具体的な内容を定めた規則が順次、策定・施行されています。中でも、最も影響を及ぼす要素の1つが、同法第103条の「ヒト向け食品に対する予防コントロール（PCHF）」規則です。これはほぼすべての食品事業者に適用されるため、非常に影響の大きな規則といえます。

PCHFはハザード分析を必須としており、またリスクベースの予防コントロール（PC）を重視しています。予防コントロールのシステムには、「プロセスコントロール」「アレルゲンコントロール」「サニテーションコントロール」「サプライチェーンプログラム」という4種類があり、加えて、すべての食品についてリコ

米国食品医薬品局（FDA）
Food and Drug Administration。食品や医薬品、化粧品などの使用に関しての許認可審査や取り締まりを行っている政府機関。

食品安全強化法（FSMA）
Food Safety Modernization Act。略称は「フィズマ」という。食品危害に対する予防管理の強化や危害発生時の対応の強化、輸入食品に対する安全対策の強化などについて定めている。

ヒト向け食品に対する予防コントロール（PCHF）
Preventive Control for Human Food。米国食品医薬品局（FDA）は2015年にPCHF規則を発表。ヒトが消費する食品について、現行適正製造規範（cGMP）（P.104）の遵守に加え、HARPC（P.198）を求める内容となっている。

FSMA第103条（PCHF）における予防食品安全システム（Preventive Food Safety Plan）の概念図

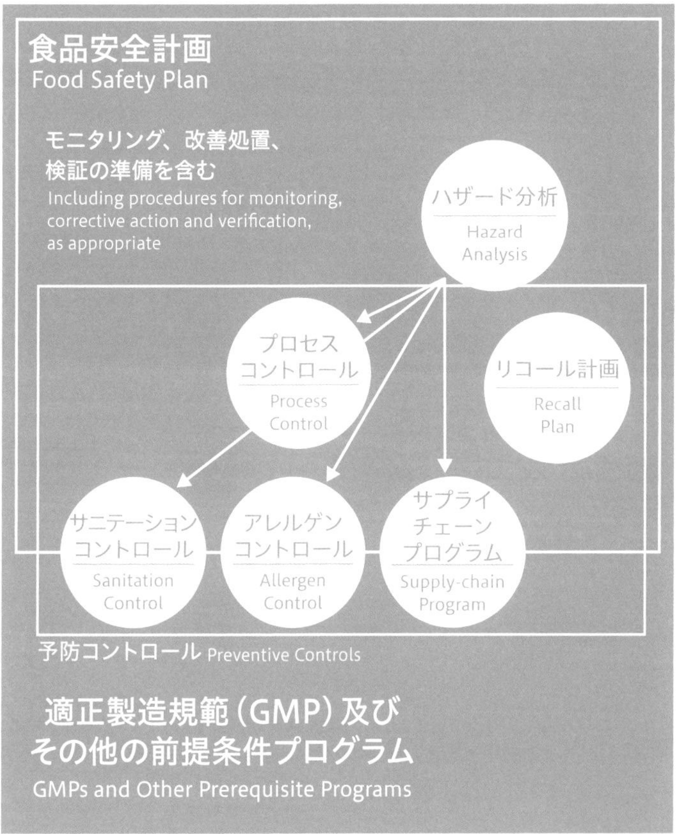

出典：FSPCA「Preventive Controls for human food Participant Manual」をもとに作成

上図はHACCPを発展させた
「ハザード分析及びリスクに基づく予防コントロール」
（Hazard Analysis and
Risk-based Preventive Controls：HARPC）と
呼ばれる管理手法のイメージです。
（HARPCについては **10-07** で説明しています）

ール計画を作成する必要があります。

　対象企業は、これらの予防コントロールやリコール計画を含む、必須事項が定められた食品安全計画の作成が義務付けられます。

ハザード分析
原材料及びその他の成分、環境、工程、または食品で特定されたハザード（P.38）と、それらの存在につながる条件に関する情報を収集、評価して、重大なハザードであるかどうかを判断するプロセス。

PC
Preventive Controlの略称。

Chapter1 09

食品安全の動き⑤

国際的な食品安全業界団体GFSI

各国の政府や国際規格だけでなく、民間でも積極的に食品安全の確保を目指す動きがあります。GFSI（世界食品安全イニシアチブ）はその代表的な存在で、各国の企業が手を取り合い、世界規模で食品安全に取り組んでいます。

GFSIが設立された背景

1990年代に、世界では牛海綿状脳症（BSE）（P.52）、ダイオキシン、リステリア菌などによる食品事故や深刻な食品問題が相次いで発生し、消費者から食品安全を求める声が高まりました。

それらに対処するために、食品等事業者は管理要求項目を新設・増加させましたが、その結果、工場監査の重複が発生し、工場、事業者ともに時間やコストの負担が増えてしまいました。

原材料の調達がグローバル化する中で、確実に安全な食品を消費者に届けるために、世界の消費財メーカー、小売企業などのCEOによる消費財業界団体CGFが、2000年5月にGFSI（世界食品安全イニシアチブ）を設立しました。

GFSI（世界食品安全イニシアチブ）
Global Food Safety Initiativeの略称。フードサプライチェーンを構成する食品事業者、食品規格に係る国際機関、認証機関、学術機関など、食品安全の専門家が集まり、世界規模で食品安全を改善する活動に取り組んでいる非営利団体。運営母体はCGF（The Consumer Goods Forum、消費財フォーラム）。

安全な食品を人々に提供するための戦略

GFSIはフードサプライチェーンを構成する食品関連事業者、食品規格に関わる国際機関、認証機関、学術機関といった食品安全の専門家が集まる非営利団体です。「すべての人々に安全な食品を提供する」というビジョンを掲げ、「世界中の人々へ安全な食品を確実に届けるために、食品安全マネジメントシステムの継続的改善を行う」ことをミッションとして定めています。日本でもローカルグループを設立し、大手食品メーカーやスーパーをはじめとする数多くの企業が活動しています。

GFSIの具体的な戦略は、世界中のさまざまな食品安全認証スキームについて「GFSIベンチマーク要求事項」への適合度を確認し、GFSI承認を与えて調和を図ることです。この要求事項は、食品安全を改善するために、食品安全認証規格に求められる要件を定義したもので、農産、水産、畜産から、加工を経て、保管・

食品安全認証スキーム
食品安全認証のための評価基準やしくみなどの制度の総称。

GFSIベンチマーク要求事項
Benchmarking Requirements。一定の食品安全レベルを確保している認証スキームかどうか、GFSIとして承認（ベンチマーク）するための要件をまとめた文書。

CGF（The Consumer Goods Forum）の戦略的組織と活動

	4つの分野		8つの行動連合
The Consumer Goods Forum（CGF） 社会的・環境的課題に取り組む国際的な消費財業界団体 約400社（70カ国以上）加盟 2009年設立	サステナビリティ	環境的	プラスチック廃棄 Plastic Waste
			食品廃棄 Food Waste
			フォレストポジティブ Forest Positive
		社会的	人権 Human Rights
			持続的なサプライチェーンイニシアチブ Sustainable Supply Chain Initiative（SSCI）
	食品安全		世界食品安全イニシアチブ Global Food Safety Initiative（GFSI）
	ヘルス＆ウェルネス		より健康的な生活のためのコラボレーション Collaboration for Healthier Lives（CHL）
	バリューチェーン End to End		プロダクトデータ Product Data

出典：The Consumer Goods Forum（https://www.theconsumergoodsforum.com/jp/gfsi_japan/）をもとに作成

CGFでは8つの行動連合を編成し、非競争分野における戦略的課題に取り組んでいます。その課題の1つが「食品安全」です。

GFSIの設立の経緯

食品安全を脅かす事故、リコールの多発

監査の重複による現場の疲弊

連携したアクションの必要性を経営者達が合意

2000年　CIES※の1活動としてGFSI設立

※CIES-The Food Business Forum（国際チェーンストア協会）"The Consumer Goods Forum"（ザ・コンシューマー・グッズ・フォーラム）の前身の組織

出典：The Consumer Goods Forum（https://www.theconsumergoodsforum.com/jp/gfsi_japan/）をもとに作成

GFSIが掲げている戦略

定期的に更新されるベンチマーク要求事項と照らし合わせて評価することにより、世界中の食品安全認証プログラムの規格を調和させ、向上させます。

グローバル・マーケット・プログラムとGFSIローカルグループの活動を通じて、業界とサプライヤーのために食品安全能力を構築します。

共同プログラムへの対話および参加を通じて、政府の食品安全規制当局と民間パートナーを連携させます。

業界が共有する利益

- 監査の減少
- 継続的な向上
- 取引機会の拡大
- 消費者の信頼感の向上
- 費用効率の向上

出典：The Consumer Goods Forum（https://www.theconsumergoodsforum.com/jp/gfsi_japan/）より転載

配送に至るまで、各セクター別に定義されています。また、要求事項は数年ごとに改訂が行われ、環境変化や社会のニーズに対応しています。

COLUMN 1

これからの「食育」で大切なポイントとは

食育の新たな視点と「生きた知識」の伝承

日本政府は「食育」について、「様々な経験を通じて『食』に関する知識と『食』を選択する力を習得し、健全な食生活を実践することができる人間を育てるもの」と定義しています。栄養学的な啓発、フードロスといった課題への取り組みなどを通じて、食生活の向上を図るこのアプローチには大きな意義があります。

一方で、そこには「食品をよく知る」という観点が不足しています。昔から、「豚肉はよく火を通す」「ジャガイモを購入するときには芽が出ているものを避ける」など、親から子へ「食品の安全」に関する知識が伝えられてきました。これらは科学的な理由に基づいた知識であるとともに、生活の中で生きる知恵として、適切な食品の選択や取り扱いを教える重要な要素となっています。

食品のリスクを理解し食育を進化させる

コーデックス「食品衛生の一般原則」では、「食品が安全である」とは「予期された方法や意図された方法で作ったり、食べたりした場合に、その食品が食べた人に害を与えないという保証」と定義しています。つまり食品の適切な選択と調理がその保証の基礎となるわけです。たとえば、豚肉はE型肝炎ウイルスのリスクがあり、発芽したジャガイモはソラニン(グリコアルカロイド)を含む可能性があるため、これらの食材を適切に選び、調理することが求められます。また、世界保健機関（WHO）ではキッチンに細菌が飛散するリスクを避けるため、生の鶏肉の水洗いを避けるように勧めています。

こうした世界の食品に対する考え方を踏まえると、食育は「食品をもっとよく知る」ことにより、さらに進化できるといえます。食品にゼロリスクを求めることは現実的には困難ですが、食品には一定のリスクがあることを理解し、基本的な食品安全に対するハザードの知識や、食中毒菌などの制御方法を身に付けることが、今後の食育における重要なポイントとなるでしょう。

第2章

食品衛生の敵を知る

食品衛生管理のもっとも重要な目的は、食品製造の現場において、微生物や化学物質、硬質異物など、食中毒や健康に悪影響を及ぼす原因となるものを取り除いたり、寄せ付けないようにすることです。どんなものが食品衛生の脅威となるのか、知識を深めましょう。

Chapter2 01

最新の食中毒事情

世界では毎年、食中毒が原因で数十万人もの人々が命を落としています。これは開発途上国に限ったことではなく、日本を含む先進国においても、食中毒は公衆衛生上の大きな問題となっています。

世界と日本の食中毒事情

食中毒とは、食品、添加物、器具、容器包装に含まれた、または付着した微生物、化学物質、自然毒などを摂取することによって起きる、急性の健康被害のことをいいます。多くの場合、急性の胃腸障害（嘔吐、腹痛、下痢などの症状）を引き起こします。

食中毒は国際的にも重大な公衆衛生上の問題であり、経済活動にも影響を及ぼします。2010年に世界で起きた食中毒についての分析結果を取りまとめた世界保健機関（WHO）の報告によれば、世界で約5億8,200万人の食中毒患者が発生し、そのうち約35万1,000人が死亡しました。患者発生の最大地域はアフリカで、次いで東南アジアとなっています。また、患者の40％以上は5歳未満の幼児です。

日本における食中毒の発生状況は、厚生労働省が毎年度公表しています。過去10年間の状況を見ると、発生件数が年間1,000件前後で、患者数は減少傾向にあります。特に、2022年は**大規模な食中毒の発生**もなく、発生件数962件、患者数6,856人、死者5人と、大幅に減少しています。ただし、厚生労働省の統計は病院で診断されたものに限られるため、実際の患者数は発表された数値の10〜100倍になると推察されます。

大規模な食中毒の発生
患者数が500人以上を超える事例を意味する。

原因物質別に見る食中毒の発生状況

厚生労働省の統計では、食中毒を起こす原因物質について、①細菌、②ウイルス、③寄生虫、④化学物質、⑤自然毒、⑥その他、⑦不明に分類されています。原因物質別に発生状況を見ると、ノロウイルス（P.36）、カンピロバクター属菌（P.36）、アニサキスが特に多いことがわかります。中でも、魚の寄生虫であるアニ

食中毒発生状況の過去10年間の推移

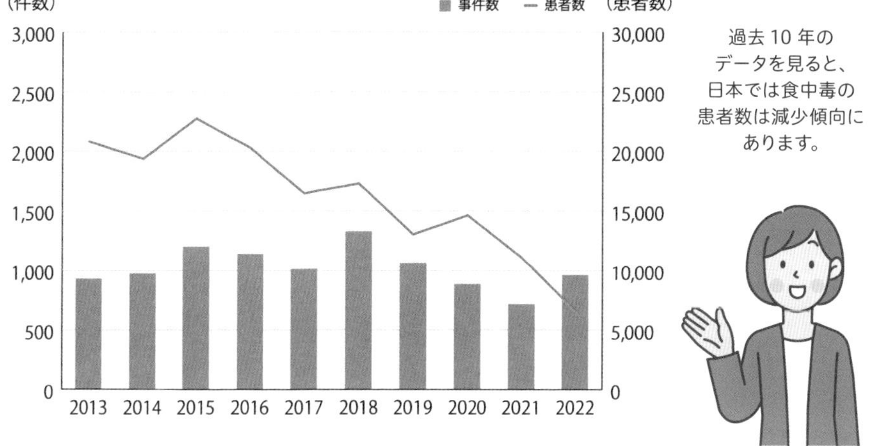

原因物質別に見る食中毒発生件数の過去10年間の推移

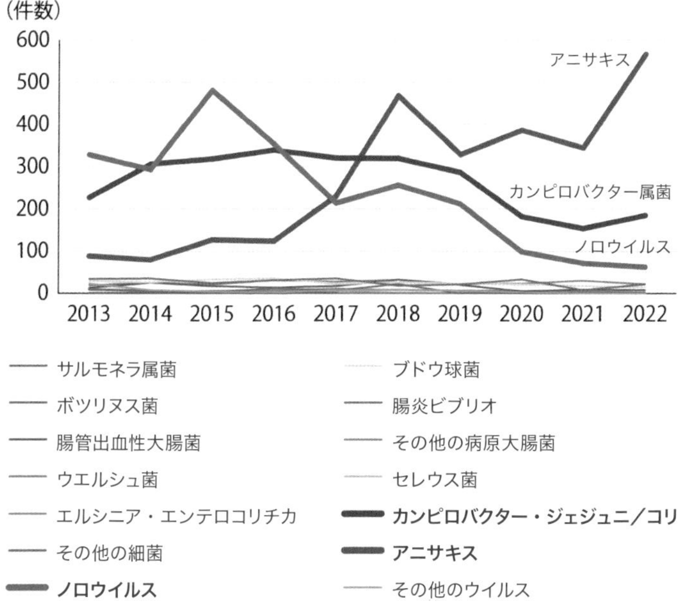

出典：いずれも厚生労働省「食中毒統計資料」をもとに作成

サキスは、以前は⑥その他に分類されていましたが、2013年から個別に集計されるようになりました。年々その発生件数が増え、現在では原因物質のトップになっています。

Chapter2
02

食中毒の基礎知識②

食中毒事例から見る原因と衛生管理ポイント

日本では、食中毒の発生は減少傾向にありますが、それでも例年、全国でさまざまな原因物質による食中毒事故が発生しています。過去の食中毒事例から、食中毒事故の発生を防ぐための対策のポイントを考えていきます。

食中毒の事例から対策を考える

●ケース1：学校給食におけるノロウイルス食中毒

【概要】2017年、小中学校で4件の**ノロウイルス**食中毒が発生。4件とも患者からノロウイルス（GII.17型）が検出されました。いずれも同一業者が製造した刻み海苔を喫食しており、刻み海苔と患者検体から検出されたノロウイルス遺伝子塩基配列が100％一致したため、原材料として用いた刻み海苔が感染源の食中毒と断定されました。

【原因】海苔の加工所でシート状の焼き海苔を刻む作業中に、作業者からノロウイルスの汚染を受けたと推定されました。

⇒対策のポイント：原材料受け入れ段階の管理の徹底。

ノロウイルス
ヒトの小腸で増殖し、特に冬季に胃腸炎を引き起こす。カキや汚染された食品が主な感染源で、高温加熱で感染力を失わせることができる。PCR法で検出が可能になった。

●ケース2：イベント会場での大規模カンピロバクター属菌食中毒

【概要】2016年、イベント会場で**カンピロバクター属菌**食中毒が発生。最終的に患者数は266名になりました。イベント会場で提供された鶏肉の寿司を喫食した複数の患者と調理従事者の便、保存していたサンプル（鶏肉の寿司）からカンピロバクター属菌が検出されたため、当該の寿司が原因食品と断定されました。

【原因】寿司に使われた鶏肉の加熱不足が原因と推定されました。

⇒対策のポイント：食品を加熱する際は、中心部まで十分に加熱すること。

カンピロバクター属菌
動物の腸内に存在し、1970年代に人間の下痢病原菌として確認された。微好気的条件で発育し、わずか100個でも食中毒を引き起こす可能性がある。

●ケース3：うなぎ料理店で発生した大規模サルモネラ属菌食中毒

【概要】2018年、うなぎ料理店で**サルモネラ属菌**食中毒が発生。同店で提供された料理を喫食した384名のうち、299名が症状を示し、営業禁止処分となりました。患者、調理従事者、残ってい

サルモネラ属菌
自然界や動物の腸内に広く分布し、食品を介した感染が多い。少量でも感染し、高熱を引き起こすことが特徴で、2,500以上の血清型が存在する。

食中毒を防ぐ主なポイント

1 原材料の受入と下処理管理

- 納入時に従事者が立ち会い、品質、鮮度、品温などを点検し、結果を記録する。
- 常温保存可能なものを除き、生鮮食品は1回で使い切る量を当日に仕入れる。
- 未加熱で用いる食材は流水で洗浄し、必要な場合は次亜塩素酸ナトリウムなどで殺菌してすすぎ洗いする。

2 加熱調理の管理

- 中心部を75℃で1分以上加熱し、食中毒菌を死滅させる。
- ノロウイルスが疑われる食品は85～90℃で90秒以上加熱する。

3 二次汚染防止

- 調理従事者が手洗いを徹底する。
- 原材料は清潔な容器など専用の場所で保管する。
- 調理器具や容器は食材の種類や調理工程ごとに使い分け、洗浄を徹底する。
- 調理後の食品は衛生的な容器に入れ、蓋をして保存する。

4 温度と時間の管理（TT管理）

- 加熱調理後は、食中毒菌の増殖が最適な温度帯（10～60℃）の時間が最小限になるように、適切に冷却する。
- 調理後の食品は速やかに提供する。
- すぐに食べない場合は10℃以下または65℃以上で保存する。

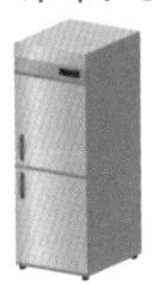

食中毒予防には、原因となる物質を理解し、適切な対策を講じることが重要です。食中毒は年間を通じて発生するため、日々の予防が求められます。原因物質や季節に応じた対策を心がけましょう。

出典：著者作成

た料理からサルモネラ属菌が検出されたため、土用の丑の日に合わせて屋外で調理されたうなぎ料理が原因と断定されました。

【原因】屋外の臨時施設での不適切な衛生管理、調理手順の不備、軍手の交換や手洗いの欠如、たれの区別がなかったことが原因と推定され、調理従事者のリスク認識不足や衛生管理のずさんさ、施設規模や人員配置の不備が主な要因とみなされました。

⇒対策のポイント：加熱調理後の食品の二次汚染防止の徹底。

●ケース4：冷やしキュウリによる腸管出血性大腸菌O157食中毒

【概要】2014年、花火大会の露店で販売された冷やしキュウリを原因とする**腸管出血性大腸菌O157**食中毒が発生。最終的に患者数は510名（うち、114名が入院）になりました。

【原因】冷やしキュウリの汚染経路は特定できませんでしたが、外気温下に置かれた時間や大量のキュウリを1つの容器で漬け込んだことなどが被害拡大の要因と推定されました。また、手洗いが不十分だったことが影響した可能性も考えられました。

⇒対策のポイント：食品の温度管理の徹底。

腸管出血性大腸菌O157
ベロ毒素を産生する病原性大腸菌の一種で、出血性大腸炎を引き起こす。症状は状況によるが、乳幼児や高齢者では重篤な溶血性尿毒症症候群（HUS）を引き起こす可能性がある。

Chapter2 03

食品安全におけるハザード

食品中に存在することにより、人体に健康被害を及ぼす可能性のある因子をハザードといいます。ハザードは大きく3つに分類され、食品の安全性を確保するためにはそれらのハザードをコントロールすることが求められます。

食品安全で重要な「ハザード」への意識

食品安全においては、「**ハザード**」を意識することが求められます。ハザードとは「危害要因」ともいわれ、コーデックス委員会（CAC）の「**食品衛生の一般原則**」（5-01参照）では、「健康に悪影響を及ぼす可能性のある食品中の生物的、化学的、または物理的な作用物質」と定義づけられています。

コーデックスの定義にあるように、ハザードは「生物的ハザード」「化学的ハザード」「物理的ハザード」の3要因に分類されます。

生物的ハザード：食品中に含まれる食中毒細菌、ウイルス、寄生虫などを指します（2-05、2-06参照）。

化学的ハザード：食品中に含まれる化学物質で、疾病、麻痺、または慢性毒性の健康被害をもたらす可能性がある物質を指します（2-07参照）。

物理的ハザード：食品中に本来含まれるべきでない物質、あるいは喫食時に不都合な形状の物質や不快な物質のことで、その物理的な作用で健康被害をもたらす可能性がある物質を指します（2-08参照）。

ハザード
危害要因ともいう。健康に悪影響（危害）をもたらす原因となる可能性のある食品中の物質、または食品の状態。

食品衛生の一般原則
General Principle of Food Hygiene（GPFH）。コーデックス委員会(CAC）が1969年に採択した、世界における食品衛生の原則となるもの。

「ハザード」と「リスク」の違いを理解する

食品安全に関して「**リスク**」という言葉が使われますが、ハザードとリスクはその意味が異なります。リスクとは「食品中にハザードが存在する結果として生じる、健康への悪影響の確率とその程度」を意味します。一方、ハザードは「健康に悪影響をもたらす原因となる食品中の物質」を意味し、必ずしもリスク（健康への影響の確率と程度）になるわけではありません。ハザードとリスクの違いを理解し、明確に区別しておくことが重要です。

リスク
食品安全委員会は、リスクを「食品中にハザードが存在する結果、ヒトの健康への悪影響が起きる可能性とその程度（健康への悪影響が発生する確率と影響の程度）」と示している。

ハザードの内訳

生物的ハザード
(Biological Hazard)

・有害微生物（細菌、ウイルス）
・寄生虫　など

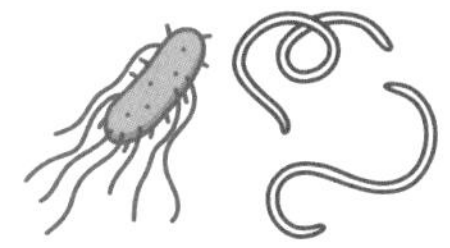

化学的ハザード
(Chemical Hazard)

・カビ毒、自然毒、ヒスタミン　など
・洗浄剤、アレルギー物質　など

物理的ハザード
(Physical Hazard)

・金属片、ガラス片、石　など

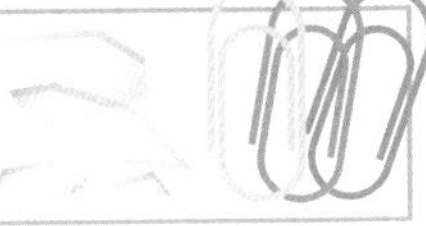

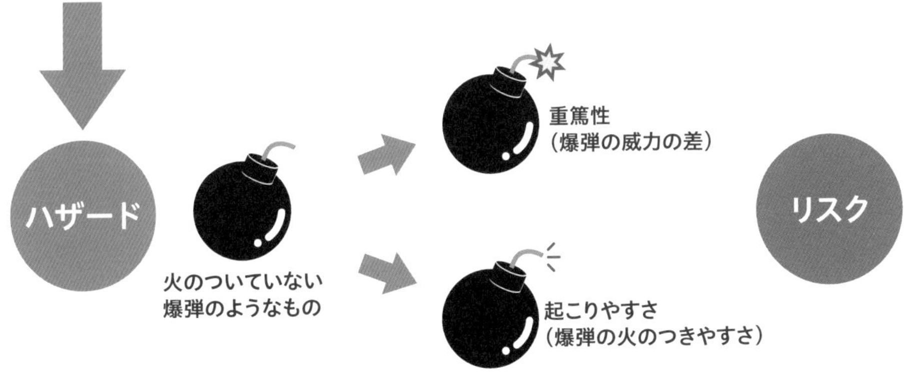

出典：著者作成

ONE POINT

ハザードとリスクの関係性

ハザードとリスクの関係性を理解するのに、爆弾（ハザード）と爆発（リスク）をイメージするとわかりやすいでしょう。爆弾は爆発するかもしれませんが、火がつかなければ、それ自体はリスクではありません（ハザード≠リスク）。しかし、点火することで爆発＝リスクになります。また、火のつきやすさ（確率）や爆弾の威力（程度）を考慮しなければなりません。食品安全においては、ハザードの「重篤性」やリスクの「起こりやすさ」を判断できる技術を身に付け、それを管理できるようにすることが重要です。

Chapter2
04

3つのハザードを知る②

食品衛生のハザードに対する3つの構え

食品等事業者にとって、食中毒の原因物質となる可能性を持つハザード。中でも、食品衛生の最大の敵である微生物を例にして、食品衛生への戦略的な取り組み方を整理します。

3つの構えで食品衛生に取り組む

微生物
肉眼では見えない微少な生物の総称。細菌、ウイルス、原生動物などが含まれる。ただし、自己複製できず、代謝を宿主に依存するウイルスは生物とは言い切れず、生物と非生物の中間的な存在とされている。

食品等事業者が、食中毒の主な原因物質である**微生物**と戦うためには、「敵を知る」「敵と戦う」「敵に備える」という3つの視点での取り組みが有効です。適切な知識と戦術を持ち、組織全体で取り組むことで、食品の品質や安全性を向上させることができます。

●敵を知る

食品等事業者は、食中毒の基礎知識や過去の食中毒事例を理解し、微生物だけでなく、化学物質（**2-07**参照）や硬質異物（**2-08**参照）などの食品衛生のハザードについても知識を持つことが大切です。食中毒に対する基本的な情報を身に付けることで、食品等事業者は食中毒防止の対策を立てることができます。

●敵と戦う（→**第3章**参照）

微生物と戦うためには、「攻め」の戦いと「守り」の戦いの両面が必要になります。「攻め」の戦いとしては、敵を「殺す」手法である「殺菌」を挙げることができます。

一方、「守り」の戦いでは「つけない」「増やさない」という戦術が重要で、製品そのものが微生物に強いか弱いかといった耐菌性や水分活性（Aw）（P.62）、予測微生物学モデルなどの科学的な要素にも注意を払う必要があります。

●敵に備える（→**第4章**参照）

食品等事業者は、組織全体で戦うために総合的な取り組みが求められます。これには、国際的な衛生管理手法である「HACCP（ハサップ）」（P.78）を理解し、HACCPを活用したシステムを導入することが重要です（HACCPの具体的な取り組み方については**第7章**を中心に解説します）。加えて、法律やガイドラインに沿った対策を講じることも必要です。

食品衛生の敵に対する3つの構え（例：敵が微生物の場合）

敵を知る
・ハザードは？
・性状や弱点は？

敵に備える
・総合力の強化
・最適な手段とは？

敵と戦う

「攻め」の戦い
・効果的な殺菌手段
・食中毒予防3原則の「殺す」

「守り」の戦い
・対抗できる処方配合
・食中毒予防3原則の「つけない」「増やさない」

敵を知る	どんなヤツ？	ハザード（食中毒菌の種類、性状など）
	弱点は？	死滅する、増殖できない制御因子 （水分活性、pH など）

敵に備える	攻めの準備	一般衛生管理プログラムの整備 HACCP を活用した体制づくり
	守りの準備	法令などの遵守と技術的な情報収集 社内ルールの標準化

敵と戦う	全方位の攻めと守り	食中毒予防3原則の実践 HACCP の実践

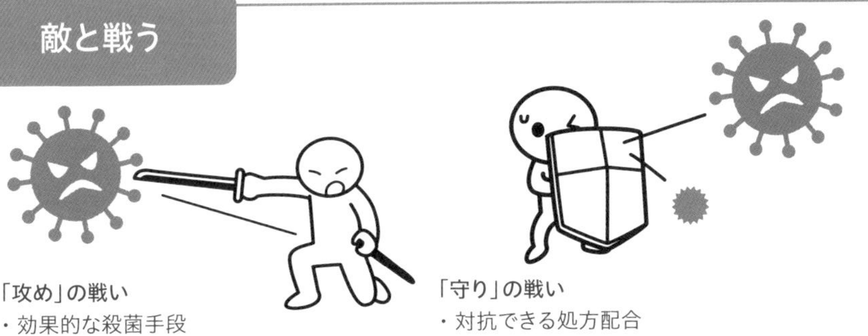

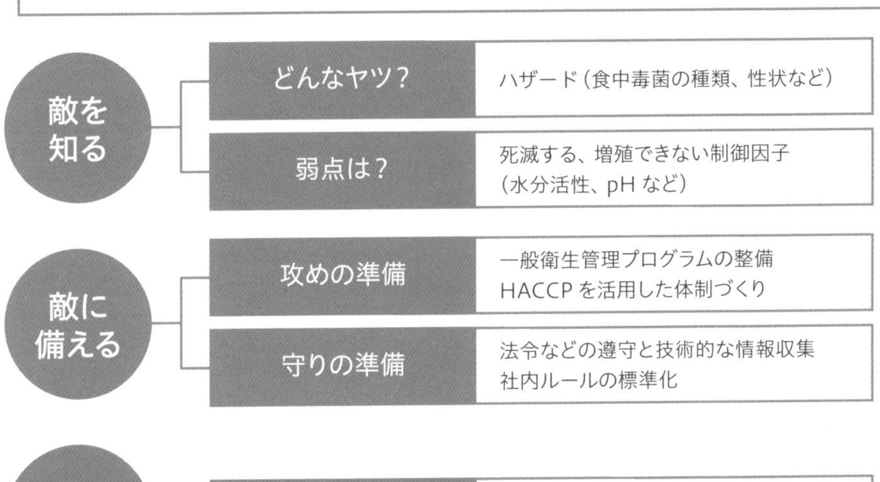

出典：著者作成

Chapter2
05

生物的ハザード：細菌

食品が微生物に汚染されると、食中毒の発生につながります。原因となる生物的ハザードでもっとも多いのが細菌です。細菌はさまざまな特性を持ち、どの細菌に感染したかによって「感染型」と「毒素型」に分けられます。

生物的ハザードは分類すると理解しやすい

食中毒の原因となる生物的ハザードで、もっとも多いのは細菌です。それぞれの細菌の性質を理解し、適切に管理することが必要です。細菌は主に以下の2種類の分類方法がよく取り上げられます。細菌の種類や性状は多種多様なため、なかなか覚えにくいものですが、この分類方法を用いると理解しやすくなります。

芽胞形成菌と芽胞非形成菌で分類する

食品の腐敗や食中毒を引き起こす細菌の中には、「**芽胞**」を形成し、耐熱性を持つものが存在します。生活に関係の深い芽胞形成菌には**バチルス属**と**クロストリジウム属**があり、食中毒菌であるセレウス菌はバチルス属に、ウエルシュ菌やボツリヌス菌はクロストリジウム属に分類されます。

これらの芽胞形成菌は、栄養不足や環境の悪化により、菌体内に芽胞を形成することがあります。芽胞は100℃以上の熱に耐えられるだけでなく、乾燥や消毒剤にも強い耐性を持つため、厳しい環境下でも生き延びます。そして、適切な生育環境が整うと発芽し、**栄養細胞**となって分裂・増殖を繰り返していきます。

熱に強い芽胞は加熱調理した食品にも残ることがあるため、すぐに食べない場合は、芽胞が発芽しないように、温度管理に注意することが大切です。芽胞を殺菌するためには、乾燥状態では180℃で約20分、湿熱状態では121℃で15〜20分の強力な加熱が必要です。

常温保存できることが特徴のレトルト食品は、レトルト（高温高圧釜）（P.75）により高温・高圧で殺菌されたパウチ（袋状のもの）やレトルト容器（トレー状のもの）などに詰められたもの

芽胞（がほう）
特定の菌が増殖に適さない環境下で形成される細胞構造のこと。加熱や乾燥に対抗し、環境が再び増殖に適してくると、通常の栄養細胞として活動を再開し、増殖する。

バチルス属
土壌、農作物、空気中など自然界に広く存在する。芽胞を形成する好気性菌。酸素がないとまったく生育できない（一部の例外を除く）。

クロストリジウム属
土壌、農作物、空気中など自然界に広く存在する。芽胞を形成する菌で、酸素がある条件下では増殖することができない。

栄養細胞
通常は、細胞質を取り囲む細胞膜，その外側を構成している細胞壁からなるものをいう。ここでは芽胞に対するものとして用いており、細胞分裂を繰り返す状態をいう。

芽胞形成菌の特徴

●芽胞は長期間生き延び、加熱や乾燥などに強い。
●芽胞によっては、製造時や調理時の加熱では死滅しないことがあるので注意が必要。

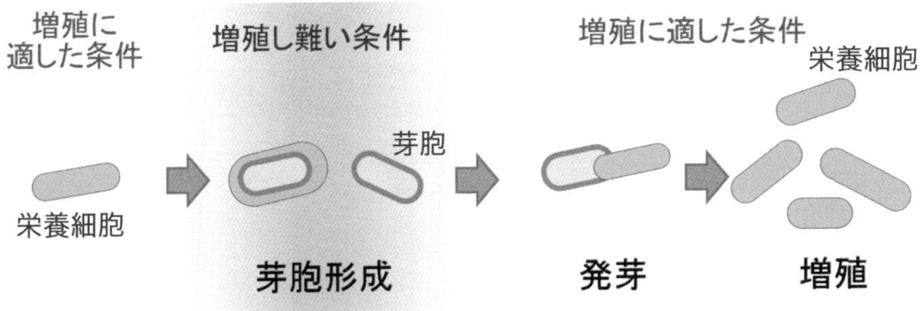

増殖に適した条件
栄養細胞
増殖し難い条件
芽胞
芽胞形成
増殖に適した条件
発芽
栄養細胞
増殖

出典：内閣府食品安全委員会「モニター会議講演（平成26年）資料1-2」
（https://www.fsc.go.jp/monitor/moni_26/moni26-shiryo1-2-tokyo1.pdf）を加工して作成

原材料に由来する潜在的なハザード（細菌）

		生鮮食品群（冷蔵、冷凍状態を含む）						魚介類			肉類				加工製品群		
		穀類	砂糖及び甘味類	種実類	野菜	果実	きのこ	魚	貝	えび・かに類	畜肉類	鳥肉類	卵類	乳	乳製品	油脂類	香辛料類
芽胞形成菌（芽胞菌）	セレウス菌	○			○						○						○
	ウエルシュ菌										○	○					○
	クロストリジウム属菌		○		○	○	○	○	○	○	○	○					○
芽胞非形成菌（無芽胞菌）	カンピロバクター属菌							○	○	○	○	○		○			
	サルモネラ属菌	○		○	○	○	○	○	○	○	○	○	○	○		○	○
	病原大腸菌				○	○		○		○	○	○		○	○	○	
	黄色ブドウ球菌						○				○	○		○	○	○	
	腸炎ビブリオ							○	○	○							
	エルシニア				○						○						
	リステリア・モノサイトゲネス				○	○		○	○	○	○		○	○	○	○	

出典：厚生労働省医薬・生活衛生局食品監視安全課
「食品等事業者団体による衛生管理計画手引書策定のためのガイダンス（第4版）別紙1」をもとに作成

食中毒の分類

細菌性食中毒	感染型		サルモネラ属菌、カンピロバクター属菌、腸炎ビブリオ、病原性大腸菌　など
	毒素型	生体内毒素型	腸管出血性大腸菌、ウエルシュ菌、セレウス菌（下痢型）　など
		食品内毒素型	黄色ブドウ球菌、ボツリヌス菌、セレウス菌（嘔吐型）　など
ウイルス性食中毒			ノロウイルス、A型肝炎ウイルス　ロタウイルス　など
寄生虫食中毒			アニサキス、クドア、サルコシスティス　など
化学性食中毒			水銀、ヒ素、ヒスタミン　など
自然毒食中毒	動物性		フグ毒、貝毒、魚毒　など
	植物性		毒キノコ、有毒植物（ジャガイモの芽、トリカブト）　など

出典：各種資料をもとに著者作成

ですが、その製造過程で芽胞が商業的に殺菌されているため(P.70)、常温で長期間保存することが可能なのです。

一方、芽胞非形成菌は無芽胞菌とも呼ばれ、エタノールなどの化学薬剤や通常の加熱で致命的な処理が可能です。

毒素産生菌と非毒素産生菌で分類する

細菌に汚染された食品を食べることで発症する食中毒を「細菌性食中毒」といいます。夏季に多く発生し、細菌性食中毒の発生事例は食中毒事例の30〜50％を占めています。**発症機序**の違いによって「感染型食中毒」と「毒素型食中毒」に分類されます。

発症機序
発生の現象が起こるメカニズム、因果関係。

感染型食中毒は、食品内で一定の菌数以上に増殖した細菌を摂取し、腸管内で増殖することで症状を引き起こします。代表的な原因菌（毒素非産生菌）には、サルモネラ属菌、カンピロバクター属菌、腸炎ビブリオ、病原性大腸菌などがあります。

毒素型食中毒は、細菌が食品中で増殖する際に毒素を産生し、その毒素を食品とともに摂取することで症状が現れるものです。毒素型食中毒にはさらに2つのタイプがあります。

生体内毒素型：摂取した細菌が腸管内で増殖する際に毒素を産生し、その毒素が原因で発症するタイプの食中毒です。代表的な原因菌には、腸管出血性大腸菌、ウエルシュ菌、**セレウス菌**（下痢型）などがあります。

セレウス菌
河川や土の中など、自然界に広く分布する細菌。腸管内で毒素を産生して食中毒になることから、生体内毒素型（中間型）として分類する場合もある。

食品内毒素型：食品内で細菌が増殖し、産出された毒素を食品とともに摂取することで発症するタイプの食中毒で、感染型食中毒よりも潜伏期間が短いことが特徴です。代表的な原因菌には、黄色ブドウ球菌、ボツリヌス菌、セレウス菌（嘔吐型）などがあります。

食品衛生法における原因物質の分類

食品衛生法では、食中毒の病因物質を23種類に分類しています。そのうち､感染型食中毒のコレラ（コレラ菌)､細菌性赤痢（赤痢菌)、腸チフス（チフス菌)、パラチフス（パラチフスA菌）の4種類は1999年に追加されました。これらは「感染症の予防及び感染症の患者に対する医療に関する法律」（感染症法）で「3類感染症」に指定されています。

食中毒発生事件数の割合（2018年〜2022年の5カ年）

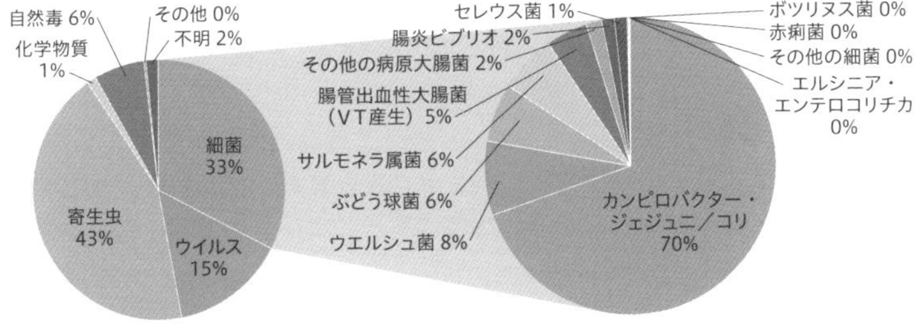

食中毒患者数の割合（2018年〜2022年の5カ年）

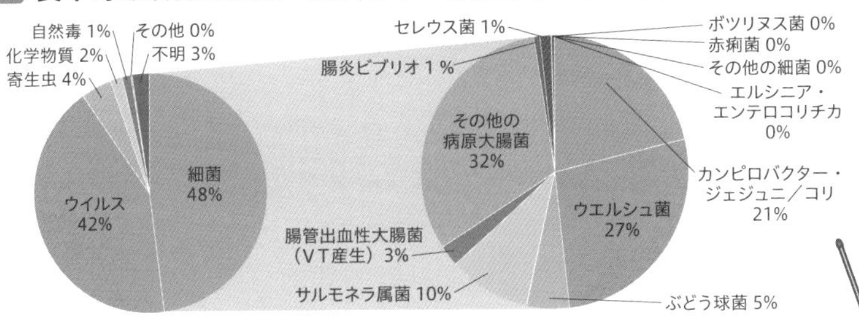

出典：いずれも厚生労働省「食中毒統計資料」をもとに作成

食中毒発生事例の30％以上、患者別では50％近くが、細菌を原因とする食中毒にかかっています。

代表的な細菌の特徴

分類	細菌名	芽胞菌・耐熱	存在する食品の例
感染型	サルモネラ属菌	ー	食肉、鶏卵、乳・乳製品　など
	腸炎ビブリオ	ー	魚介類（刺身）　など
	腸管出血性大腸菌O157	ー	食肉、野菜　など
	ウエルシュ菌	芽胞	食肉、カレー、シチュー　など
	セレウス菌（下痢型）	芽胞	食品、乳、魚介類　など
	カンピロバクター属菌	ー	鶏肉　など
	エルシニア	ー	豚肉、乳　など
毒素型	ボツリヌス菌	芽胞	食肉、魚介類、いずし、缶詰　など
	黄色ブドウ球菌	毒素耐熱	食肉、鶏卵、乳製品、おにぎり　など
	セレウス菌（嘔吐型）	芽胞	穀類　など

出典：株式会社テクノファ「食品安全マネジメントの基礎」（https://www.technofer.co.jp/iso/hot09_16/）をもとに作成

3類感染症は、感染した場合の危険性はそれほど高くないものの、二次感染を防ぐために、飲食や食品系など特定の職業への就業制限、消毒などの措置がとられます。また、3類感染症の患者を診察した医師は、診察後はただちに最寄りの保健所へ届け出ることが義務付けられています。

Chapter2
06

3つのハザードを知る④

生物的ハザード：ウイルス・寄生虫

ウイルス性食中毒の発生割合のうち、9割を占めるのがノロウイルスです。ウイルスは細菌と違って抗生物質が効きません。また、アニサキスなどの寄生虫は、加熱不足や衛生状態が悪い環境にあると食中毒の原因となります。

細菌とウイルスの違い

細菌とウイルスは、大きさ、増殖方法、治療法が異なります。対策には、それぞれの特徴を理解することが重要です。

大きさの違い：細菌は1**マイクロメートル**単位で、光学顕微鏡で見ることができます。ウイルスはさらに小さく、1**ナノメートル**単位で、ウイルスを見るには電子顕微鏡が必要です。

増殖方法の違い：細菌は単細胞生物で、自己増殖能力があり、適切な環境下で自ら増殖します。一方、ウイルスは細胞自体を持たず、自己増殖ができません。宿主の細胞内でのみ増殖が可能で、宿主を感染させ続けることが生存条件となります。

治療法の違い：細菌には一般に抗生物質が効果的ですが、ウイルスに抗生物質は効きません。ウイルスに対して抗ウイルス剤やワクチンを使用することもありますが、多くのウイルスには今のところ有効な治療薬がなく、主に**対症療法**による治療を行います。

マイクロメートル
μm。1,000分の1ミリメートルのこと。

ナノメートル
nm。100万分の1ミリメートルのこと（1マイクロメートルは1,000ナノメートル）。

対症療法
病気の原因を取り除くのではなく、起こっている症状を和らげたり、改善するための治療法のこと。

ウイルス性食中毒の代表はノロウイルス

ウイルス性食中毒のほとんどを占めるノロウイルスは非常に感染力が強く、ほんのわずかなウイルスが口に入るだけでも発症します。遺伝子型が多い上に変異しやすいため、一度感染しても再び感染することがあります。現在、ノロウイルスに対する有効な治療薬やワクチンがないため、感染した場合は対症療法を行います。

また、ウイルスは**エンベロープ**の有無によって分類され、ノロウイルスは**ノンエンベロープウイルス**に属します。ノンエンベロープウイルスはダメージを受けにくく、一般的なアルコール消毒剤が効かない傾向にあります。ノロウイルスに対しても消毒剤の効果は限定的です。ノロウイルスには塩素系の消毒剤が効果的で

エンベロープ
脂肪・タンパク質・糖タンパク質からなる膜のこと。

食中毒発生事件数の割合（2018年〜2022年の5カ年）

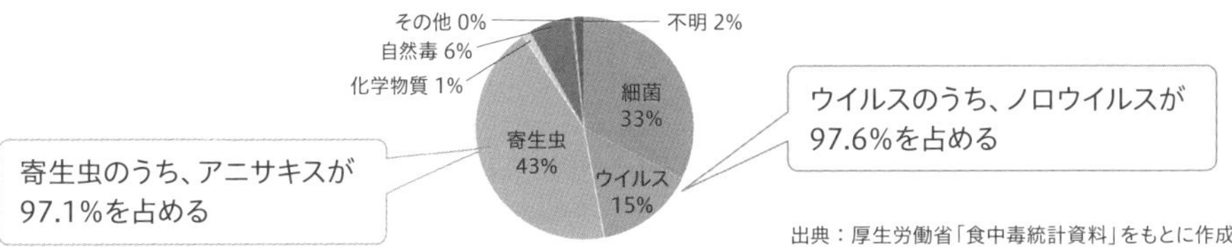

出典：厚生労働省「食中毒統計資料」をもとに作成

原材料に由来する潜在的なハザード（寄生虫・ウイルス）

		野菜	果実	魚介類			肉類	乳	汚染の要因
				魚	貝	いか・たこ			
寄生虫類	クリプトスポリジウム	○	○					○	
	サイクロスポラ	○	○						
	トキソプラズマ						○		豚・羊・牛、レバー
	クドア・セプテンプンクタータ			○					生食用生鮮ヒラメ
	サルコシスティス・フェアリー						○		馬肉
	旋毛虫						○		豚肉
	旋尾線虫					○			ほたるいかの生食
	アニサキス			○		○			魚介類の生食
	シュードテラノーバ			○					魚類
ウイルス	ノロウイルス				○				人を介した汚染
	E型肝炎ウイルス						○		
	A型肝炎ウイルス				○				

出典：厚生労働省医薬・生活衛生局食品監視安全課「食品等事業者団体による衛生管理計画手引書策定のためのガイダンス（第４版）別紙1」をもとに作成

あるとされていますが、それでも感染を完全に防ぐことは困難です。

食品に潜む寄生虫が引き起こす食中毒

食品にはさまざまな原虫や寄生虫が存在し、人が摂取することで痛みや嘔吐などの症状を引き起こすことがあります。魚介類、生肉、野菜、飲み水などが主な原因となります。寄生虫による食中毒の大半を占めるアニサキスは、サケ、タラ、サバなどの海産魚やイカに寄生し、寿司や刺身を生食することで発症します。

淡水産の魚介類にも寄生虫が存在する可能性が高いといえます。食肉やレバーにはサナダムシなどの寄生虫が付いていることがあり、加熱不足のまま食べると腸管内などで感染して、腹痛や下痢といった症状が現れることがあります。

また、日本と海外とでは食文化や衛生状態が違うため、海外旅行などで特に衛生状態が良くない地域を訪れる際には、生水や生ものに注意する必要があります。

ノンエンベロープウイルス
エンベロープを持たないウイルスのこと。エンベロープを持つウイルスは「エンベロープウイルス」といい、アルコール消毒剤や手洗い石けんの効果がある。

Chapter2
07

化学的ハザード

食品には、原材料に由来するもの、人為的に添加されるもの、偶発的に混入するものなど、さまざまな化学物質が含まれる可能性があります。微量であっても症状が出るものや、基準を逸脱することで化学的ハザードとなります。

化学物質が引き起こす化学的ハザード

疾病、麻痺、または慢性毒性の健康被害を引き起こす可能性がある、食品中に含まれる化学物質を化学的ハザードといいます。化学的ハザードは、原材料に由来するものと食品の加工・調理時に生成されるものに大別されます。

原材料由来のものには、自然毒、環境汚染物質、アレルギー原因物質（小麦、卵、乳などの特定原材料や特定原材料に準ずるものなど）、農薬、抗生物質などが含まれます。一方、食品の製造・加工時に生成されるものには、**ヒスタミン**、**油脂の酸化物**などがあります。また、食品添加物についても、食品衛生法に定められた適切な使用条件が守られない場合、化学的ハザードになり得ます。

化学物質の管理で健康被害のリスクを低減する

化学的ハザードは、低分子化合物、アレルギー原因物質である高分子タンパク質、化学構造が類似した**同族体**・**異性体**、世界中で約1,000種類あるという農薬類など、多種多様であり、一般に微量で存在します。食品衛生管理においては、これらの化学的ハザードに対して適切な対策を講じることが大切です。

食品添加物には使用用途の明確化や在庫管理が行われていますが、原材料以外の化学物質は管理が疎かになることも少なくありません。不適切な管理が原因で、異臭や食中毒事故につながる可能性も生じます。

食品製造現場では、原材料以外の化学物質の管理が重要です。使用している化学物質の把握が不十分だと、製品への混入が起きた場合に、原因究明や対応が遅れる恐れがあります。

食品製造現場における食品安全対策の一環として、化学物質リ

ヒスタミン
顔面紅潮、頭痛、吐き気、じんましんなどのアレルギー様症状を引き起こす化学物質。アミノ酸のヒスチジンが海水魚類に付着しているヒスタミン産生菌の酵素作用により生じる。

油脂の酸化物
油脂の酸化によって生成される分解物。風味を損なうだけでなく食中毒を引き起こす場合もある。脂肪酸量を示す酸価(AV)や過酸化物量の過酸化物価(POV)の測定で管理する。

同族体
類似の構造、類似の特性を持つ化合物のこと。

異性体
同じ分子式を持ちながら、構造が異なる化合物のこと。

化学的ハザードの概要

ハザード	名称	危害発生要因
原材料に由来するもの	カビ毒	・原材料の汚染 ・カビの増殖
	アレルゲン	・原材料の保管管理の不良 ・計量時の交差接触
人為的に添加されるもの	食品添加物（使用基準が規定）	・添加物規格に適合しないものの使用 ・過剰使用
偶発的に混入するもの	殺虫剤、除草剤、抗生物質	・原材料や製品への混入
	指定外添加物	・指定添加物との混合
	殺菌剤、潤滑油、塗料、洗剤	・施設内での不適切な使用 ・製造設備・機械の洗浄不良 ・充填環境の洗浄不良

出典：一般社団法人全国清涼飲料連合会「清涼飲料水の製造における衛生管理計画手引書」をもとに作成

原材料に由来する潜在的なハザード（自然毒、化学物質など）

		生鮮食品群(冷蔵、冷凍状態を含む)											加工製品群		
							魚介類								
		穀類	豆類	種実類	野菜・きのこ	果実	魚	貝	えび・かに類	畜肉類	卵類	乳	乳製品	香辛料類	留意事項
カビ毒	アフラトキシン	○	○	○		○						○		○	総アフラトキシン基準値あり
	デオキシニバレノール	○													小麦:暫定基準値あり
	オクラトキシンA			○		○									
	パツリン					○									リンゴ果汁
動物性自然毒	貝毒							○							規制値あり
	テトロドトキシン						○	○							フグ:取扱い基準あり
	ヒスタミン						○					○			ヒスタミン生成魚
	シガテラ毒						○								
植物性自然毒	キノコ毒		○		○										野草、毒キノコ
化学物質	重金属、環境汚染物質	○	○												環境由来
	食品添加物												○	○	使用基準が定められた物質に限る
	抗生物質、抗菌性物質						○	○	○	○	○	○			養殖魚介類・食鳥肉類
	残留農薬	○	○	○	○	○				○					農産物、 畜産物(飼料経由)
	アレルゲン	○	○						○		○	○	○		

出典：厚生労働省医薬・生活衛生局食品監視安全課「食品等事業者団体による衛生管理計画手引書策定のためのガイダンス（第4版）別紙1」をもとに作成

事故の原因になる可能性もあるため、製造現場にある洗剤や消毒剤などの化学物質の管理には十分注意する必要があります。

ストを作成し、使用中の化学物質を把握することが推奨されます。サンプルや購入済みの未使用化学物質も含め、リストを作成することにより、化学物質の管理が円滑に行えるようになります。

こうしたポイントを踏まえ、化学物質を適切に管理することで、化学的ハザードによる健康被害のリスクを低減できます。

Chapter2
08

物理的ハザード

食品の製造・加工現場では、原材料、機械設備や器具、照明器具などから、誤ってさまざまな異物が食品に混入することがあります。それらの物理的ハザードを防ぐためには、徹底した異物混入対策をとることが重要です。

食品中に異物が混入する物理的ハザード

物理的ハザードとは、ハザードの定義にあてはめると「健康への悪影響をもたらす可能性のある食品中の異物」となります。より具体的いうと、食品中に通常は含まれることのない金属や硬質プラスチック、ガラス片、石、木片といった**硬質異物**が代表的です。こうした異物によって、口内を切ったり、歯を損傷するなどの健康被害を起こす危険性があります。

硬質異物
金属類や硬質プラスチック類、ガラス片、石、木片といった異物を指し、食品に混入した場合、口内を切る、歯を損傷するなどの健康被害を起こす危険性がある。

混入する可能性のある硬質異物は、扱っている原材料や設備・器具、製造工程の内訳によってさまざまなものが挙げられます。

異物混入を防ぐために必要な対策

物理的ハザードとなる異物の混入を防ぐためには、異物の種類によって以下の対策が考えられます。

●金属系の異物対策

・設備や器具、備品の取り扱い、清掃、定期チェックを徹底する。
・特に、包丁やスライサーの刃などの目視確認を徹底する。
・従業員に対する不要物の持ち込み対策を徹底する。

●プラスチック系の異物対策

・食品と区別しやすい色のプラスチック製品を使用する。
・壊れにくい金属製のボールペンなどを使用する。
・硬質プラスチック製の計量カップなどを軟質製に切り替える。
・プラスチック製品が壊れた場合、破片をすべて探し出す。

●ガラス系の異物対策

・ガラス製品をできるだけ使用しないようにする。
・割れても破片の飛び散らない蛍光灯や照明器具を使用する。
・ガラス製品には必ずカバーをかける。

日本と世界の異物の基準

日本	種類や大きさなどの具体的な基準はなし。
EU	一般食品法規則 178 のガイドラインに食品異物混入に関する説明を記載している。 しかし、食品異物混入基準は明記されていない。
韓国	口の中で違和感を感知できるのは 2.0mm 程度以上のものであるとの根拠から、 「長さ 2.0mm 以上の異物が検知されてはいけない」という基準を、 粉末、ペースト、液状の食品に対して設定している。
米国	米国食品医薬品局（FDA）が食品中の硬く鋭利な異物が含まれていたケース 190 件の評価を実施し、 「最大寸法 7mm 以下の異物は外傷・重傷の原因にはほとんどならない」と結論付けている。 ※特別リスクグループを除く。

出典：一般財団法人日本食品分析センター「JFRL情報宅配」第240号をもとに作成

食品中に混入した硬質異物の内訳

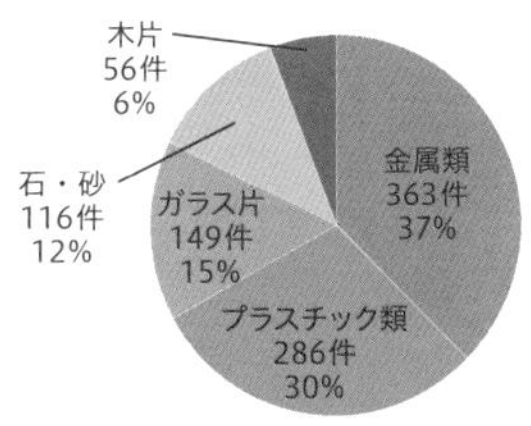

金属類では針金、
ステープラーの針や刃物、
プラスチック類ではゴムや
ビニールなどの混入が
確認されています。

出典：国民生活センター（1990年4月～2000年9月の集計）をもとに作成

●石系の異物対策

- 従業員が入退室する際のルールを設定し、特に靴底に付着している異物の混入に気を付ける。
- 工場内の**ゾーニング**（区域分け）による管理を徹底する。
- 外から持ち込まれたダンボールやパレットに付着していた異物が製品に混入しないようにする。

ゾーニング
ハザードによる汚染のリスクを管理する手法。衛生レベルに基づいた区画を設けて、異なる汚染レベルの混在を防ぎ、食品の安全性を確保する。

 ONE POINT

異物混入の原因の1つは外からの持ち込み

食品工場において異物が混入する原因の1つに、ピアスや指輪、時計などの装飾品、作業中に使用するクリップや画びょう、段ボールや厚紙などの梱包資材、靴底についた石や砂など、従業員による持ち込みが挙げられます。食品工場では、加工場へ持ち込み可能なアイテムを限定するとともに、その内容を掲示したり、現場点検など異物混入に対する入念な対策を講じたりすると同時に、継続的な教育によって従業員の意識向上をはかり、食品安全対策の強化に努めることが重要です。

Chapter2 09

米国における食品安全への取り組み

食品安全強化法で強調されているハザード

米国で2011年に成立した食品安全強化法（FSMA）では、生物的ハザード、化学的ハザード、物理的ハザードをはじめ、食品安全に関するさまざまなハザードについて、いくつかの項目が追加され、示されています。

米国で見直された食品安全に関わるハザードの内容

米国では約70年ぶりの大幅な食品規制の見直しとして、2011年に食品安全強化法（FSMA）が成立しました。それにともない、食品安全に関わるハザードの記述にも見直しや追加がありました。その中でも重要と思われるものをいくつか紹介します。

●生物的ハザード：牛海綿状脳症（BSE）の原因となるプリオン

牛海綿状脳症（BSE）は、異常プリオン（感染性蛋白質）が神経組織などに蓄積する伝染病です。食物を介した感染が主であり、関係する原料の管理が重要です。BSEは食物から感染する可能性が高いため、規制によって**反すう動物**用食品への哺乳類タンパク質の使用が禁止され、感染リスクが軽減されています。

●化学的ハザード①：食物アレルゲン

アレルギーを持つ消費者は、食物アレルゲンを避ける必要があります。しかし米国では、食品表示の漏れや誤りによる未申告食物アレルゲン関連のリコールがトップとなっています。これは適切なラベル表示の管理や製造加工時のアレルゲン管理が不十分なことが要因の１つと考えられます。そのため、米国の適正製造規範（GMP）（P.104）では、**アレルゲン交差接触**予防とサニテーションが重要であるとしています。

●化学的ハザード②：放射性物質

放射性物質は、通常は食品へ多量には混入しませんが、摂取すると健康リスクが生じます。たとえば、製造加工時に放射性物質を多量に含む水が用いられて汚染される可能性があります。使用する水に注意し、偶発的な放射性物質によるハザードに警戒する必要があります。

●物理的ハザード：乳児の窒息につながるような形状の食品

牛海綿状脳症(BSE)
牛の病気の1つで、感染すると主に牛の脳に蓄積し、脳の組織がスポンジ状になり、異常行動や運動失調などを示して死亡する。

反すう動物
一度飲み込んだ食べ物を口の中に吐き戻し、再び咀嚼する動物のこと。牛、羊、山羊などを指す。

アレルゲン交差接触
Cross Contact。意図せずに、アレルゲンを含む食品からアレルゲンを含まない食品へ食物アレルゲンが移行すること。微生物の交差接触（クロスコンタミネーション）と区別している。

米国のリコール状況からわかる気をつけなければならない生物的ハザード

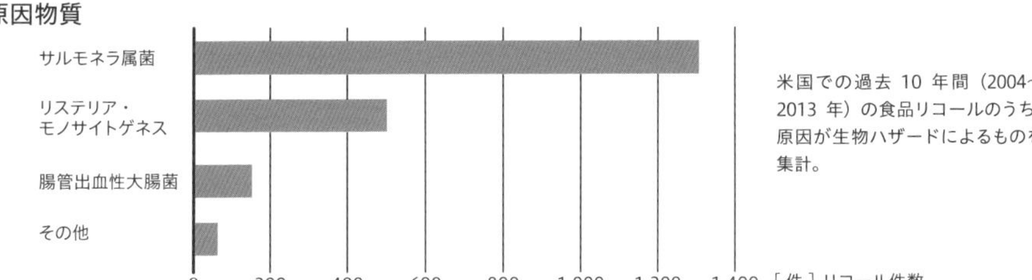

米国での過去 10 年間（2004〜2013 年）の食品リコールのうち、原因が生物ハザードによるものを集計。

●生物的ハザードは製造環境の状況によってリスクが異なる。

ウェットな環境の場合	リステリア・モノサイトゲネスによる汚染が懸念される。	【理由】床の汚れや設備内の結露、冷蔵庫の霜、エアコンの管理不足などが、繁殖に適した条件を生み出す。 【対策】環境を可能な限り乾燥させること。
ドライな環境の場合	サルモネラ属菌による汚染が懸念される。	【理由】湿式の清掃の後で湿度が高い場合、機器の結露などから発生することがある。 【対策】わずかな水分があるだけでも、サルモネラ属菌が増殖する可能性があるため、水分管理が重要。

出典：米国食品薬品局（FDA）動物用医薬品センター 2022年7月：「ハザードアナリシスと動物用食品のリスクベース予防管理について産業界向けガイダンス」をもとに作成

身体の安全面から見た物理的ハザードとしては、口内を切ったり、歯が欠けることなどが思い浮かびますが、食品の形状によっては喉に詰まるような危険なものもあります。米国食品医薬品局（FDA）は特に乳児向けの食品について警鐘を鳴らしています。

●経済的詐欺行為のうち食品安全に関わるハザード

経済的詐欺行為には、産地偽装のような身体的な安全性に関係しないものがあります。一方で、過去に化学物質であるメラミンが牛乳や乳製品に混入し、健康被害や食品安全への懸念が発生したことがあります。こういった過去の混入例を踏まえて、原材料の原産国や供給者を検討することが求められています。

ONE POINT

米国の食品安全の最新動向を確認する

米国の食品安全の取り組みは、日本にも大きな影響力を及ぼすため、定期的に情報を確認することが必要です。米国の最新の動向は、FDAをはじめとする組織や、日本貿易振興機構（ジェトロ）などが発信している、食品安全に関するメールニュースやホームページから確認することができます。

COLUMN 2

過去の混入事件から学ぶ食品安全の教訓と対策

メラミン混入事件から見えてきた食品安全の指針

過去には、見かけの品質を高めるため、あるいはコスト削減のために、たとえばターメリックにクロム酸鉛(II)を混入する、チリパウダーにスダンIを混入するなど、食品にさまざまな不純物を故意に混入する事例がありました。これらは食品偽装の一例ですが、それぞれが消費者の健康を損なう危険性を秘めています。そして、このような食品の混入事例が、今日の食品安全対策の重要な指針となっています。

数ある混入事例の中でも、粉ミルクへのメラミン混入事件は特に深刻な影響をもたらしました。有害物質の混入によって29万人以上の乳幼児が健康被害を受け、少なくとも6人が汚染された粉ミルクが原因で死亡したと報告されています。

この事件による教訓として、特定の国から輸入する乳製品を使用する場合、メラミンが食品に混入する可能性をハザード分析に含めるべきであることが示されました。また、メラミンを含む可能性のある原材料に対して、対策を定める必要性も明らかになりました。

米国の不純物混入に対する対策

米国においては、食品安全規制の一部として、経済的利益目的で故意に混入される可能性のあるハザードの評価が求められています。これは「ヒト向け食品に対する予防コントロール（PCHF)」という規則に基づいています。中でも、サプライヤー（供給者）が関わる場合については、予防コントロール（PC）の1つである「サプライチェーンプログラム」によって対処することが求められています。サプライチェーンプログラムは、原材料メーカーの選定と承認、検査書の入手や監査などを通して、重要な原材料のサプライヤー管理を行うことで食品安全を確保するものです。このような対策は食品業界における品質保証・品質管理の一環として、高い重要性を持っており、日本でも米国向け輸出事業者を中心に、同様の対策を取り入れる方向で進んでいます。

第3章

食品衛生の敵と戦う

食品衛生を考える上では、食中毒の主な原因となる微生物から食品の安全を守り、食中毒を起こさせないようにすることが重要になります。食中毒を防ぐための「食中毒予防３原則」をはじめ、微生物を制御するためのさまざまな方法や考え方を見ていきましょう。

Chapter3
01

食中毒を予防するための原則

食品にはさまざまな微生物による汚染の可能性がありますが、適切な対応をすることで、食中毒のリスクを軽減することができます。そのためには食中毒を予防するための3原則をしっかりと守ることが大切です。

食中毒の予防は「つけない」「増やさない」「殺す」

食中毒を防ぐためには、原因となる食品微生物を「つけない」「増やさない」「殺す（やっつける）」という「食中毒予防3原則」を守ることが重要です。これらの原則に従った対策を日々の業務に取り込み、適切に実行することで、食中毒のリスクを軽減することができます。

つけない：食品や器具に食中毒菌が付着しないよう、衛生的な取り扱いを心掛けることが大切です。具体的には、手洗いを徹底し、生の食品を扱った器具やまな板などは、未加熱でそのまま食べる食品（RTE食品）に触れないように注意します。

増やさない：細菌は時間とともに増殖します。食品に付着した細菌が増殖しにくい環境を作ることが大切です。食品の下処理や調理は速やかに行い、保存する場合は10℃以下または65℃以上で保存します。冷蔵庫を**適切な温度**に保ち、扉の開閉にも気を配ります。また、冷蔵庫に入れても、細菌はゆっくりと増殖するので、食品を早めに消費するように心掛けます。

殺す：ほとんどの食品微生物は熱に弱いため、加熱処理を適切に行い、食品微生物を死滅させます。肉や魚は**中心部までしっかり加熱**し、野菜も加熱して食べることが望ましい対応です。器具やまな板なども洗浄後に熱湯をかけて殺菌し、衛生的に保ちます。

そして、衛生管理を考える際には、これらの原則とは逆の状況、つまり「食中毒予防できない3原則」として「汚染」「増殖」「生残」が起こる場面や原因に着目し、管理のポイントを検討します。

RTE食品
Ready-to-eat foods。非加熱喫食食品ともいう。チーズ、サラダなど、消費者が購入後に加熱調理をせずに食べる食品。

適切な温度
細菌の多くは10℃では増殖がゆっくりとなり、-15℃では増殖が停止する。そのため、冷蔵庫は10℃以下に、冷凍庫は-15℃以下に維持することが目安となる。

中心部までしっかり加熱
厚生労働省が示す「大量調理施設衛生管理マニュアル」では、加熱調理食品について「中心温度75℃で1分間以上の加熱」と定められている。

ウイルスは「持ち込まない」「ひろげない」が基本

ウイルスは細菌と違って食品中では増えず、人（宿主）の体内

食中毒予防3原則と衛生管理ポイント

食中毒予防3原則	つけない	増やさない	殺す

↓

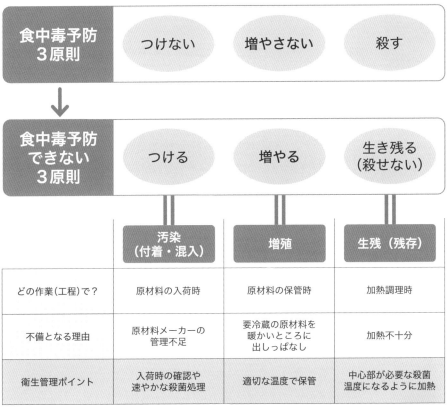

食中毒予防できない3原則	つける	増やる	生き残る(殺せない)
	汚染(付着・混入)	増殖	生残(残存)
どの作業(工程)で?	原材料の入荷時	原材料の保管時	加熱調理時
不備となる理由	原材料メーカーの管理不足	要冷蔵の原材料を暖かいところに出しっぱなし	加熱不十分
衛生管理ポイント	入荷時の確認や速やかな殺菌処理	適切な温度で保管	中心部が必要な殺菌温度になるように加熱

出典：著者作成

衛生管理を考える際には、「食中毒予防できない3原則」の「汚染」「増殖」「生残」が起こる場面や原因に着目します。

で増殖します。そのため、ウイルスの場合は「増やさない」は当てはまりません。ウイルスはほんのわずかでも食中毒を発症することから、ウイルス性食中毒を防ぐためには、ウイルスを製造・加工の現場に「持ち込まない」「ひろげない」ことが重要です。

持ち込まない：作業者の健康管理を徹底し、感染症の症状がある場合は作業を避けるようにします。

ひろげない：こまめな手洗いを実施し、器具やまな板などの定期的な洗浄・消毒を行います。

Chapter3
02

食品の原材料管理のポイント

食品の製造・加工の工程で上流に位置する原材料管理は、食品の衛生と品質に関わる重要な要素です。原材料に由来する事故を防ぎ、食品の品質と安全性を向上させるために、原材料の適切な取り扱いと管理が求められます。

原材料管理では「つけない」「持ち込まない」が重要

食品の原材料管理は、製造・加工の工程において品質や安全性を保つために欠かせない要素であり、製品品質に大きく影響を与えます。原材料の品質が低いと、最終製品の品質も低くなるため、食品衛生と品質の両面から良質な原材料の確保が求められます。

世界保健機関（WHO）が提唱する「食品をより安全にするための5つの鍵」（**1-02**参照）の１つ、「安全な水と原材料を使う」はこの考えを補強しており、原材料の安全性や品質を向上させることを目的としています。さらに、生で食べる食材はよく洗い、使用期限を過ぎたものは食べないようにすることで、食中毒リスクを減らすことができます。

これらの対策は、「食中毒予防3原則」の「つけない」や「持ち込まない」と合致し（**3-01**参照）、消費者の安全を守る上で重要な役割を果たしています。なお、原材料由来のハザードを「持ち込まない」ことを加えて、「食中毒予防４原則」とする場合もあります。

原材料管理は、食品製造業者だけでなく、消費者自身も意識するべき要素です。家庭でも原材料の取り扱いや管理を適切に行うことで、食品の品質と安全性を向上させることができます。

家庭でも原材料の取り扱いや管理を適切に行う
食中毒事例の中で、家庭で調理した食事が原因の食中毒は、2018年～2022年の5カ年において、飲食店に次いで2番目に多く発生している。

原材料の取り扱いと管理を適切に行うポイント

原材料の適切な取り扱いと管理を行うためには、以下のポイントを押さえる必要があります。

●原材料に関連するハザードの把握

過去の検査結果や関連文献を参照し、原材料におけるハザードを把握することが重要です。

原材料に関するハザードの情報を得る方法

参照例

食品安全委員会ホームページ 「食品ハザード情報ハブ」 **検索**

食品安全委員会を含む関係省庁が公表している食品ハザードに関する専門情報を、以下のように分類してあり、効率的に入手することができる。

リスクプロファイル

食品の安全性に関する問題及びその背景を記述した文書
（ハザードの特性、ばく露の現状、健康への影響などに関する国内外の科学的知見などを整理したもの）

ファクトシート

科学的知見に基づくハザードごとの概要書
（国際機関や国内外のリスク評価機関が公表した評価結果、最新の研究成果、リスク管理措置などの情報を収集・整理）

原材料の規格基準に関する情報を得る方法

参照例

厚生労働省ホームページ 「食品別の規格基準について」 **検索**

「食品、添加物等の規格基準」（昭和 34 年厚生省告示第 370 号）の各条に記載されている規格基準を、以下のように食品別に掲載してあり、容易に検索できる。

A. 食品一般の成分規格別
B. 食品一般の製造、加工及び調理基準別
C. 食品一般の保存基準別
D. 各条（下記に一部例示）

清涼飲料水	食肉製品	生食用鮮魚介類	即席めん類
粉末清涼飲料	鯨肉製品	生食用かき	冷凍食品
氷菓	魚肉ねり製品	寒天	容器包装詰加圧加熱殺菌食品
食肉及び鯨肉	いくら、すじこ及びたらこ	穀類，豆類及び野菜	
生食用食肉	ゆでだこ	生あん	
食鳥卵	ゆでがに	豆腐	

出典：いずれも各種資料をもとに著者作成

●原材料に関連する法令の遵守及び自主基準の設定

原材料の受入時に自主検査を行う際には、**法令等による方法や基準**が設定されている場合はそれを遵守し、それ以外の場合は自主基準を設定して、基準の根拠を明確にします。

法令等による方法や基準
食品衛生法に記載された公定法や厚生労働省の通知などで定められた検査方法などがある。

●客観的な判定基準の数値化

原材料の保管時、使用時の品質を客観的に評価するために、判定基準を数値化し、適切な検査方法を選択します。

●適切な保管及び加工方法の確保

良質な原材料でも、保管や加工方法に問題があれば品質のよい製品は作れません。保管や加工においても適切な管理が必要です。

●教育と研修

原材料管理の基本的な考え方や検査方法を理解し、適切な判断ができるように従業員の教育や研修が重要です。

Chapter3
03

食中毒予防3原則：つけない②

洗浄の重要性

食中毒予防3原則の「つけない」に対して、もっとも基本的な対策が「洗浄」です。洗浄の目的と重要性を理解し、洗浄方法や洗浄剤のポイントを抑えた適切な洗浄を実施することで、食品衛生上のリスク抑制につながります。

食品衛生上で欠かせない洗浄

食品を取り扱う施設において洗浄は重要な要素であり、適切な洗浄によって食品衛生上のリスクを最小限に抑えることができます。洗浄には以下のような目的があります。

汚れの除去：デンプン、たんぱく質、油脂などの汚れを、設備や器具から除去することが重要です。これによって、食中毒菌が増殖しにくい環境を整えることができます。

微生物の減少：洗浄によって食中毒菌などの微生物を物理的に除去し、その数を減らすことが可能です。

消毒効果を高める：洗浄によって汚れが除去されることで、微生物に対して消毒剤をより効果的に働かせることができます。

設備・器具の洗浄ポイント

設備や器具を洗浄する場合には、次の3つの洗浄作用を適切に組み合わせることで、効率的に汚れを除去することができます。

①**物理的作用**：熱、撹拌、摩擦力、研磨、圧力などの物理的な力を利用して汚れを除去します。

②**界面活性作用**：洗浄剤に含まれる**界面活性剤**が働き、たんぱく質や油脂などの汚れを分散させることで除去します。界面活性剤は水と油の間に働きかけ、油脂汚れを水に溶けやすくして洗浄効果を発揮します。

③**化学的作用**：界面活性剤以外の化学物質を用いて、汚れを除去します。たとえば、**溶剤**は油脂を溶かし、酸やアルカリはたんぱく質を分解し、**キレート剤**は金属イオンをキャッチして沈殿物を分散させ、酵素はたんぱく質や脂質、デンプンなどの**生体高分子**を分解します。

界面活性剤
2つの性質の異なる物質の境界面（界面）に働き、界面の性質を変える物質。

溶剤
油など他の物質を溶かす性質を持つ物質。

キレート剤
特定の金属と結びつくことで、金属を不活性化する働きをする薬剤。

生体高分子
生体内に存在する高分子の有機化合物。たんぱく質、核酸（DNA、RNA）、多糖類などがある。

汚れを効果的・効率的に落とすための条件

物理的作用
物理的な力を加える。
化学的作用・界面活性作用
汚れの種類に応じた適切な洗浄剤を選定する。
希釈倍率や濃度など、洗浄剤を適切な使用量で使用する。
洗浄効果を引き出す適切な温度・時間に調節する。

出典：各種資料をもとに著者作成

食品を取り扱う施設で使用されている一般的な洗浄剤の種類

分類	使用目的	主成分	特徴
中性洗剤	食品由来の汚れ（油、デンプン、たんぱく質）全般、土などの食品に付いた汚れ	界面活性剤	・界面活性剤の力で洗浄する ・中性なので安全性が高い
アルカリ洗浄剤	特にひどい油汚れ、焦げ付いた汚れ、特にひどいたんぱく質汚れ	アルカリ塩類／界面活性剤／キレート剤	・中性洗剤で対応できないひどい汚れ（特に油やたんぱく質）をアルカリの力で溶かす
酸性洗浄剤	水分中のミネラル由来の汚れ（スケールと呼ぶ）	リンゴ酸やクエン酸などの有機酸塩酸や硝酸などの無機酸	・調理場では食器洗浄機内部に付着したスケールの除去に使用する
石けん	手指の洗浄	界面活性剤（石けん含む）	・合成界面活性剤と比較して手肌にやさしい

出典：文部科学省スポーツ・青少年局学校健康教育課「調理場における洗浄・消毒マニュアルPart1」をもとに作成

食品の安全性に関わる手指の衛生状態

手指は原材料や設備・器具に直接触れるため、手の衛生状態が食品の安全性に大きく影響します。正しい手洗いの方法とタイミングを徹底することで、製造現場や厨房内の衛生管理が向上し、安全な食品の提供が可能となります。

Chapter3
04

食中毒予防3原則：増やさない①

微生物の増殖を抑制する「ハードル理論」

微生物の増殖を防ぐためにはさまざまな方法がありますが、そのバランスや強度を誤ると、食品の品質劣化につながります。そこで効果的なのが、複数の要因を利用して微生物の増殖を抑制する「ハードル理論」の考え方です。

微生物の増殖を抑制するさまざまな手段

微生物は、生育に必要な「栄養」「水分」「温度」の３つの条件が最適な状況になると爆発的に増殖します。微生物の増殖を防ぐためには、水分や**水分活性（Aw）**、温度、食塩濃度、**pH**（酸性の度合い）、保存料の添加など、食品の内的な環境要因を管理することが重要です。また、食品にとって外的な環境要因、たとえばガス充填包装や紫外線殺菌、圧力なども効果的な手段です。

しかし、これらの要因や手段を単独で用いる場合には、微生物制御のために過剰な条件を設定することになります。加熱のしすぎで焦げたり固くなる、高濃度の食塩を使用することで塩味が強くなりすぎるなど、単独の手段で微生物をコントロールしようとすると、食品の品質を損なう恐れがあります。そこで提案されたのが「ハードル理論」という考え方です。

水分活性（Aw）
Water Activity。食品中の水分のうち、微生物が利用できる水分（自由水）がどの程度含まれているかを示す指標となる値。

pH
Potential Hydrogen。水素イオン濃度指数のことで、酸性・中性・アルカリ性のどれに分類されるかを判別する尺度。

複数のハードルで微生物をコントロールする

ハードル理論とは、加熱、冷蔵保存、pH、保存料の添加など、微生物の生育を抑制する要因や手段をそれぞれハードルと見立てて考える理論です。ドイツのライスナー博士が1970年代に提唱したもので、複数の環境要因を組み合わせることで、食品の総合的な保存効果を向上させることを目指しています。

設定するハードル（微生物制御のための要因や手段）の高さが低ければ、微生物の生育を抑制することは難しく、微生物汚染につながってしまいます。一方で、1つのハードルを高くしすぎると、生育の抑制はできますが、食品の品質を損なう恐れが生じます。ある程度の高さのハードルを複数組み合わせて、品質を損なうことなく、保存性を高めることが理想的です。

単独の環境要因で食品微生物の増殖対策を行う場合の弊害

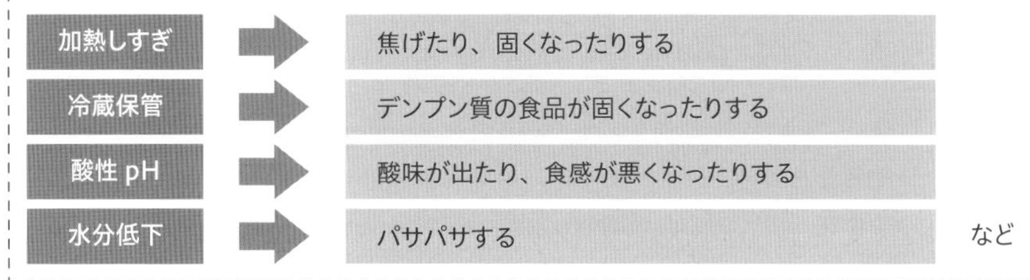

加熱しすぎ
焦げたり、固くなったりする
冷蔵保管
デンプン質の食品が固くなったりする
酸性 pH
酸味が出たり、食感が悪くなったりする
水分低下
パサパサする
など

株式会社ウエノフードテクノ「食品の保存性に影響する要因」
(https://www.ueno-food.co.jp/foodsafety/pdf/hozonsei.pdf) をもとに作成

内的な環境要因と外的な環境要因でハードルを組み合わせる

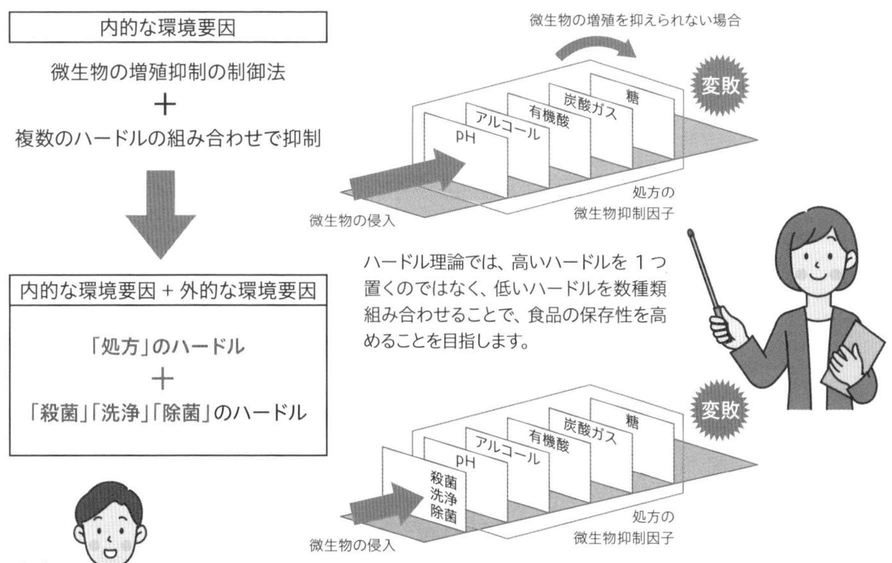

出典：各種資料をもとに著者作成

食品の内的な環境要因だけでなく、「殺菌」「洗浄」「除菌」といった外的な環境要因も組み合わせた総合的な対応が効果的です。

ハードルは食品の内的な環境要因だけではなく、工場の衛生管理の取り組みもハードルになります。具体的には、殺菌や洗浄、除菌などのプロセスの設定が挙げられます。

ハードル理論に基づいて、内的・外的な環境要因を組み合わせた総合的な対応をとることで、温和な条件で微生物の抑制が可能となり、食品の品質や安全性を維持することができます。

食中毒予防3原則：増やさない②

TT管理による制御

多くの細菌は、条件がそろうと時間経過にともなって爆発的に増殖します。食品を加熱・冷却する際には、温度（Temperature）と時間（Time）を管理する「TT管理」を実施し、細菌の増殖を抑制することが重要です。

温度と時間を組み合わせて品質と衛生を守る「TT管理」

微生物は、増殖に必要な3つの条件（栄養、水分、温度）がそろうと急速に増殖するため、食品に含まれる水分の管理と、温度と時間の管理が不可欠です。中でも、温度（Temperature）と時間（Time）を適切に管理し、食品の品質と衛生を維持する「TT管理（温度・時間管理）」は、食品の製造・加工から販売に至るまで重要な役割を果たします。また、TT管理が必要な食品を**TCS食品**といいます。肉製品、卵、魚介類、乳製品、調理済み野菜、スプラウト、メロンやトマトのスライスなどが該当します。米国では「潜在的に危険な食品（Potentially hazardous foods：PHF）」としていたものを、2013年にTCS食品という呼び方に変更しています。

TCS食品
Time/Temperature Control for Safetyの略。安全のための時間／温度管理を必要とされる食品のこと。高たんぱく質の食品、デンプン質が高い食品、水分を多く含む食品、野菜類が該当する。

TT管理を実施して危険温度帯を避ける

食品を加熱する際には、温度と時間を厳密に設定し、管理することが求められます。また、加熱後の食品を速やかに冷却し、微生物の活動を抑制する工程も重要です。

細菌はその多くが**危険温度帯（デンジャーゾーン）**である10～60℃で増殖し、30～40℃でもっとも活発に発育します（一部の低温菌や高温菌は除く）。細菌の増殖は1つの細胞が2つに分裂することで進行します。この分裂に必要な時間を「世代時間」といいます。細菌の種類によって世代時間は異なりますが、一般的には20分程度とされています。増殖が続くと、6時間後には約26万個にまで増え、細菌にもよりますが、約10万個を超えると食中毒の症状が現れることがあります。夏の時期には、食品を暑い場所に放置するだけで、細菌に適切な温度と時間を与えるこ

危険温度帯（デンジャーゾーン）
細菌が急速に増殖する温度域のこと。厚生労働省はHACCPの手引書で10～60℃、米国農務省経済調査局（USDA/ERS）では4.4～60.0℃と示している。

細菌が増殖する3つの条件

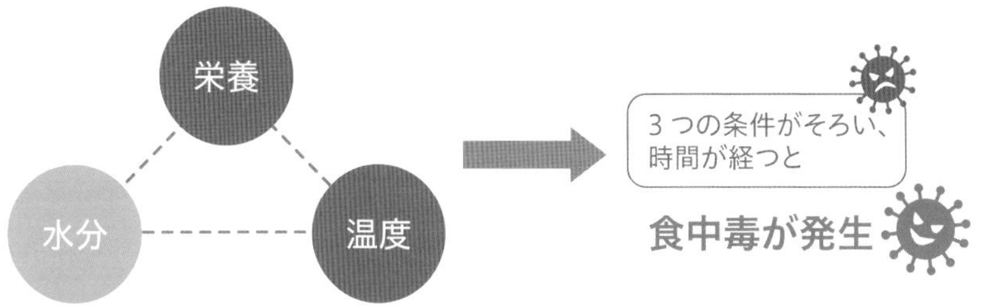

出典：著者作成

米国農務省経済調査局（USDA/ERS）が示す危険温度帯（デンジャーゾーン）の定義

- 73.9℃：家禽、詰め物、ココット
- 71.1℃：卵料理、ひき肉
- 62.8℃：牛肉、豚肉、ラム肉、ステーキ
- 60.0℃
- 危険温度帯　もっとも急速に増殖（20分で菌数が2倍）
- 4.4℃

出典：各種資料をもとに著者作成

食品を冷却する際のTT管理条件

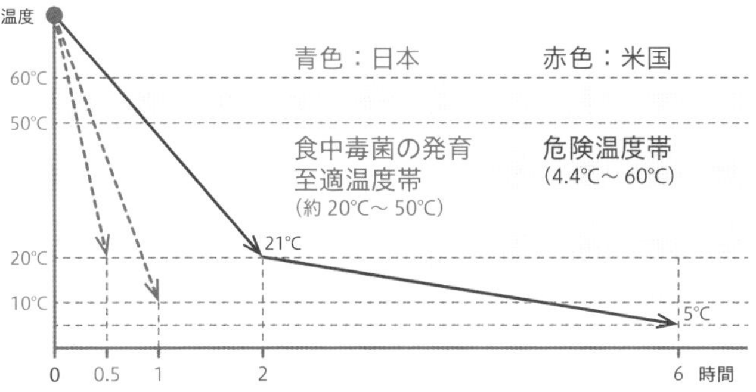

出典：厚生労働省「大量調理施設衛生管理マニュアル」「HACCP（ハサップ）の考え方を取り入れた食品衛生管理の手引き［飲食店編］」、全米レストラン協会「ServSafe」テキストをもとに作成

とになり、食中毒のリスクが高まります。

TT管理の目的は、食品を加熱・冷却する際に、短時間で危険温度帯を通過させることにあります。そのためには、取り扱う食品の量や加熱・冷却の機器の性能を把握し、食品の加熱・冷却に要する温度と時間のデータを取ることが必要です。このようにTT管理を適切に実施することで、食品の品質を保ち、食中毒のリスクを最小限に抑えることができます。

Chapter3
06

食中毒予防3原則：増やさない③

水分活性による微生物の増殖コントロール

微生物は「栄養」「水分」「温度」の3つの条件がそろうと増殖します。そこで、食品中の水分をコントロールし、微生物が増殖しにくい環境を作ることで、食品の保存性を高めることができます。

微生物が増殖する条件の1つは水分

食品の保存性を高めるには、微生物の増殖を抑制することが重要です。微生物が増殖する条件としては、適切な栄養素や温度とともに、水分も必要になるため、水分をコントロールし、食品の保存性を向上させる手法として、古くから乾燥法が利用されてきました。同様に、塩蔵法や糖蔵法も効果的です。

水分活性は食品の水蒸気圧を純水の水蒸気圧で割った値

水分活性の測定は、圧力計を用いて密閉容器内の水蒸気圧を測定する方法や湿度計を用いる方法などがあり、電気抵抗式あるいは露点式の水分活性測定器を用いる方法が広く使われている。

水分活性を利用して微生物の増殖を制御する

微生物は食品に含まれる水分を利用して増殖しますが、食品中にあるすべての水分を利用できるわけではありません。食品中にある水分は、「自由水」と「結合水」に分けられます。自由水は食品中の成分と結合しておらず、微生物が利用できる水分です。一方の結合水は、他の成分と水素結合しているため、微生物には利用できません。同じ水分含量の食品でも、自由水と結合水の割合によって、微生物の増殖のしやすさが異なります。つまり、自由水が多ければ微生物は増殖しやすく、自由水が少なければ微生物は増殖しにくいといえます。

食品中の水分に占める自由水の割合を示す指標として、水分活性（Aw）が用いられます。**水分活性は食品の水蒸気圧を純水の水蒸気圧で割った値**（％では表さない）で、純水の水分活性は1.00です。水分活性が1.00に近いほど、自由水の割合が高くなります。水分活性は微生物の生育に大きな影響を与えます。生育に必要な最低限の水分活性は、微生物の種類によって異なります。一般的に、細菌は0.90以上、酵母は0.88以上、カビは0.80以上の水分活性が必要です。つまり、水分活性を0.50以下に抑えることで、耐乾性カビなどを含むあらゆる微生物の増殖を防ぐこと

水分活性を利用して微生物の増殖をコントロールする

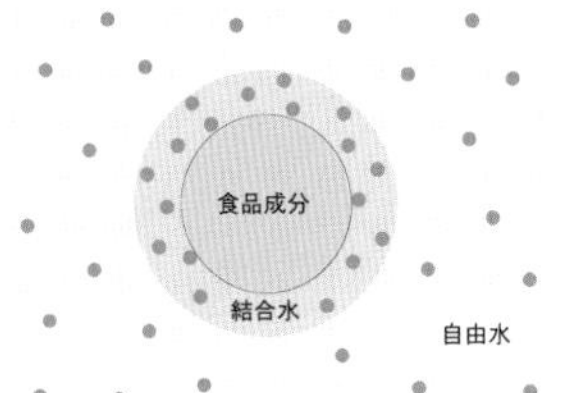

●食品中の水分
結合水：食品成分の分子と結合している水
自由水：食品成分を溶かしている水→微生物が利用できる

$$\text{水分活性(Aw) Water Activity} = \frac{\text{自由水}}{\text{結合水}+\text{自由水}}$$

（少数で表記、単位なし）

主な食品の水分活性と微生物の関係

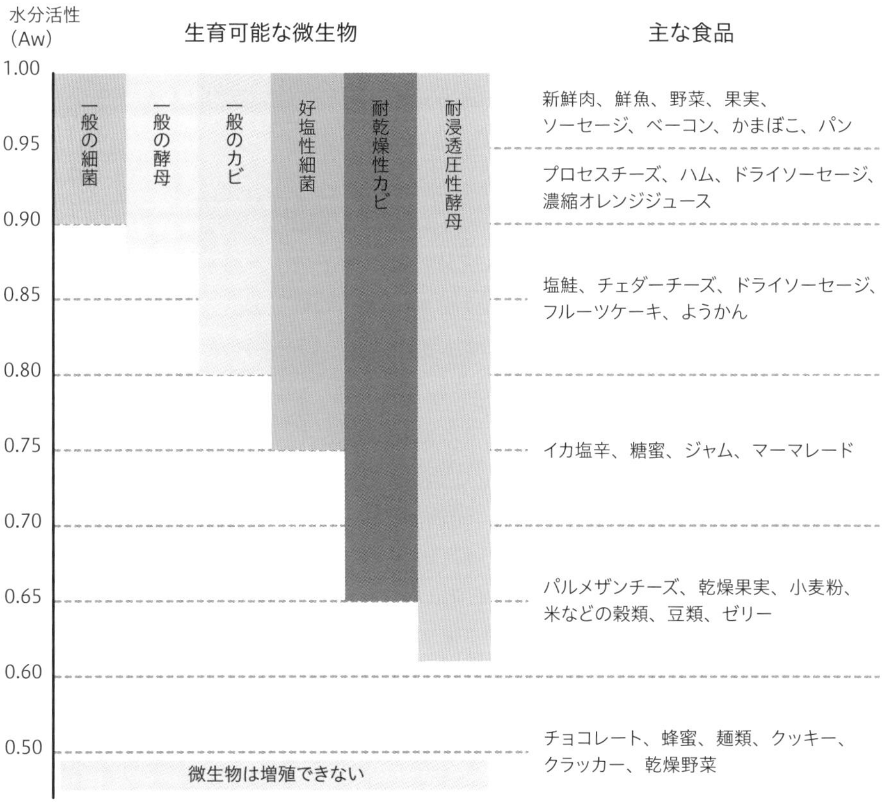

水分活性（Aw）

生育可能な微生物：一般の細菌、一般の酵母、一般のカビ、好塩性細菌、耐乾燥性カビ、耐浸透圧性酵母

水分活性（Aw）	主な食品
1.00～0.95	新鮮肉、鮮魚、野菜、果実、ソーセージ、ベーコン、かまぼこ、パン
0.95～0.90	プロセスチーズ、ハム、ドライソーセージ、濃縮オレンジジュース
0.90～0.80	塩鮭、チェダーチーズ、ドライソーセージ、フルーツケーキ、ようかん
0.80～0.70	イカ塩辛、糖蜜、ジャム、マーマレード
0.70～0.60	パルメザンチーズ、乾燥果実、小麦粉、米などの穀類、豆類、ゼリー
0.60～0.50	チョコレート、蜂蜜、麺類、クッキー、クラッカー、乾燥野菜

微生物は増殖できない

出典：いずれも各種資料をもとに著者作成

ができるといえます。

食品衛生法においても、水分活性が規格や基準に取り入れられているものがあります。また、水分活性を用いることで、食品の保存性や微生物の増殖を予測することも可能となります。

食中毒予防3原則：増やさない④

予測微生物学の活用

膨大な微生物の科学的なデータベースを利用して、微生物の増殖・死滅の挙動を予測する「予測微生物学」。公開されている予測モデルをHACCPシステムに活用することで、食品衛生に科学的にアプローチできます。

微生物の挙動を予測して食品の安全性を確保する

1980年代後半から欧米を中心に、食品の製造から流通・消費に至る全過程において、有害な病原菌や腐敗菌の挙動を定量的に予測し、食品の安全性を確保することを目的とした「予測微生物学」が考えられました。

予測微生物とは、簡単にいえば、細菌などの微生物は、一定の環境条件において分裂、増殖、死滅する状況にパターンがあることから、その特徴を数式化して予測に活用するということです。その後、「微生物増殖曲線予測プログラム」が開発されたことで、コンピューターを使って微生物の増殖や死滅の速度を予測することが可能になりました。

ただ、これらの予測結果はあくまでも参考データであるため、そのまま対象食品に適用することはできません。しかし、実際に有害な病原菌や腐敗菌の挙動を確認するために、対象食品に強制的に菌を植え付ける試験（強制接種試験）を行うには時間と費用がかかります。そこで、それらの試験を行う代わりに、予測結果を**スクリーニング**作業に利用することで、目的の実験を効率的に行うことができます。

また、賞味期限を設定するための保存テストや輸送時を想定した変温試験など、複合条件が必要な場面でも、事前に公開されているデータベースやソフトを利用し、設定を微調整することで、そういった試験を行うことなく、結果を予測し導き出すことができます。たとえば、無料のデータベースやソフトの代表的な存在である「**ComBase（コムベース）**」には、5万件以上の食品環境における微生物挙動の論文データが収録されており、食品の微生物学的な安全性を予測し、開発や改善のために利用できます。

スクリーニング
ここでの意味は、迅速に結果が得られる簡便な方法で、増殖が疑われる菌を選び出すこと。

ComBase（コムベース）
各種微生物の増殖及び死滅データを5万件以上収録しているデータベース。英国食品研究所（IFR）、米国農務省農業研究センター（USDA-ARS）、豪州タスマニア大学食品安全センター（FSC）の3機関が運営している。

ComBaseの活用例：食品中の微生物の挙動を予測する

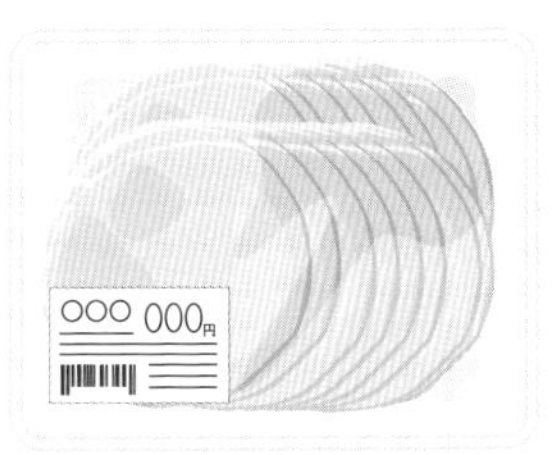

10℃保存のロースハムについて、リステリア菌による食中毒の懸念を示す保存時間を求める。

ComBaseへのデータ入力条件
・ロースハムの水分活性を0.960、pHを6.35とする。
・リステリア菌による初発の汚染菌数を10cfu/gとする。
※cfuとはコロニー数のこと。

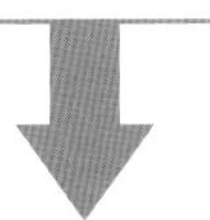

ComBaseを利用したシミュレーション結果

100cfu/g が食中毒の懸念レベルとしたとき、（条件のもとで）38 時間経過すると、ロースハムはリステリア菌食中毒の懸念レベルになる。

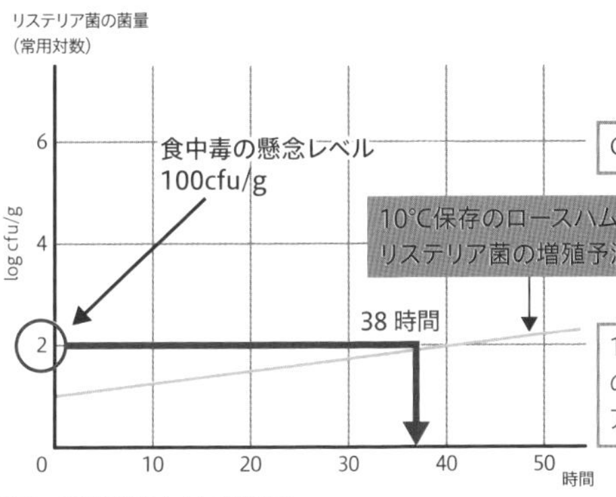

出典：各種資料をもとに著者作成

ComBase などのデータを活用することで、微生物の増殖を予測し、食品の保存期間の設定などに活用することができます。

予測微生物学を応用したHACCP

世界各国で、予測モデルの開発やデータベースの整備、予測ソフトの開発などが現在進行形で進んでおり、予測微生物学の応用範囲は広がりを見せています。その応用分野としては、HACCPシステムや微生物学的リスク評価などがあります。たとえばHACCPシステムでは、予測モデルを用いて重要管理点（CCP）の決定（**7-10**参照）や管理基準（CL）の設定（**7-11**参照）に活用することができます。

このように、食品の安全性が求められるさまざまな分野において、予測微生物学の予測モデルを適切に用いることで、微生物学的な面から、食品の安全性を向上させることが期待されます。

食中毒予防３原則：殺す①

殺菌が目標とするもの

私たちの身の回りには、「殺菌」「除菌」「滅菌」などの言葉が使われた商品があります。どれも似たような印象を受けますが、食品衛生管理においては、その表現の意味と使い分けを知ることがとても重要です。

殺菌・除菌・滅菌の違いを理解する

食品業界において、「殺菌」は重要なプロセスです。菌の抑制に関する用語には、ほかにも「除菌」や「滅菌」など似通うものもあります。それぞれの意味と効果を知り、どのように使い分けるべきかを理解することが大切です。

殺菌：「病原菌を含めた有害微生物を死滅させること」という意味で、一般に広く用いられています。殺す菌の種類や数が定められていないため、その一部を殺すことができれば殺菌したことになります。つまり、対象や程度を含まない概念といえます。

除菌：菌やウイルスを除いて減らすことで、これも殺菌と同様に、対象や程度を含まない概念です。

滅菌：有害・無害を問わず、対象物に存在するすべての菌やウイルスを殺滅・除去することで、日本薬局方では「微生物の生存する確率が100万分の１以下」と定義しています。

日本薬局方
医薬品の性状及び品質の適正を図るため、「医薬品、医療機器等の品質、有効性及び安全性の確保等に関する法律」第41条の規定に基づき、厚生労働大臣が定める医薬品の企画基準書。

殺菌の目標は「商業的殺菌（無菌）」の状態

対象や程度を含まない、概念としての殺菌と除菌はもとより、100℃以上の高温で処理しても生き残る微生物もあることから、たとえ高温で処理しても、必ずしも滅菌されているとはいえない場合もあります。

そこで、食品業界では「商業的殺菌（無菌）」という考え方が古くから定着しています。米国の法律によると、「食品の商業的無菌性とは、加熱処理により公衆衛生上有害な微生物及び通常の非冷蔵貯蔵・流通条件で、食品中に発育しうる公衆衛生上無害なすべての微生物を死滅させた状態をいう」と定義されています。要するに、食品中のすべての微生物を殺菌するのではなく、食中毒

殺菌・除菌・滅菌の違い

殺菌

意味：菌を殺すこと。「すべての菌を死滅させる」意味ではなく、どれか 1 つの菌だけでも殺せれば「殺菌した」ことになる。
対象や程度：含まない。

主な使用製品：消毒液、薬用石けんなどの医薬品や医薬部外品のみ。

除菌

意味：対象物から菌やウイルスの数を減らし、清浄度を高めること。法律上では具体的に規制されていない。
対象や程度：含まない。

主な使用製品：洗剤、ウェットシート、スプレー、ジェルなど。

滅菌

意味：菌やウイルスの数を、限りなくゼロに近づけること。菌に対してはもっとも厳しい対応といえる。
対象や程度：微生物の生存する確率が 100 万分の 1 以下になること。

主な使用製品：滅菌ガーゼ、滅菌コットン、注射器、手術器具など医療現場で使用するもの。

商業的殺菌（無菌）のイメージ

目の前で握った寿司をすぐに食べる＝食べるまでの時間が短い

店で握った寿司を配送して夕食時に食べる＝食べるまでの時間が長い

> 同じ寿司でも、食べるタイミングに応じて、食中毒が起こらない
> 微生物の量や質を管理している
> ＝商業的殺菌（無菌）が達成できている

出典：いずれも各種資料をもとに著者作成

菌や病原菌、あるいは常温流通下で経済的損失をもたらすような腐敗菌などが存在せず、商品価値が維持できる程度に加熱殺菌されている状態のことを指します。

常温での貯蔵条件のもとで、長期間保存できる缶詰は、この商業的殺菌（無菌）を目標に加熱殺菌が行われています。

食中毒予防3原則：殺す②

殺菌剤の特徴

微生物を殺したり、その数を抑制させるためには、殺菌剤を使用することが効果的です。殺菌剤はその種類によって、微生物に対する効果に差があるため、目的に応じたものを選び、使用方法を守って使うことが大切です。

殺菌剤使用時の3つのポイント

殺菌剤を使用する際には、3つの重要なポイントがあります。これらを守り、適切に対応しなければ、充分な殺菌効果を得ることは期待できません。また、細菌などの微生物を殺す効果を持つ殺菌剤は、使用方法を誤ると人体にとっても有害に作用します。殺菌剤の使用説明書などをよく読み、決められた使用方法を遵守することが大切です。

濃度：次亜塩素酸ナトリウムのように希釈が必要な殺菌剤は、定められた濃度で用いないと効果が期待できません。目分量で適当に希釈するのではなく、正確に計量して希釈します。また、時間の経過や使用にともない、濃度は低下する傾向があります。使用頻度などに合わせて、定期的に作り直すようにします。

温度：殺菌剤は低温では消毒効果が激減し、5℃以下では消毒効果がほとんど期待できなくなります。なるべく20℃以上で使用するようにします。特に、気温が下がる冬季は注意が必要です。

時間：殺菌剤が効果を発揮するには、一定の接触時間を要します。作業を急ぎ、殺菌時間を短くすると効果はありません。

代表的な殺菌剤の特徴

殺菌剤にはいろいろな種類がありますが、一般には以下のものが多く使用されています。

エタノール：市販の消毒用エタノールは、もっとも殺菌力が強い濃度で販売されています。選ぶ際には「食品添加物」と表示されたものを選びます。殺菌する対象物に洗浄後の水分が残ったまま使用すると、濃度が薄まって消毒効果が得られません。

次亜塩素酸ナトリウム：一般に、50～200ppmの濃度に希釈し

希釈
溶液に溶媒を加えて濃度を薄めること。殺菌剤（溶液）の場合は、原液に水（溶媒）を加えて希釈する。

殺菌力が強い濃度
一般的には76.9～81.4%。2020年厚生労働省コロナ対策の通達では原則70～83%。米国疾病予防管理センター（CDC）のガイドラインでは60～95%、世界保健機関（WHO）のガイドラインでは80%を推奨している。

ppm
parts per millionの頭文字をとった言葉で、「ピーピーエム」という。液体の微量な濃度を示す単位で、「100万分の1」という割合を表す。%と同じように使い、100万ppm＝100%となる。

次亜塩素酸ナトリウムの希釈方法

原液の濃度	希釈して作る濃度	希釈倍率	水1リットルに対する原液量
6%	100ppm（0.01%）	600倍	1.7ml
	200ppm（0.02%）	300倍	3.3ml
	500ppm（0.05%）	120倍	8.3ml
	1,000ppm（0.1%）	60倍	17ml
12%	100ppm（0.01%）	1,200倍	0.9ml
	200ppm（0.02%）	600倍	1.7ml
	500ppm（0.05%）	240倍	4.2ml
	1,000ppm（0.1%）	120倍	8.5ml

市販されている塩素系殺菌剤（原液）は濃度が6%か12%のものが一般的です。

主な殺菌剤の種類と用途

	エタノール	次亜塩素酸ナトリウム	逆性石けん（塩化ベンザルコニウム）
使用箇所	・手指 ・便器、トイレのドアノブなど	・嘔吐物や下痢便 ・便器、トイレのドアノブなど	・食器 ・手指 ・トイレのドアノブ
濃度	希釈せず使用	通常、60～300倍に希釈し使用	通常、100～300倍に希釈し使用
留意点	ゴム製品・合成樹脂などは変質する 引火性がある 手荒れに注意。粘膜には使用しない	有機物があると効果は激減 漂白作用がある 金属を腐食させる 使用方法を誤ると有毒ガスが発生する	一般の石けんと同時に使うと効果がなくなる 逆性石けんの溶液は毎日作り替える
有効な病原体	多くの細菌・真菌	多くの細菌・真菌・ウイルス	多くの細菌、真菌
無効な病原体	ノロウイルスにほぼ効果がない 肝炎ウイルス 芽胞	一部の真菌	大部分のウイルス 芽胞

出典：いずれも各種資料をもとに著者作成

た水溶液に5～10分間漬け込みます。「食品添加物」と表示があるものを選び、容器や包装などに示されている方法で濃度を調整します。塩素剤に誤って酸が混入すると、有害な塩素ガスが発生するので注意が必要です。金属製品や皮膚には腐食性があるので気を付けましょう。

逆性石けん（塩化ベンザルコニウム）：医薬品や医薬部外品の殺菌消毒剤です。普通の石けんが皮脂・油などと反応し、泡立ちながら水と混ざり合う働きがあるのに対して、逆性石けんはカビや細菌などを引き寄せ、それらの細胞を変質させる働きがあります。ただし、洗浄力は期待できません。また、普通の石けんと混ぜ合わせると、殺菌力も洗浄力も減弱してしまいます。

食品を取り扱う場所で使用する場合は、適切な製品を選び、注意事項や使用方法に従って使うことが重要です。通常、手指の消毒には、医薬部外品の場合は0.05%に希釈して使用します。

Chapter3
10

食中毒予防3原則：殺す③

熱を加えて微生物を殺菌する2つの方法

多くの微生物は熱に弱いため、加熱殺菌という方法で効果的に殺すことができます。加熱殺菌には微生物の特性を考慮した2種類の方法があります。いずれも加熱時には食品の品質を損なわないようにすることが求められます。

熱を加えて微生物を殺菌する2つの方法

加熱殺菌は、食品の安全性と品質を維持しながら、微生物を効果的に殺菌することができます。加熱殺菌の方法は、主に「低温（長時間）殺菌」と「高温（短時間）殺菌」に分けられます。

低温（長時間）殺菌：19世紀半ば、フランスの科学者ルイ・パスツールがワインの**変敗**防止のために考案した方法です。温度を100℃未満、一般的には60～65℃に保つことで微生物を殺菌します。

変敗
食品が微生物の影響を受け、風味が悪くなるなど、食用に適さなくなること。

通常、殺菌の効果は温度が高いほど、より短時間で達成できます。しかし、牛乳や肉類などの食品は、高温にさらすとたんぱく質の変性や風味の低下といった問題が生じます。そして、60℃付近になるとたんぱく質の立体構造が緩みすぎて、元に戻らなくなるという熱変性が起こります。一方で、微生物もたんぱく質で構成されているため、この温度で死滅します。従って、60℃付近は加熱殺菌条件のもっとも低い適正温度帯となります。ただし、完全にすべての微生物を死滅させるわけではないため、常温での長期保存には向きません。

日本の場合、牛乳の殺菌は「乳及び乳製品の成分規格等に関する省令」により、「保持式により摂氏63度で30 分間加熱殺菌するか、又はこれと同等以上の殺菌効果を有する方法で加熱殺菌すること」と規定されています。

高温（短時間）殺菌：細菌には100℃でも死なない耐熱性の高いもの（バチルス属とクロストリジウム属）が存在します。また、加熱時間が長いと食品の熱劣化を引き起こすことから、短時間で殺菌を行う**レトルト**殺菌（高温高圧殺菌）が考案されました。これは、高温・高圧の装置を使って100℃以上で加熱し、食品内の

レトルト
Retort。もともとは「蒸留釜」という化学用語で、現在は加圧下で100℃を超えて湿熱殺菌することを指す。

微生物制御手法の分類

目的		手法				
殺菌　菌を殺す	加熱殺菌	加熱条件の違いに基づく区分	低温（長時間）殺菌 湿熱殺菌	←→ ←→	高温（短時間）殺菌 乾熱殺菌
		加熱条件の違いに基づく区分	高周波加熱殺菌 電気抵抗加熱	・	遠赤外線加熱殺菌
	非加熱殺菌（冷殺菌）	物理的手法	放射線殺菌 紫外線殺菌 超音波殺菌 高電圧パルス殺菌	・ ・ ・	電子線殺菌 閃光パルス殺菌 超高圧殺菌
		化学的手法	合成殺菌料	・	天然殺菌料
静菌　菌を増やさない		物理的手法	低温保持 ガス置換	・ ・	高温保持 水分活性低下
		化学的手法	合成保存料	・	天然保存料
除菌　菌をつけない			濾過 電気的除菌	・ ・	遠心分離 洗浄
遮断　菌をつけない			包装 クリーンルーム	・ ・	コーティング 無菌充填

出典：NPO法人食の安全と微生物検査「定期通信第21号」(https://foodsafety-mbt.com/journal/vol_021.html) をもとに作成

主な微生物の耐熱性

微生物の種類		熱死滅に必要な温度と時間	
		温度(℃)	時間(分)
カビ		60	10～15
酵母		54	7
サルモネラ属菌		60	5
ブドウ球菌		60	15
大腸菌		60	30
乳酸菌		71	30
芽胞形成菌	バチルス属	100	1,200
	クロストリジウム属	100	800

出典：有希化学株式会社「洗浄と殺菌に関する豆知識」(https://www.yuki-chemical.com/mame/m-gaho.html) をもとに作成

食品の安全性と品質を維持しながら、微生物を効果的に殺菌することが加熱殺菌の基本です。

細菌を殺菌するという方法です。

レトルト殺菌には詳細な分類があります。殺菌温度が120℃で30～60分のものを一般的なレトルト、105～115℃をセミレトルト、130℃以上をハイレトルト（HTST）と呼びます。これらの温度帯により、特定の微生物の殺菌時間が飛躍的に短くなります。

レトルト殺菌の最大の利点は、その製品を商業的殺菌（無菌）の状態にできることです（3-08参照）。これによって製品は常温での流通が可能となり、温度管理を要する保管や流通の手間を大幅に減らすことができます。

COLUMN 3

少量感染微生物と食中毒

わずかな菌量でも危険な少量感染微生物

昔から、食中毒は食品中で大量に増殖した食中毒菌を摂取することで発症するという認識が一般的でした。実際、たとえばウエルシュ菌は食品中100万／g以上、黄色ブドウ球菌は10万／g以上という大量の菌を摂取することで食中毒を発症します。

しかし近年、腸管出血性大腸菌O157やサルモネラ属菌、カンピロバクター属菌などの、少量の菌を摂取するだけで感染する「少量感染微生物」が注目されるようになり、かつての食中毒に対する認識は変わりつつあります。

少量感染微生物の中でも、腸管出血性大腸菌O157は、食品中10〜100／g程度の菌量を摂取するだけで食中毒を引き起こします。O157の恐ろしいところは、わずかな菌量の摂取で感染するだけでなく、溶血性尿毒症症候群（HUS）を引き起こすことがある点です。これは子どもや高齢者が発症しやすく、致死率が1〜5％という重篤な病気で、重い後遺症を残す可能性もあります。

季節を問わず食中毒への警戒を

ウイルス性食中毒の代表格であるノロウイルスは、体内に入ると腸管内で増殖し、食中毒を発症しますが、これも少量感染微生物として扱われます。たとえば、2017年に発生した学校給食におけるノロウイルス食中毒の事例では、推定される摂取量は極めて少なかったにもかかわらず、1,000人を超える食中毒患者が報告されています。

こうした少量感染微生物への対策は、原材料の一次生産から最終消費まで、食品に関するすべての段階で必要です。季節による気温差は細菌の増殖速度に影響するため、通常冬場は夏よりも細菌の増殖が抑えられますが、少量感染微生物に対しては、一年を通して警戒する必要があります。また、特に病気にかかっている人、乳幼児、高齢者、妊婦、免疫不全の方々はこれらの病原体に対する感受性が高いため、ハイリスクグループとして特別な注意が求められます。

第4章

食品衛生の敵に備える

食品の安全性を確保し、飲食による健康被害を防ぐために、食品の衛生管理手法HACCPをはじめ、食品衛生法や食品に関する各種の規格基準、国際規格の食品安全マネジメントシステムなど、さまざまな決まりやしくみが整備されています。食品衛生の敵に対する備えとして、それらについて知っておきましょう。

Chapter4
01

管理手法HACCPの導入

HACCPは、食品の製造や管理の過程におけるさまざまなハザードについて、作業工程を整理・分析・管理することでそのリスクを減らす手法です。現在では食品の衛生管理の国際標準として、世界的に導入が進んでいます。

HACCPに沿った衛生管理の制度化

HACCPは、食品製造・加工の工程におけるハザードを、特定・重要な工程を絞り込んで管理し、食品安全を向上させるためのシステムです。日本では2020年6月から制度化が開始され、2021年6月からは原則としてすべての食品等事業者が制度化の対象となりました。罰則などがないため、正しくは「制度化」ですが、一般には「義務化」といわれることが多いようです。

HACCPの制度化が始まったことで、何らかの「HACCP認証」の取得が必要と思われている方もいますが、これは誤りです。HACCPは「食品安全を確保するための国際的に認められた衛生管理手法」であり、このHACCPの手法を取り入れることが制度化されたに過ぎません。

一方、HACCP認証とは、事業者がHACCPに基づいた衛生管理を行っていることを、自治体や業界団体、審査機関などの第三者が審査し、認めるしくみ（プライベート認証制度）のことです。あくまで任意のものであり、必ず取得する必要はありませんが、HACCPに取り組んでいる証明として活用することも1つの方法です。HACCPへの取り組みを自己宣言するか、あるいは認証を取得してアピールするかは、事業者の状況や戦略に応じて判断することが望ましいといえます。

HACCP
Hazard Analysis and Critical Control Point（危害要因分析及び重要管理点）の頭文字をとった言葉で、「ハサップ」という。1960年代に米国で確立され、現在は国際的に認められている衛生管理手法を指す。原材料の受け入れから最終製品までの工程ごとに、ハザードを分析(HA)した上で、特に重要な工程(CCP)を継続的に監視・記録する工程管理システム。

HACCP認証
国際規格などの要求事項を満たしているか、公平な立場の組織が審査し、証明することを認証という。HACCPについては国際的に統一された認証制度はなく、組織や団体が独自に審査して認証を与える制度をHACCP認証と称している。

HACCPを導入することで生じるメリット

HACCPを導入するメリットは、ハザードについて予防的に発生を管理し、科学的根拠に基づいて防止できること、つまり食品衛生の敵への「備え」を強化することができる点です。

厚生労働省が実施したHACCP導入事業者への実態調査から、

HACCP導入のメリット

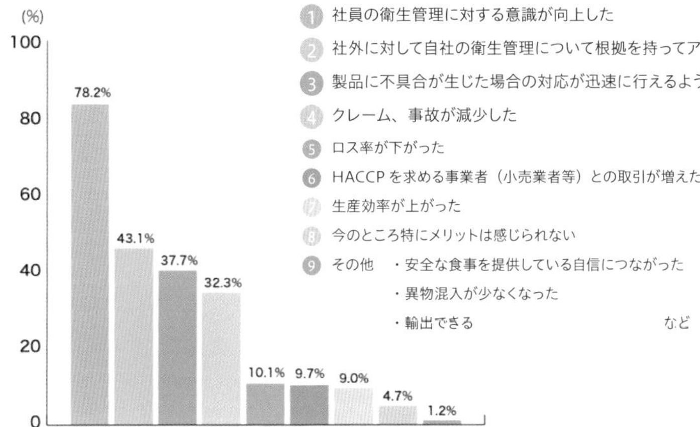

出典：厚生労働省HACCP企画推進室「HACCPの普及・導入支援のための実態調査結果」（https://www.mhlw.go.jp/file/06-Seisakujouhou-11130500-Shokuhinanzenbu/0000093104.pdf）をもとに作成

HACCPを導入したことでどのようになったかが見えてきます。以下に導入によるメリットを挙げていきます。

従業員の衛生管理意識の向上：HACCPチームを組織し、全社員の衛生管理知識や意識を高めることで、食品事故のリスクを低減できるようになります。特に、いろいろな部門や職制の従業員でチームを編成すると、衛生管理の「見える化」が進みます。

生産効率の向上：HACCPの導入により、食品製造・加工の各工程における衛生管理を計画・運用することで、将来的に品質の一貫性が確保され、生産効率が向上します。

迅速な不具合対応：HACCPではハザードをあらかじめ分析し、対策を定めるため、製品の不具合が発生しても迅速に対応できます。

クレームや事故の減少：工程ごとの管理が可能なHACCPは、ハザードの混入・汚染を防ぐ対策が可能で、クレームや事故の減少につながります。

自社の衛生管理のPR力向上：国際的な管理手法であるHACCPを導入することで、企業価値や信頼性の向上につながり、人材確保や取引先の評価に役立ちます。

取引先や販路の拡大：HACCPを導入した食品等事業者は今後増えると予想され、認証を受けることで海外市場への展開もスムーズに進むことが予測できます。

プライベート認証制度
審査を行う組織・団体が、独自の手順で審査を行い、認証すること。

Chapter4
02

HACCPを活用した食品安全マネジメントシステム

安全・安心な食品を消費者に届けることを目的に、食品安全を脅かすハザードを適切に管理するために、HACCPの概念を取り入れて構築されたしくみを「食品安全マネジメントシステム（FSMS）」といいます。

食品安全マネジメントシステムとISO 22000

グローバル化の進む現代社会において、食品安全は世界共通の課題であり、国際的な食品安全の規格が求められます。食品の安全性を確保するためのしくみを「食品安全マネジメントシステム（Food Safety Management System：FSMS）」といいます。FSMSは、安全・安心な食品を消費者に提供するため、食品安全を脅かすハザードを適切に管理する経営・運営管理システムを指します。FSMSには、他のマネジメントシステムと同様に、マネジメントシステムを認証する規格があります。その代表的なものがISO 22000です（国際規格については**1-07**参照）。

ISO 22000は国際標準化機構（ISO）が作成した、フードチェーン全体の食品安全を確保するためのしくみ（FSMS）に関する国際規格です。ISO 9001（品質マネジメントシステム）とHACCPの概念を組み合わせて開発されたしくみで、主に食品事故発生のリスク低減と再発防止を目的としています。

FSMSに取り組むメリット

FSMSはHACCPシステムとマネジメントシステムの基本であるPDCAサイクル（**8-01**参照）を組み合わせたものです。運用前のバリデーション（妥当性確認）（**8-02**参照）、運用中のモニタリング（P.122）、運用後の内部監査（**8-07**参照）を含む検証活動を行うことで、組織の改善活動の「見える化」が進みます。また、食品安全を組織全体で管理・維持し、消費者へ安全・安心な食品を提供することが可能となります。つまり、生産現場から最終消費者に至るまでのすべてのフードチェーンをマネジメントすることで、「食品衛生の敵に備える」しくみが構築されている

見える化
組織の活動において、計画、実施、評価、問題点の検証などの活動を、フローチャートや図表などを用いて具体的に見えるようにすること。

HACCPと密接なつながりを持つISO 22000

一般衛生管理プログラム （前提条件プログラム）	ハザード制御 （HACCP）	食品安全マネジメントシステム （FSMS）
・食品安全のために守らなければならない基本的な衛生管理の考え方 ・人・モノ・設備の管理を行う　など	・予想される重要なハザードを、工程管理により悪影響のないレベルに減少・除去するしくみ ・リスクを分析し、管理点を明確にする　など	・適正製造規範（GMP）と HACCP を適切かつ有効に実施するための管理としくみ ・安全方針の設定、文書管理方法の設定　など

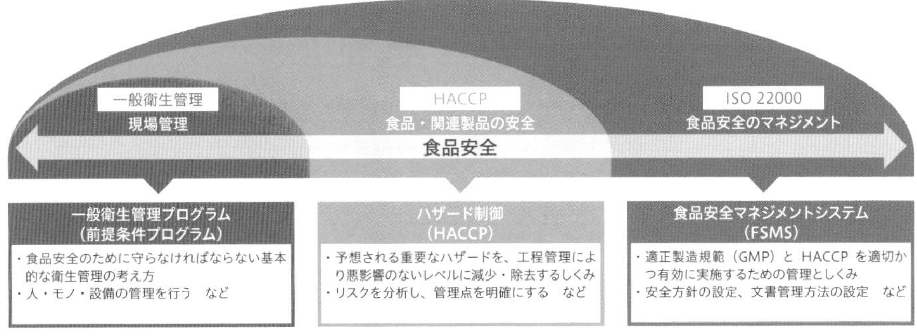

食品安全マネジメントシステム（FSMS）の構成

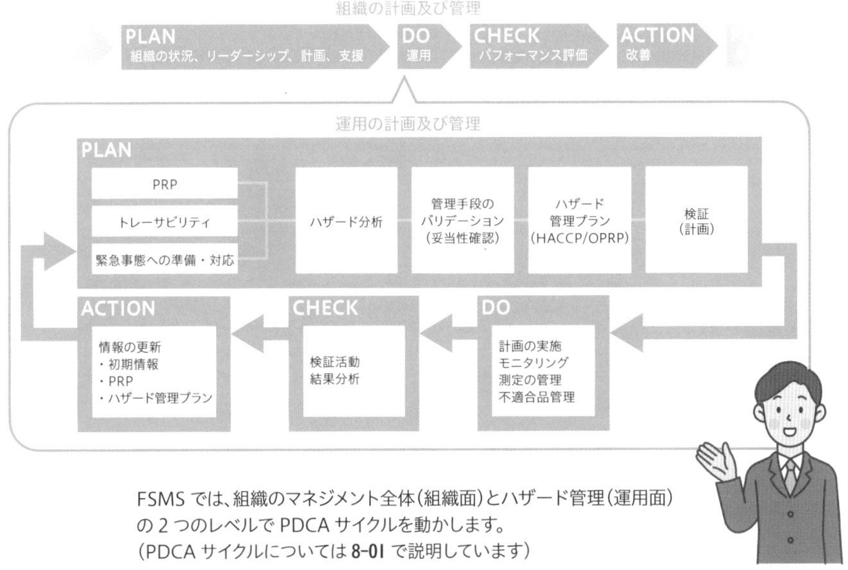

FSMS では、組織のマネジメント全体（組織面）とハザード管理（運用面）の２つのレベルで PDCA サイクルを動かします。
（PDCA サイクルについては **8-01** で説明しています）

出典：いずれも各種資料をもとに著者作成

といえます。

さらに、FSMSを適切に実施しているかどうかを、第三者が審査・評価するISO 22000認証（第三者認証制度）が提供されています。これにより、組織の食品安全への取り組みが客観的に評価され、信頼性が向上します。要するに、組織が食品安全に関わる取り組みを積極的に実施していることを、対外的にアピールすることができるようになるのです。

食品業界の基本となる食品衛生法

飲食によって生じる健康被害の発生を防止するための法律である「食品衛生法」は、日本における食品衛生管理の基本といえる存在です。2018年の改正により、食品安全の確保のためにさらに強化された内容になっています。

食品業界で重要な食品衛生法の知識

食品衛生法は、食中毒など飲食に起因する衛生上の危害の発生を防止し、食品の安全性を確保するために制定された法律です。食品衛生法を学ぶことは、食品業界に携わる者にとって重要なスキルとなります。

また、食品衛生法を知り、深く理解することで次のような恩恵を受けることができます。

消費者の信頼獲得：食品衛生法を遵守し、安全な食品を提供することで、消費者からの信頼が高まります。これが事業の基盤となります。

従業員教育の向上：食品衛生法を学ぶことで、従業員教育の質が向上し、従業員が適切な衛生管理を実践できるようになります。これにより事故やトラブルのリスクが低減されます。

法律トラブルの回避：食品衛生法を理解し、適切に対応することで、法律違反による罰則やトラブルを未然に防ぐことができます。

過剰な投資の回避：ハード面（施設・設備）について法的に最低限必要なレベルを知ることで、投資の優先度を決定することができます。

業界内での評価向上：食品衛生法を遵守することで、業界内での評価が向上し、他の事業者との取引や協力関係をスムーズに進めることができます。

国際基準への対応：食品衛生法の改正を通じて、国際的な食品衛生の管理手法であるHACCPが導入されるようになりました。これにより国際市場での競争力が向上し、海外市場への進出も容易になります。

食品衛生法の概要

本則	概要
第1章　総則（第1～4条）	**法の目的、国・地方自治体・事業者の責務等についての規定**
第2章　食品及び添加物（第5～14条）	**食品及び添加物の規格・基準、販売禁止食品等についての規定** ● 有害食品等の販売禁止 ● 食品・添加物の規格・基準 ● 規格・基準違反食品、指定外添加物の販売禁止 ● ポジティブリストによる残留農薬の基準
第3章　器具及び容器包装（第15～18条）	**食品を取扱う器具及び容器包装についての規定** ● 器具・容器包装の規格・基準 ● 基準外の器具・容器包装等の販売禁止
第4章　表示及び広告（第19～20条）	**食品の表示及び広告についての規定** ● 表示の基準 ● 虚偽表示等の禁止
第5章　食品添加物公定書（第21条）	**食品添加物の基準・規格を収載する公定書についての規定**
第6章　監視指導（第21条の2～24条）	**監視指導の指針及び計画を定めることについての規定**
第7章　検査（第25～30条）	**各種検査等についての規定** ● 検査命令 ● 臨検検査・収去
第8章　登録検査機関（第31～47条）	**登録検査機関についての規定**
第9章　営業（第48～61条）	**食品に関する各種営業についての規定** ● 食品衛生管理者についての規定 ● 有毒、有害物質の混入防止措置基準 ● 営業施設の基準 ● 営業許可についての規定 ● 廃棄処分・危害除去命令 ● 許可の取消し
第10章　雑則（第62～80条）	**その他の事項についての規定** ● 違反者の公表
第11章　罰則（第81～89条）	**法違反者に対する罰則についての規定** ● 最大で3年以下の懲役又は300万円以下の罰金　など

※出典：食品衛生法をもとに著者作成（情報は2023年8月時点）

環境と社会の変化から大改正された食品衛生法

食品衛生法は、食を取り巻く環境の変化やグローバル化する社会に対応するために、2018年に15年ぶりの大幅な改正が行われ、食品安全の確保に向けて、国際的な衛生管理手法であるHACCPが制度化されました。原則として、すべての食品等事業者に、HACCPの土台となる一般衛生管理プログラムに加え、HACCPに沿った衛生管理の実施が求められます（5-06参照）。具体的には、事業規模や業種に応じて2つのレベルに分けられる取り組みが設けられています（7-02参照）。

一般衛生管理プログラム
Prerequisite programmes。PPまたはPRPと略して使われる。食品の製造加工において、製品に対するハザードの混入や汚染、増殖を防止するための衛生管理の要件。

食品安全の法律を知る②

食品の規格基準

食品が安全・安心なものであるためには、一定の安全を確保するための基準が必要です。日本では、食品衛生法によって、食品について一定の安全レベルを確保するために規格基準が定められています。

食品の安全性や品質を保証する規格基準

食品の規格基準
食品が安全であることの基準。一定の安全を確保するために規格基準を定め、規格基準を満たさない食品の流通を禁止している。

食品の規格基準は、食品の安全性や品質を保証するために設定されています。これらの規格基準は、食品の成分、製造・加工方法、保存方法、表示などに関する規定が含まれており、国や地域によって異なる場合があります。日本では、食品衛生法や「食品衛生法施行規則」「乳及び乳製品の成分規格等に関する省令」などによって、食品の規格基準が定められています。

食品一般の成分規格：抗生物質、遺伝子組み換え食品、残留農薬、放射性物質などについて規格が設定されており、厚生労働省のホームページで確認できます。食品一般の製造・加工及び調理基準や保存基準も定められています。

食品別の規格基準：清涼飲料水、氷菓、食肉製品、魚肉ねり製品、豆腐、冷凍食品など、さまざまな食品に対して、成分規格、製造・加工基準、保存基準が設定されています。

乳及び乳製品の成分規格等に関する省令：通称、乳等省令といいます。牛乳・乳製品やそれらを主要原料とする食品（乳等）について、成分規格や表示の要領、容器包装の規格、製造方法の基準などが定められています。

食品の規格基準の必要性

消費者には、規格基準に従って製造・販売された食品を安心して摂取できることが期待されます。しかし、目に見えない細菌やウイルスなどが原因で起きる食中毒を、完全に防ぐことは難しいのが実状です。そのため、食品業界は衛生管理を徹底し、原材料選定から製造、保存、販売までのプロセスにおいて、最善の努力を行うことが求められるのです。

食品衛生法における微生物規格基準

微生物規格が設定されている食品＝微生物による汚染を受けやすい食品と読み換えることができる。

分類		一般生菌数	大腸菌群	黄色ブドウ球菌	E.coli（大腸菌）	その他
清涼飲料水			陰性			ミネラルウォーター類、冷凍果実飲料及び原料用果汁以外
容器包装詰加圧加熱殺菌食品						発育し得る微生物:陰性
氷雪		100 以下／融解水 1 mL	陰性			
氷菓		10,000 以下／融解水 1 mL	陰性			
魚肉ねり製品、鯨肉製品			陰性			
生食用かき		細菌数 50,000/g以下			最確数 230以下/100g	腸炎ビブリオ最確数:100/g以下（むき身の場合）
生食用鮮魚介類						腸炎ビブリオ最確数:100/g以下
ゆでだこ、ゆでがに						腸炎ビブリオ:陰性
冷凍ゆでだこ、冷凍ゆでがに		100,000/g以下	陰性			腸炎ビブリオ:陰性
食鳥卵	殺菌液卵					サルモネラ属菌:陰性/25g
	未殺菌液卵	100万/g以下				
乾燥食肉製品					陰性	
非加熱食肉製品				1,000/g以下	100/g以下	サルモネラ属菌:陰性 リステリア・モノサイトゲネス:100/g以下
特定加熱食肉製品				1,000/g以下	100/g以下	サルモネラ属菌:陰性 クロストリジウム属菌:1,000/g以下
加熱食肉製品	包装後加熱		陰性			クロストリジウム属菌:1,000/g以下
	加熱後包装			1,000/g以下	陰性	サルモネラ属菌:陰性
生食用食肉（牛の食肉（内臓を除く））						腸内細菌科菌群:陰性
乳・乳製品	牛乳、成分調整牛乳、低脂肪牛乳、無脂肪牛乳、加工乳	50,000/mL以下	陰性			
	乳飲料	30,000/mL以下	陰性			
	クリーム	100,000/mL以下	陰性			
	バター、プロセスチーズ		陰性			
	アイスクリーム	100,000/g以下	陰性			発酵乳又は乳酸菌飲料を原料として使用した場合は、乳酸菌又は酵母以外の細菌の数が100,000/g 以下
	アイスミルク、ラクトアイス	50,000/g以下	陰性			発酵乳又は乳酸菌飲料を原料として使用した場合は、乳酸菌又は酵母以外の細菌の数が50,000/g以下
	加糖練乳	50,000/g以下	陰性			
	脱脂粉乳	50,000/g以下	陰性			
	乳酸菌飲料（無脂乳固形分3.0%以上）		陰性			乳酸菌数又は酵母数1,000万/ml以上
	乳酸菌飲料（無脂乳固形分3.0%未満）		陰性			乳酸菌数又は酵母数100万/ml以上
冷凍食品	無加熱摂取冷凍食品	細菌数（生菌数）100,000/g以下	陰性			
	加熱後摂取冷凍食品（凍結直前加熱）	細菌数（生菌数）100,000/g以下	陰性			
	加熱後摂取冷凍食品（凍結直前未加熱）	細菌数（生菌数）300万/g以下			陰性	
	生食用冷凍鮮魚介類	細菌数（生菌数）100,000/g以下	陰性			腸炎ビブリオ最確数:100/g以下

出典：食品衛生法をもとに作成　※一部、例外規定あり／著者がまとめたものであり、その内容を保証するものではありません。

Chapter4
05

食品の製造・加工・調理・保存基準

食品だけでなく、添加物や製造、加工、調理、保存に関しても、規格や基準が定められています。適合しない食品は販売などが禁止されるため、食品等事業者はこうした規格基準についても知っておく必要があります。

食品や添加物の安全性を確保するための規格基準

「食品、添加物等の規格基準」(昭和34年厚生省告示第370号)は、食品や添加物などについて、食品衛生法第7条第1項及び第10条の規定に基づいて成分規格を定めた厚生労働省の告示です。これには食品、添加物、関連のある製造、加工、調理、保存のために規格や基準が定められており、製品設計や製造条件、検査結果などが本規格基準に適合しない食品などは不良品とみなされて、販売などが禁止されます。

「食品、添加物等の規格基準」に規定された食品一般の製造、加工、調理基準、保存条件について、主要なものをまとめました。

●食品一般の製造、加工及び調理基準(抜粋)

・生乳または生山羊乳を使用して食品を製造する場合は、加熱殺菌が必要です。また、鶏の殻付き卵を使用する際には、加熱殺菌の要件が規定されています。

・魚介類を生食用に調理する場合には、十分に洗浄します。

・食品の製造や加工時に、規格に適合しない、あるいは製造基準に適合しない方法で製造された添加物の使用は認められません。

・牛の肝臓または豚の食肉を販売する場合は、加熱が必要であることなど、必要な情報を消費者に提供する必要があります。

●食品一般の保存基準(概要)

・食品を氷雪で保存する場合、大腸菌群が陰性である氷雪を使用しなければなりません。

・食品を保存する際に抗生物質を使用してはいけません。ただし、人の健康を損なうおそれがないと厚生労働大臣が定めた添加物については、この制限は適用されません。

・保存目的で、食品に放射線を照射してはいけません。

告示
国や地方公共団体などの公の機関が、必要な事項を公示する行為、またはその行為の形式をいう。

氷雪
いわゆる氷のこと。冷却専用であり、食品や添加物に直接使用されない氷は含まれない。製品としての「かき氷」は氷菓に分類される。

食品衛生法において保存方法の基準が定められている食品

食品名	保存基準
清涼飲料水	（1）紙栓をつけたガラス瓶に収められたものは、10℃以下で保存しなければならない。 （2）ミネラルウォーター類、冷凍果実飲料及び原料用果汁以外の清涼飲料水のうち、pH4.6以上で、かつ、水分活性が0.94を超えるものであり、原材料等に由来して当該食品中に存在し、かつ、発育し得る微生物を死滅させ、又は除去するのに十分な効力を有する方法で殺菌又は除菌を行わないものにあっては、10℃以下で保存しなければならない。 （3）冷凍果実飲料及び冷凍した原料用果汁は、－15℃以下で保存しなければならない。
食肉及び鯨肉 （生食用食肉及び生食用冷凍鯨肉を除く。）	食肉及び鯨肉は、10℃以下で保存しなければならない。 ただし、細切りした食肉及び鯨肉を凍結させたものであって容器包装に入れられたものにあっては、これを－15℃以下で保存しなければならない。
生食用食肉 （牛の食肉（内臓を除く。）であって、生食用として販売するものに限る。）	生食用食肉は、4℃以下で保存しなければならない。 ただし、生食用食肉を凍結させたものにあっては、これを－15℃以下で保存しなければならない。
食鳥卵（鶏の液卵に限る。）	鶏の液卵は、8℃以下（鶏の液卵を冷凍したものにあっては、-15℃以下）で保存しなければならない。
食肉製品	（1）一般基準 冷凍食肉製品（冷凍食肉製品として販売する食肉製品をいう。）は、－15℃以下で保存しなければならない。 （2）個別基準 1．非加熱食肉製品 非加熱食肉製品は、10℃以下（肉塊のみを原料食肉とする場合であって、水分活性が0.95以上のものにあっては、4℃以下）で保存しなければならない。ただし、肉塊のみを原料食肉とする場合以外の場合であって、pHが4.6未満又はpHが5.1未満かつ水分活性が0.93未満のものにあっては、この限りでない。 2．特定加熱食肉製品 特定加熱食肉製品のうち、水分活性が0.95以上のものにあっては、4℃以下で、水分活性が0.95未満のものにあっては、10℃以下で保存しなければならない。 3．加熱食肉製品 加熱食肉製品は、10℃以下で保存しなければならない。ただし、気密性のある容器包装に充てんした後、製品の中心部の温度を120℃で4分間加熱する方法又はこれと同等以上の効力を有する方法により殺菌したものにあっては、この限りでない。
鯨肉製品	鯨肉製品は、10℃以下（冷凍鯨肉製品（冷凍鯨肉製品として販売する鯨肉製品をいう。）にあっては、－15℃以下）で保存しなければならない。ただし、気密性のある容器包装に充てんした後、製品の中心部の温度を120℃で4分間加熱する方法又はこれと同等以上の効力を有する方法により殺菌したものにあっては、この限りでない。
魚肉ねり製品	（1）魚肉ソーセージ、魚肉ハム及び特殊包装かまぼこにあっては、10℃以下で保存しなければならない。ただし、気密性のある容器包装に充てんした後、その中心部の温度を120℃で4分間加熱する方法又はこれと同等以上の効力を有する方法により殺菌した製品及びそのpH（製品の一部を細切したものを採り、これに10倍量の精製水を加えて細砕したもののpHをいう。）が 4.6以下又はその水分活性が0.94以下である製品にあっては、この限りでない。 （2）冷凍魚肉ねり製品にあっては、これを－15℃以下で保存しなければならない。
ゆでだこ	ゆでだこは、10℃以下で保存しなければならない。 ただし、冷凍ゆでだこにあっては、これを－15℃以下で保存しなければならない。
ゆでがに	（1）ゆでがに（飲食に供する際に加熱を要しないものであって、凍結させていないものに限る。）は、10℃以下で保存しなければならない。 （2）冷凍ゆでがには、－15℃以下で保存しなければならない。
生食用鮮魚介類 （切り身又はむき身にした鮮魚介類（生かきを除く。）であって、生食用のもの（凍結させたものを除く。）に限る。）	生食用鮮魚介類は、清潔で衛生的な容器包装に入れ、10℃以下で保存しなければならない。
生食用かき	生食用かきは、10 ℃以下に保存しなければならない。 ただし、生食用冷凍かきにあっては、これを－15 ℃以下で保存しなければならない。
豆腐	豆腐は、冷蔵するか、又は十分に洗浄し、かつ、殺菌した水槽内において、冷水（食品製造用水に限る。）で絶えず換水をしながら保存しなければならない。ただし、移動販売に係る豆腐、成型した後水さらしをしないで直ちに販売の用に供されることが通常である豆腐及び無菌充填豆腐にあっては、この限りでない。
即席めん類 （めんを油脂で処理したものに限る。）	即席めん類は、直射日光を避けて保存しなければならない。
冷凍食品 （製造し、又は加工した食品（清涼飲料水、食肉製品、鯨肉製品、魚肉ねり製品、ゆでだこ及びゆでがにを除く。）及び切り身又はむき身にした鮮魚介類（生かきを除く。）を凍結させたものであって、容器包装に入れられたものに限る。）	冷凍食品は、これを－15℃以下で保存しなければならない。

出典：厚生労働省「食品、添加物等の規格基準」（昭和34年厚生省告示第370号）をもとに作成

大規模食中毒の発生を未然に防止する

大量調理施設衛生管理マニュアル

近年、食中毒事件は大規模化する傾向があります。それを受けて、厚生労働省はHACCPの概念に基づき、大量の調理を行う施設での調理過程における重要管理事項をまとめた「大量調理施設衛生管理マニュアル」を示しています。

大量調理施設の衛生管理に関するマニュアル

1997年に厚生省（現在の厚生労働省）から出された「大量調理施設衛生管理マニュアル」（同一メニューを1回300食以上、または1日750食以上提供する調理施設向け）は、食中毒を予防するための調理過程の重要管理事項を提供し、大型化が指摘される食中毒事件への対策を講じています。

以下は、同マニュアルの主なポイントです。

①原材料受入や下処理段階の管理：調理従事者などが必ず立ち会い、検収場で品質、鮮度、品温（納入業者が運搬の際、適切な温度管理を行っていたかどうかを含む）や異物の混入などについて点検し、その結果を記録することが求められています。

②加熱調理食品の中心部までの十分な加熱：加熱調理の温度管理では、「中心部が75℃で1分間以上（二枚貝などノロウイルス汚染のおそれのある食品の場合は85〜90℃で90秒間以上）、又はこれと同等以上まで加熱されていることを確認する」という規定があります。また、温度と時間の記録も求められています。これは、大量調理施設衛生管理マニュアルがHACCPの概念に基づいて作成されているためです。

③加熱調理後の食品や非加熱調理食品の二次汚染防止：加熱調理後の食品に汚染物が付着しないように、調理場の適切なゾーニング（区域分け）やドライシステム、防虫防鼠、調理器具の使い分けなどを徹底します。また、調理スタッフへの定期的な指導や啓発も重要です。

④原材料や調理後食品の温度管理：食中毒菌の増殖を防ぐためには調理から喫食まで2時間が望ましく、調理から提供までの間に30分以上を要する場合は、10℃以下または65℃以上で保管す

ドライシステム
細菌の繁殖を防止するため、床に水が落ちない構造の施設・設備、機械・器具を使用し、床が乾いた状態で作業ができるシステムのこと。

大量調理施設衛生管理マニュアルによる温度と時間の管理ポイント

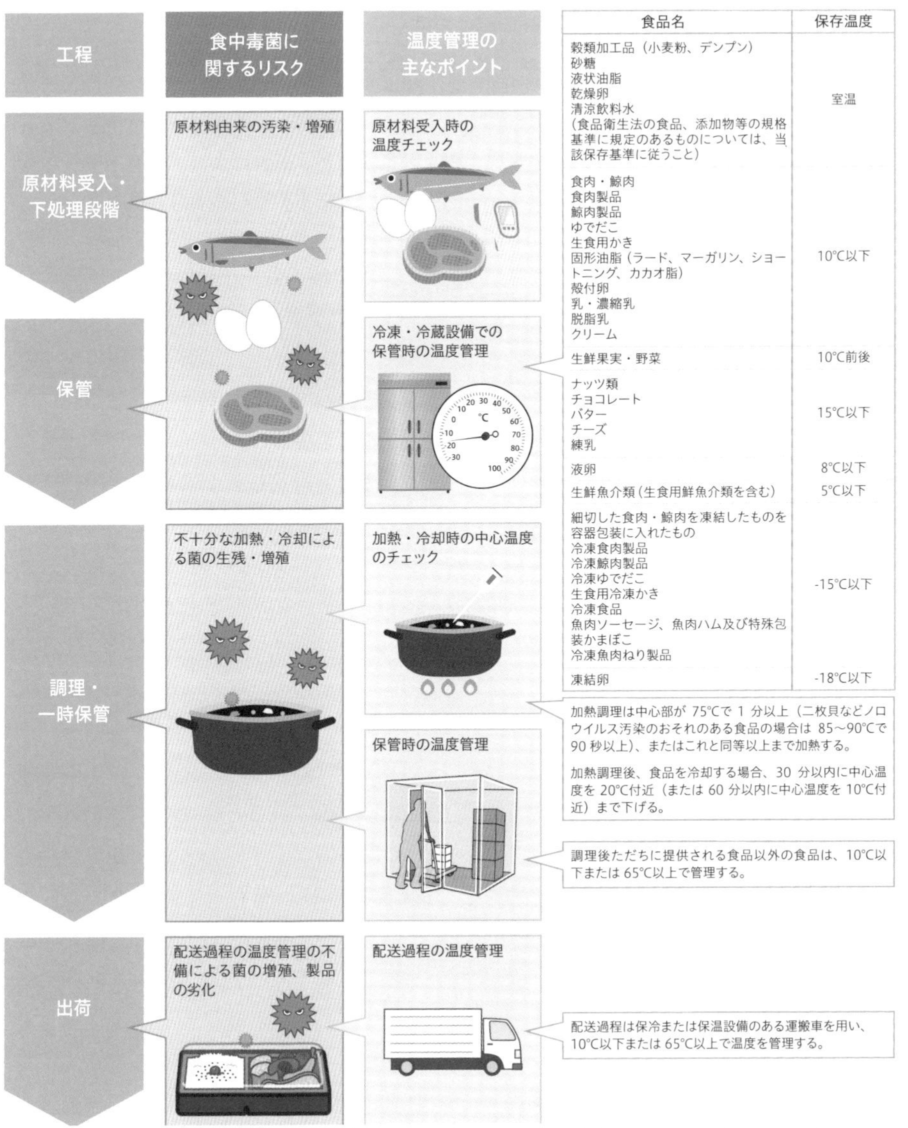

食品名	保存温度
穀類加工品（小麦粉、デンプン） 砂糖 液状油脂 乾燥卵 清涼飲料水 （食品衛生法の食品、添加物等の規格基準に規定のあるものについては、当該保存基準に従うこと）	室温
食肉・鯨肉 食肉製品 鯨肉製品 ゆでだこ 生食用かき 固形油脂（ラード、マーガリン、ショートニング、カカオ脂） 殻付卵 乳・濃縮乳 脱脂乳 クリーム	10℃以下
生鮮果実・野菜	10℃前後
ナッツ類 チョコレート バター チーズ 練乳	15℃以下
液卵	8℃以下
生鮮魚介類（生食用鮮魚介類を含む）	5℃以下
細切した食肉・鯨肉を凍結したものを容器包装に入れたもの 冷凍食肉製品 冷凍鯨肉製品 冷凍ゆでだこ 生食用冷凍かき 冷凍食品 魚肉ソーセージ、魚肉ハム及び特殊包装かまぼこ 冷凍魚肉ねり製品	-15℃以下
凍結卵	-18℃以下

出典：サラヤ株式会社「衛生管理ガイド」（https://pro.saraya.com/sanitation/guide/info/info08.html）をもとに作成

ることが求められます。また、冷蔵機器や室内の温度管理にも注意を払います。なお、2017年の改正では、直近で発生した腸管出血性大腸菌O157とノロウイルスの食中毒事件を受け、「加熱せずに提供する野菜や果物の殺菌」と「特にノロウイルスに対する調理従事者の健康管理」に関する内容が追加されました。

Chapter4
07

衛生規範の廃止後の方向性

HACCPによる オーダーメイドの衛生管理

HACCPの制度化にともない、これまで食品の衛生的な取り扱いのガイドラインとなっていた衛生規範が廃止されました。それにより、食品等事業者は自ら衛生管理計画を策定し、実行することが求められるようになりました。

衛生上の配慮を要する食品を対象とした衛生規範

厚生労働省は、弁当や惣菜、洋生菓子など、製造の際に食中毒の原因となりやすく、特に衛生上の配慮が必要となる食品を対象に、食品の衛生的な取り扱いのためのガイドラインとして、その製造の管理基準を定める衛生規範を設定しました。衛生規範には、「漬物」「洋生菓子」「生めん類」「弁当及びそうざい」「セントラルキッチン／カミサリー・システム」の5種類があり、食品衛生法のような法令ではないものの、それに準じる指針（ガイドライン）として扱われていました。

衛生規範廃止後の衛生管理の方法

2020年6月から始まったHACCPの制度化により、食品等事業者自らが衛生管理計画を作成し実行することになりました。それにより、これまで国が特定の食品について定めていた衛生規範は不要になったとして、2021年5月31日をもって廃止されました。

ただ、衛生規範の対象となっていた食品を取り扱う食品等事業者にとっては、従来の衛生規範に基づく収去検査や、食品衛生監視のうち重点監視がなくなったことで、今後は何を基準に衛生管理を行っていけばいいのかがわからない状況になりました。

一方で、これまでは衛生規範のある食品とそれ以外の食品との間で、衛生管理の判断や検証方法などにばらつきのあったものが、従来の衛生規範による区別がなくなったことで、すべての食品等事業者に対して、HACCPが適切に実行されているか、管理やアドバイスが一律に行われるようになりました。行政としては、HACCPに沿った衛生管理が適切に行われているかについて、定期的な立入検査や営業許可の更新などの際に確認・指導を行って

セントラルキッチン／カミサリー・システム
学校給食センターなどの食材の調達、調理、保管、配送を一括管理する共同調理場方式。

収去検査
保健所の食品衛生監視員が、製造所や販売店などから検査のために必要な量の食品を採取して検査を行い、衛生規範をもとに判定を行うこと。

食品衛生監視
保健所が例年作成する「食品衛生監視指導計画」に基づいて、管轄内の食品製造業や飲食店、小売店などの監視・指導（検査を含む）を実施すること。

重点監視
自治体が、食品の腐りやすさなど、それぞれの事情を踏まえ、重点的に監視すること。

各種「衛生規範」で示されていた環境微生物の基準

食品種	汚染作業区域	非汚染作業区域		
		準清潔区域	清潔区域	
	落下細菌	落下細菌	落下細菌	落下真菌
弁当及び惣菜	100以下	50以下	30以下	10以下
漬物（pH4.5以上の場合）	―	100以下*1	50以下	10以下
洋生菓子	100以下	50以下	30以下	10以下
セントラルキッチン／カミサリー・システム	100以下	50以下	30以下	10以下
生めん類	100以下	50以下	30以下	10以下

※落下細菌・真菌測定法は「弁当及びそうざいの衛生規範」の落下菌測定法（表-2）による。
＊1：非汚染作業区域

各種「衛生規範」で求められていた微生物規格

分類	一般生菌数	大腸菌群	黄色ブドウ球菌	E.coli（大腸菌）	その他
惣菜類（サラダ、生野菜等、未加熱処理製品）	100万/g以下				
惣菜類（卵焼、フライ等、加熱処理製品）	100,000/g以下		陰性	陰性	
漬物（包装容器に充填後加熱殺菌したもの）					カビ：陰性，酵母：1,000/g以下
一夜漬（浅漬）				陰性	腸炎ビブリオ：陰性
洋生菓子	100,000/g以下	陰性	陰性		
生めん	300万/g以下		陰性	陰性	
ゆでめん	100,000/g以下	陰性	陰性		
めんの具等（天ぷら、つゆ等加熱したもの）	100,000/g以下		陰性	陰性	
めんの具等（野菜等非加熱のもの）	300万/g以下				

出典：いずれも各種資料をもとに著者作成

いくこととしています。また、各食品等事業者は従来の網羅的で複雑な衛生規範に縛られることなく、自社に適した衛生管理を独自に計画できるようになり、オーダーメイドの衛生管理を行うことが可能になりました。

ONE POINT

HACCPに沿った独自の衛生管理が求められる

衛生規範の廃止により、食品等事業者は制度化されたHACCPに沿って自ら衛生管理を計画し、実行していくことが求められるようになりました。自社基準の衛生管理計画を作成する際には、廃止された衛生規範を参考にして基準を設定しても差し支えはありませんが、衛生的に問題がないことを確認する必要があります。

科学的知見に基づいた衛生管理の技術文書

Chapter4 08

米国における食品安全のガイドライン「Food Code」

米国の州や郡、市では、飲食店や小売業などを規制する際に、衛生管理に関するガイドラインの「Food Code」を法令の基準としています。科学的知見に基づいて作成された内容で、日本の食品等事業者にも参考になるものです。

衛生管理を科学的に行うためのガイダンス「Food Code」

米国食品医薬品局（FDA）が発行している「Food Code（フードコード、食品規定）」というものがあります。FDAは米国保険福祉省（HHS）にある組織の1つで、食品や医薬品などを規制しています。ただし、FDAがすべての食品を規制しているわけではなく、肉、卵加工品などについては米国農務省経済調査局（USDA/ERS）が管轄しています。

FDAは飲食店、小売業などを規制する際のモデルとなるガイドラインを作成し、Food Codeとして公表しています。これは、食品由来疾病に関する既知のリスクを減らすための、実用的かつ科学に基づくガイダンスで、安全な食品の供給を維持する枠組みにおける重要な存在です。Food Codeは、簡単にいえば衛生管理を科学的に行うための技術文書であり、公表されると、州や郡、市といった米国の地方政府が法令の基準に採用します。これにより、全米で同じレベルの食品安全の基準が定められ、行政による規制も同じように行われます。

米国保険福祉省（HHS）
Department of Health and Human Services。すべての米国人の健康を保護し、重要な社会事業を提供することを目的とした米国政府の内閣機関。

定期的な公表で最新の科学的知見を取り入れる

Food Codeは、最新の科学的知見を取り入れることを目的に、1993年から2001年までは現在の形式で2年ごとに公表されていましたが、2005年以降は4年間隔で公表されています。最新のものは「2022 Food Code」で、第10版になります。2022年版で追加変更された重要な改正点は、「手洗い用シンクの温水供給の温度」「食物アレルゲンに関する変更」などが挙げられます。それ以外にも、「食品の寄付（Food Donation）の明記」や「屋外飲食場所へのペット犬の持込み」などの項目が追加されています。

「Food Code」2022年版の主な改正ポイント

手洗い場の温水

手洗い用シンクは、混合バルブまたは混合水栓を通じて、「少なくとも 29.4℃」の温度の水を供給するように設置すること。(5-202.12 Handwashing Sink, Installation)

食品取扱者は、手及び腕の露出部分を洗浄するために、次の手順で洗浄しなければならない。
(1) きれいで温かい流水で手をすすぐ。(以下略)
(2-301.12 Cleaning Procedure)

手洗い用シンクの水温については……
2001 年版：43℃　→　38℃に変更
2022 年版：38℃　→　29.4℃に変更

手洗い用シンクで最低 29.4℃の温水が供給されている≠29.4℃以上の温水で手を洗う。
手洗い自体は「温かい流水で手を洗う」となっており、特定の温度は記述されていないことに注意。

主要な食物アレルゲン

これまでは「ビッグ 8」と呼ばれていた → 「ビッグ 9」に変更

牛乳

卵

バス、ヒラメ、タラなどの魚

カニ、ロブスター、エビなどの甲殻類

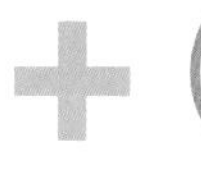

ごま
(2023年 1月 1日から追加)

アーモンド、クルミ、ピーカンナッツなどの木の実

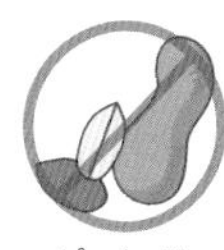

ピーナッツ

小麦

大豆

出典：各種資料をもとに著者作成

ONE POINT

衛生管理は「科学的」に行うことが鍵

食品衛生の敵に対して、衛生管理を徹底するあまり、たとえば「殺菌」や「食品添加物の使用」などについて、過剰な攻めや守りを行うことは、費用がかかるばかりでなく、品質の悪化にもつながってしまいます。衛生管理を行う上では、いかに「科学的」に条件や基準を設定するかが鍵となります。

COLUMN 4

米国の食品衛生認証制度 ServSafe（サーブセーフ）

ServSafe認証の意義と役割

米国で、飲食店のマネージャーや食品取り扱い者向けの教育・認証制度として広く認知されている「ServSafe（サーブセーフ）」。この制度は全米レストラン協会教育基金（NRAEF）が主催し、食品を取り扱うすべてのステップに対応した各種の認定資格を提供しています。たとえば、調理過程における食品の安全性と衛生性の向上を目指し、これまでに500万件以上の食品保護マネージャー認定資格を授与しています。これは米国連邦政府や州政府、保健所からも公認されており、その信頼性と普及度の高さがうかがえます。

カリフォルニア州をはじめ、多くの州でフードサービス事業所ごとにマネージャー資格を取得した従業員を最低1名常駐させることが義務化されています。これは徹底的な衛生管理と、行政による検査員の査察に対し、的確に対応するための重要な取り組みです。日本でいえば食品衛生責任者に該当しますが、カリキュラムの質と量が充実しているなど、内容は大きく異なります。

ServSafe認定の取得は、食品業界での品質保証・品質管理の能力が公認されるとともに、個々の飲食店や事業者が社会的な信用を確保し、消費者からの信頼を勝ち得ることにもつながります。ServSafe認定は食品の安全を守るための重要なツールであり、その普及と認定取得に対する評価は米国における食品安全への取り組みを象徴するもので、他国でも参考にされるべきものといえます。

「Food Code」との関係

ServSafeのプログラムは、米国食品医薬品局（FDA）が発行するガイドライン「Food Code」に基づいて作成されています。その内容は、食中毒や特定の生物学的毒素、食物アレルゲンについての理解を深め、食品の購入、準備、提供のガイドライン、衛生管理、食品安全規制など、食品衛生に関連する全般的な知識を網羅しています。これらの知識を身に付けることで、食品汚染などのリスクを把握し、適切に対処する能力を育てることができます。

第5章

HACCPを導入するための準備

HACCPの制度化にともない、食品衛生法の衛生管理に関する運用方法も、HACCPに対応する形に改正されています。日本と米国における衛生管理の基準や規範とともに、HACCPを導入する際の基盤となる「一般衛生管理プログラム」について理解を深めていきましょう。

Chapter5 01

食品衛生の国際的な基準

コーデックス「食品衛生の一般原則」

日本で制度化されたHACCPがベースとしているのが、コーデックス委員会(CAC)による「食品衛生の一般原則」です。2020年の改訂で、一般衛生管理とHACCPを組み合わせた食品衛生管理の形がより明確になりました。

コーデックス委員会が規定した食品の衛生管理事項

コーデックス委員会(CAC)は1969年、世界における食品衛生の原則となる「食品衛生の一般原則」を採択しました。食品の生産から製造・加工を経て、消費に至るまで、HACCPを実施する前提となる基礎的な衛生管理事項を規定したもので、一般衛生管理プログラム(**5-06**参照)の大もとの考え方をまとめたものといえます。日本でも、このコーデックス「食品衛生の一般原則」に基づき、食品衛生法で衛生管理の規程や基準が定められてきました。さらに、1993年にはコーデックス「食品衛生の一般原則」の一般原則の付属文書として、「HACCP適用のための指針」が提示されています。

フードチェーン全体でHACCPを取り入れる考え方

一次生産
農作物を作る農業や畜産業、海や河川などで魚介類を獲る漁業を指す。

コーデックス「食品衛生の一般原則」は、**一次生産**から最終消費までを含むフードチェーンのすべて範囲にわたってHACCPが適用されるべきと示しており、一次生産において、HACCPをベースとする手法を取り入れることで、食品の汚染の可能性を最小限にする手助けになるとしています。つまり、コーデックス「食品衛生の一般原則」とHACCPは密接に関連し、コーデックス「食品衛生の一般原則」に従った一般衛生管理プログラムが整備された上でHACCPを適用することで、食品の安全性が確保されるといえます。

一般衛生管理とHACCPの関係の明確化

2020年、コーデックス「食品衛生の一般原則」と「HACCP適用のための指針」が17年ぶりに改訂されました。これにより、一

コーデックス「食品衛生の一般原則」の構成の新旧比較

「食品衛生の一般原則」とは
➡食品衛生管理の基本原則をまとめたもの

旧：2003年改訂版	
Introduction（序章）	
SECTION1	目的
SECTION2	範囲、用途及び定義
SECTION3	一次生産
SECTION4	施設：設計及び設備
SECTION5	食品の取り扱いの管理
SECTION6	施設：保守及びサニテーション
SECTION7	従事者の個人衛生
SECTION8	輸送
SECTION9	製品の情報及び消費者の意識
SECTION10	教育・訓練
＋ 附属文書 「HACCP システム及びその適用のためのガイドライン」	

新：2020年改訂版	
Introduction（序章）	目的、スコープ、使用、一般原則 食品安全へのマネジメントコミットメント 定義
第１章	一般衛生管理プログラム （適正衛生規範：GHP）
SECTION1	イントロ及び食品ハザードのコントロール
SECTION2	一次生産
SECTION3	施設－設備及び装置のデザイン
SECTION4	トレーニング及び能力
SECTION5	施設－メンテナンス、洗浄消毒及びペストコントロール
SECTION6	従事者の個人衛生
SECTION7	食品の取り扱いの管理
SECTION8	製品の情報及び消費者の意識
SECTION9	輸送
第２章	HACCP システム及び適用のためのガイドライン

出典：各種資料をもとに著者作成

般衛生管理とHACCPシステムという2章構成となり［第1章：適正衛生規範（GHP）（P.106）、第2章：HACCPシステム］、これらの関係性が明確化されました。この改訂では、食品等事業者が自分たちの作る食品に影響するハザードを認識し、そのハザードが消費者の健康にどう影響するかを理解した上で、適切な管理を行うことが重要であるという考え方が示されています。

文書の序章（導入部）では、各食品等事業者が原材料、調理工程、提供方法、施設・設備、周辺環境、従業員管理などをよく理解し、適切な認識と管理を行うことの重要性が強調されています。また、GHPを効果的に実施することで、食品安全対策として十分な場合があることも明記されています。これにより、GHPがHACCPにおける一般衛生管理プログラムとして重要な位置づけであることがわかります。なお、一般衛生管理プログラムはHACCPを有効に機能させる前提となることから、「**前提条件プログラム（PRP）**」とも呼ばれます。

前提条件プログラム（PRP）
Prerequisite Programmesの略。ISO 22000での略称として用いることが多い。

Chapter5
02

食品衛生を確保するソフト面の基準

公衆衛生上必要な措置の基準（管理運営基準）

これまで衛生管理の基準は各自治体の条例で規定されていましたが、食品衛生法の改正により、食品衛生法施行規則に定められた全国一律の基準となりました。食品等事業者はこの基準に沿った衛生管理の実施を求められます。

自治体に任せていた衛生管理基準の規程

厚生労働省は、食品衛生法に基づいた「食品等事業者が実施すべき管理運営基準に関する指針（ガイドライン）」を示しています。これは、都道府県などの自治体が、営業施設の衛生管理上講ずべき措置を条例で定める場合の技術的助言で、食品等事業者が衛生管理の上で行うべき内容についての指針となります。いわば、この指針は日本の一般衛生管理プログラムといえるもので、これに従って、各自治体は条例で衛生管理の基準を定めていました。

新たな衛生管理の枠組み

2018年に食品衛生法が改正され、これ以降は国が主導する形となり、各自治体は厚生労働省令で定められた食品衛生法施行規則に従って、「公衆衛生上必要な措置の基準（管理運営基準）」を定め、遵守することになりました。

食品衛生法施行規則では、以下の2つの基準に基づき、原則としてすべての食品等事業者に、一般衛生管理に加え、HACCPに沿った衛生管理の実施を求めています。

「一般的な衛生管理に関すること」：食品衛生法施行規則 別表第17（一般的な衛生管理）

「食品衛生上の危害の発生を防止するために特に重要な工程を管理するための取組に関すること」：食品衛生法施行規則 別表第18（HACCPに沿った衛生管理）

具体的には、食品等事業者は次のような食品衛生の活動を決め、遵守することが求められます。

①食品衛生のハザードの発生を防止するため、施設の衛生管理及び食品の取り扱いなどに関する**衛生管理計画**を作成する。

衛生管理計画
衛生管理を行う際の重要管理項目と一般衛生管理項目をあらかじめ作成した文書。事業者が衛生管理計画を作成していない、不備がある、作成しても遵守していない場合、行政指導などが行われる。

食品衛生法施行規則 別表第17「一般的な衛生管理に関すること」(抜粋)

① 食品衛生責任者等の選任

・営業者は食品衛生責任者を定める。
・食品衛生責任者は新たな知見の習得に努め、衛生管理にあたる。

など

② 施設の衛生管理

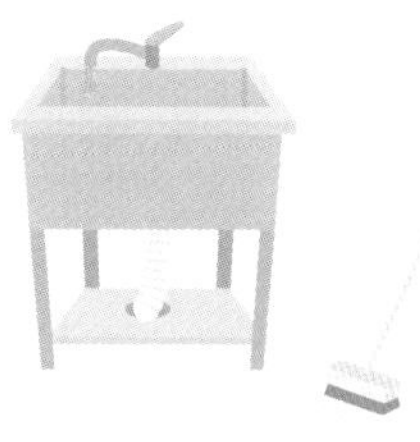

・施設（内壁、天井、床）及びその周辺を清潔に維持する。
・食品を扱う場所に不必要な物品等を置かない。
・採光、照明、換気を十分に行い、必要に応じて温湿度を管理する。
・便所は常に清潔にし、定期的に清掃及び消毒を行う。

など

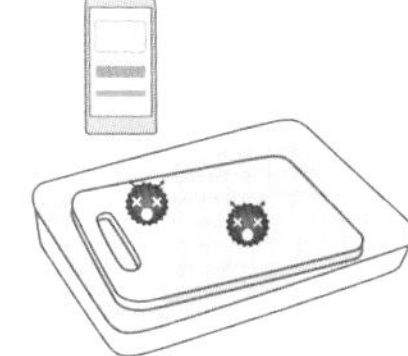

③ 設備等の衛生管理

・機械器具及びその部品は洗浄及び消毒を行い、所定の場所で衛生的に保管する。
・機械機器の洗浄に使用する洗剤は、適切な方法で使用する。
・温度計等の計器類や殺菌装置等は定期的に点検し、記録する。

など

その他、以下の項目について規定されている

④ 使用水等の管理
⑤ ねずみ及び昆虫対策
⑥ 廃棄物及び排水の取扱い
⑦ 食品又は添加物を取り扱う者の衛生管理
⑧ 検食の実施
⑨ 情報の提供
⑩ 回収・廃棄
⑪ 運搬
⑫ 販売
⑬ 教育訓練
⑭ その他

出典：食品衛生法施行規則 別表第17をもとに作成

②衛生管理に必要な対応を適切に行うための**手順書**を必要に応じて作成する。

③衛生管理の実施状況を記録し、保存する。

④衛生管理計画及び手順書の効果を検証し、必要に応じてその内容を見直す。

手順書
機械器具や設備の清掃・洗浄・消毒方法、原材料受入時・出荷時の確認方法などをまとめた文書。業種、業態、食品によって、適した内容を作成することとしている。

Chapter5 03

食品営業許可の新しい施設基準

食品衛生法の改正により、営業施設の基準も変更され、新しい施設基準が導入されています。営業許可を取得する際には、営業施設は共通基準と営業別基準という2つの基準を満たしていなければなりません。

食品衛生法の改正により新しい施設基準が施行

2018年の食品衛生法の改正では、食品衛生の管理運営の指針に加えて、新しい施設基準も導入されました。新施設基準はコーデックス「食品衛生の一般原則」に準拠し、従来の一律の基準（たとえば、照度を100ルクス以上にするなど）からリスクベースの基準に変更され、各製造施設や製品のリスクに応じた判断が求められるようになりました。これにより、「汚染が防止可能な」「汚染の起こりうる程度により」など、施設や製品のリスクに応じた判断が必要となり、その判断に応じて、空気などの動線管理や結露防止、手指の再汚染防止、機器の分解清掃、薬剤の保管設備、手洗いの際の適温水の供給、排水の逆流防止、ドライな床などの整備が求められています。

なお、HACCPは工程管理の手法であり、施設や機器の整備を行うことがHACCPそのものではないということを理解する必要があります。新施設基準は営業許可と直結しますが、HACCPの制度化が営業許可に直接影響するものではありません。

営業許可の取得時に満たすべき2つの基準

食品関連の事業を営もうとする場合は、都道府県知事の許可を受ける必要があります。各自治体は国の施設基準を参酌して条例を制定しています。条例には共通基準と営業別基準があり、対象となる業種で営業許可を取得する際には、営業施設は両方の施設基準を満たす必要があります。共通基準は食品業界全体で適用される基準であり、営業別基準は取り扱う食品の種類や業種、営業形態によって異なります。それぞれ食品衛生法施行規則 別表第19及び別表第20に規定されています。

参酌（さんしゃく）
参考にすること。この場合、国の施設基準を十分に参考した上で判断することを意味する。

食品営業許可の施設基準で何が変わったか

たとえば…照明設備について

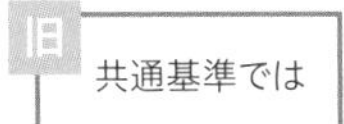

作業場は、自然光を十分に取り入れることのできる構造であること。ただし、やむをえない理由のある場合及び夜間においては、100ルクス以上の明るさであること。

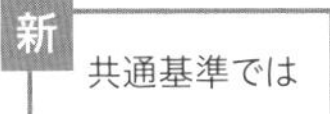

照明設備は、作業、検査及び清掃を十分にすることのできるよう必要な照度を確保できる機能を備えること。

リスクに応じた判断が必要

改正された施設基準の主な変更点

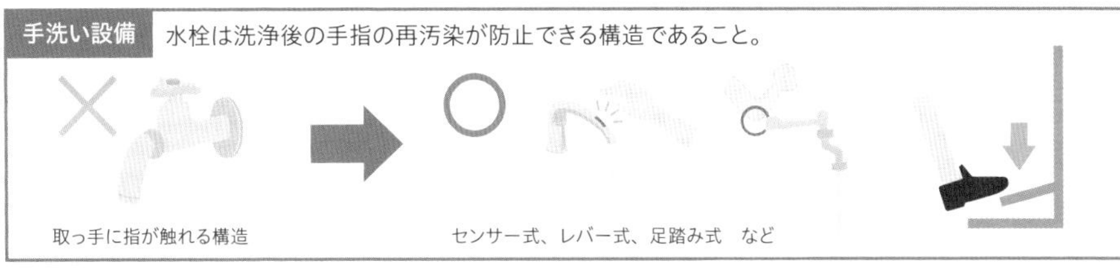

手洗い設備
水栓は洗浄後の手指の再汚染が防止できる構造であること。
取っ手に指が触れる構造
センサー式、レバー式、足踏み式　など

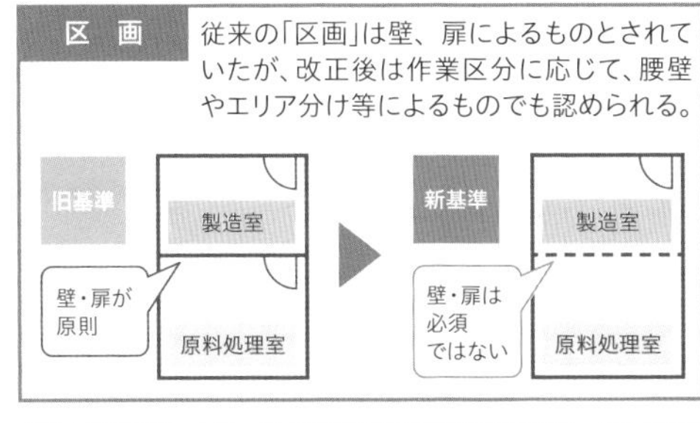

区　画
従来の「区画」は壁、扉によるものとされていたが、改正後は作業区分に応じて、腰壁やエリア分け等によるものでも認められる。
旧基準
製造室
壁・扉が原則
原料処理室
新基準
製造室
壁・扉は必須ではない
原料処理室

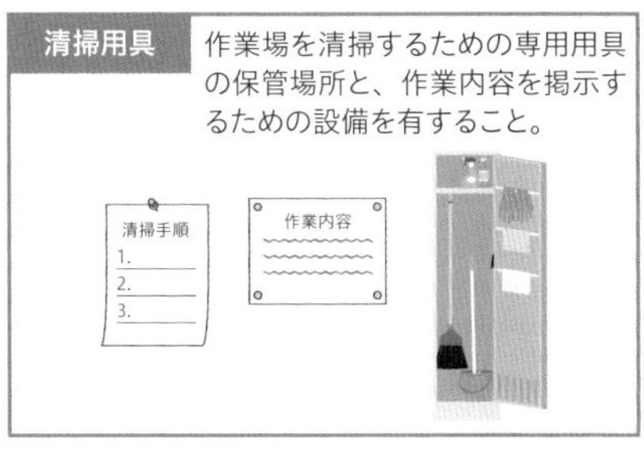

清掃用具
作業場を清掃するための専用用具の保管場所と、作業内容を掲示するための設備を有すること。
清掃手順
1.
2.
3.
作業内容

出典：浜松市ホームページ「営業施設基準の改正について」をもとに作成

施設や設備というハード面と、衛生管理事項（5-02参照）というソフト面は、食品衛生を確保するためのいわば車の両輪です。たとえば、施設基準における共通基準の中で対策が求められるものとして、手洗い設備が挙げられます。手指の再汚染を防ぐ構造を持つものが推奨されており、ハード面としてハンドルをレバー式やセンサー式などに交換する方法が想定されます。一方、ソフト面として、ペーパータオルを使って蛇口を閉めることで再汚染を防ぐ、という衛生管理の基準を設ける対応も考えられます。このようにソフト面とハード面の双方について定期的に見直しと更新を行うことで、常に最適な衛生管理を実現することができます。

Chapter5
04

食品製造業者向けの前提条件プログラム

ISOにおける食品安全の技術仕様書 ISO/TS 22002-1

ISO/TS 22002-1は、ISO 22000と併せて利用できるように開発された前提条件プログラム（PRP）の国際規格です。HACCPに取り組むために、PRP（＝一般衛生管理プログラム）で何が要求されているのか理解しましょう。

ISO/TS 22002-1策定までの流れ

食品安全に関する規格は数多く存在しますが、中でも国際標準化機構（ISO）が定めた国際規格であるISO 22000が広く知られています（国際規格については**1-07**参照）。このISO 22000は、食品を扱う組織全体で幅広く利用されることを目的としているため、前提条件プログラム（PRP）に関する部分は抽象的な要求事項になってしまっています。PRPについて詳細な要求事項がないことから、ISO 22000は食品安全の業界団体GFSIから承認を得ることができませんでした。

一方で、2008年に**英国規格協会（BSI）**から食品製造業者向けの**PAS 220:2008「食品製造のための食品安全に関する前提条件プログラム」**が発行されました。これに着目したISOは、PAS 220:2008を原案として、2009年にPRPに関する要求事項をより明確にした**ISO/TS 22002-1**を発行しました。

英国規格協会（BSI）
British Standards Institution。英国の国家規格を制定するためにつくられた標準化機関。

PAS 220:2008「食品製造のための食品安全に関する前提条件プログラム」
Publicly Available Specification 220：2008の略で、公開仕様書のこと。

ISO/TS 22002-1
TSはTechnical Specificationの略で、技術仕様書のこと。ISO 22000規格と合わせて利用できるように開発された前提条件プログラム(PRP)の国際規格。

食品安全に関わる幅広い要求事項を制定

HACCPに取り組むにあたっては、PRPの重要性を理解することが重要です。PRPは食中毒予防3原則のうち、「つけない」「増やさない」を実現するためのルールをまとめています。

ISO/TS 22002-1は18章から構成されています。そのうち、4～18章の15項目が要求事項になります。これらの項目は、建物の構造や配置、施設・作業区域の配置、ユーティリティ、廃棄物処理、装置の適切性・清掃・洗浄・保守など、食品製造における衛生管理や環境条件に関する具体的なルールが記載されています。食品安全に関わる幅広い領域がカバーされており、**食品防御**、**バイオビジランス**、**バイオテロリズム**に関する項目も含まれています。

食品防御
フードディフェンスともいう。食品への意図的な異物などの混入を予防する取り組みのこと。

ISO/TS 22002-1 とISO 22000の前提条件プログラムの関係

ISO/TS 22002-1 とISO 22000の違いとは？

➡ISO/TS 22002-1は前提条件プログラム（PRP）に関する要求事項をより明確にしたものです。ISO 22000:2018の8.2.4項に示された12項目に、新たに3項目を加え、15項目の要求事項とした上で、詳細が記されています。

ISO/TS 22002-1 （PAS 220：2008をもとに策定）		ISO 22000:2018の8.2.4項 （前提条件プログラムを確立する際のポイント）	
4章	建物の構造と配置	a	建造物、建物の配置、及び付随したユーティリティ；
5章	施設及び作業区域の配置	b	ゾーニング、作業区域及び従業員施設を含む構内の配置；
6章	ユーティリティー空気、水、エネルギー	c	空気、水、エネルギー及びその他のユーティリティの供給；
7章 12章	廃棄物処理 有害生物の防除	d	ペストコントロール、廃棄物及び汚水処理並びに支援サービス；
8章	装置の適切性、清掃・洗浄及び保守	e	装置の適切性並びに清掃・洗浄及び保守のためのアクセス可能性；
9章	購入材料の管理	f	供給者の承認及び保証プロセス（たとえば、原料、材料、化学薬品及び包装）；
9章 16章	購入材料の管理 倉庫保管	g	搬入される材料の受け入れ、保管、発送、輸送及び製品の取扱い；
10章	交差汚染の予防手段	h	交差汚染の予防手段；
11章	清掃・洗浄及び殺菌・消毒	i	清掃・洗浄及び消毒；
13章	要員の衛生及び従業員のための施設	j	人々の衛生；
15章 17章	製品のリコール手順 製品情報及び消費者の認識	k	製品情報／消費者の認識；
14章 18章	手直し 食品防御、バイオビジランス及びバイオテロリズム	l	必要に応じて、その他のもの

ISO/TS 22002の種類

ISO/TS 22002-1：食品製造
ISO/TS 22002-2：ケータリング
ISO/TS 22002-3：農業
ISO/TS 22002-4：食品容器包装の製造
ISO/TS 22002-5：輸送及び保管
ISO/TS 22002-6：飼料及び動物用食品の製造

出典　：いずれも各種資料をもとに著者作成

食品安全に取り組むための共通の基準として、ISO/TS 22002シリーズが提供されています。そのうちのISO/TS 22002-1は、食品製造業向けのPRPに関する具体的な要求事項を定めたものです。

バイオビジランス
bio（生物）とvigilance（警戒・監視）を組み合せた用語。微生物汚染のリアルタイムの連続的監視を意味する。

バイオテロリズム
生物兵器テロ。ヒトに害を及ぼす病原体（ウイルス、細菌、真菌など）や、それらが産生する毒素などを用いて、無差別に大量のヒトを殺傷しようとする行為。

Chapter5
05

製品の安全性と品質を保証するためのシステム

米国における現行適正製造規範(cGMP)

製品の適正な製造と品質のための管理・遵守事項を定めた適正製造規範(GMP)。日本では多くの農林水産物・食品を米国に輸出しているため、米国の現行適正製造規範(cGMP)に取り組む企業が増えています。

製品の製造工程全般で守るべき規範

製造業界における品質管理の基盤として、**適正製造規範(GMP)**という規則とシステムがあります。製品の安全性と品質を保証することを目的とし、原材料の受入から製造、出荷までの工程において適用されます。一般衛生管理プログラムは、HACCPを効果的に機能させるために必要な前提条件とされ、GMPと基本的には同じ意味合いですが、GMPは一部法的な義務付けがなされている場合もあります。

適正製造規範(GMP)
Good Manufacturing Practice。1960年代から米国で採用された規則で、安全でより良い品質や健全性を有する医薬品・食品などを製造するための製造時の管理・遵守事項が定められている。

GMPに法的な強制力を持たせた米国

米国におけるGMPは**現行適正製造規範(cGMP)**と呼ばれ、法的な強制力を持っています。米国の食品加工施設の適正製造規範規制は1968年に提案され、1969年に21 CFR 128(CFR:Code of Federal Regulations/連邦規則集第21巻パート128)として発行されました。1977年に修正された21 CFR 110が発行されましたが、正確な遵守事項が規定されておらず、施行上の問題がありました。1986年に最終更新が行われたのち、2011年の食品安全強化法(FSMA)制定により、2016年に21 CFR 117(ヒト向け食品に関する現行適正製造規範ならびに危害分析及びリスクに応じた予防管理)が策定され、これまで独立した規則であったcGMPは21 CFR 117サブパートBに組み込まれました。

この改正で、「アレルゲンとの交差接触に対する予防の義務化」「21 CFR 110での義務規定についてshallからmustに表記を置き換え」「食品製造に従事する従業員は、担当業務において**適格者(QI)**となるために必要な訓練を受ける」などさまざまな事項が変更され、cGMPの強化が図られています。

現行適正製造規範(cGMP)
米国食品医薬品局(FDA)が定めた食品品質の基準。「c」は「current」の略で「現時点の、最新版の」という意味。

適格者(QI)
Qualified Individual。製造加工などの特定の業務に必要なスキル、経験、教育、その他の職務関連の要件を満たす個人のこと。

適正製造規範（GMP）の目的

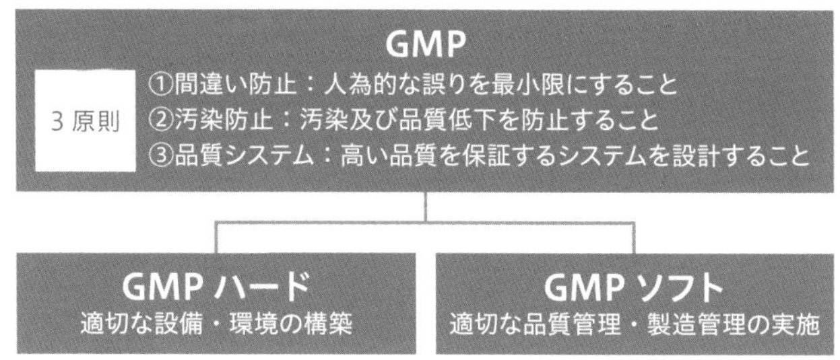

出典：著者作成

米国：現行適正製造規範（cGMP）の概要

連邦規則集第21巻パート117（21 CFR 117）サブパートB

117.10	人員	117.40	装置及び用具
117.20	工場と敷地	117.80	製造工程及び管理
117.35	衛生管理オペレーション	117.93	倉庫保管及び流通
117.37	衛生的な施設と管理策レベル	117.110	欠陥限界レベル、欠陥対策レベル

出典：各種資料をもとに著者作成

米国の主な食品に関する規制

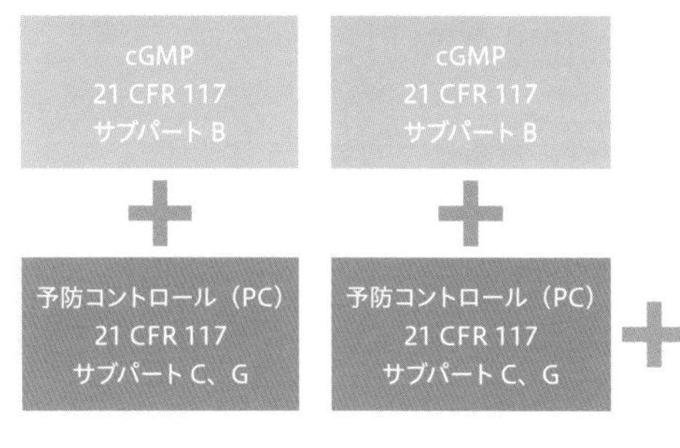

他のGMPやHACCPが求められる食品

低酸性食品	21 CFR 113及び108.35
酸性化食品	21 CFR 114及び108.25
水産食品	シーフードHACCP及び 21 CFR 123
栄養補助食品	21 CFR 111
ジュース	ジュースHACCP及び 21 CFR 120

その他、以下の食品には別途の特別なGMPが規定されている。
・乳児用調整乳　21 CFR 106
・ボトル入り飲料水　21 CFR 129

出典：日本貿易振興機構（ジェトロ）「米国食品医薬品局（FDA）による日本の食品供給施設査察ガイドブック（第3版）」をもとに作成

米国では現行適正製造規範（cGMP）を遵守する必要があるため、米国へ食品を輸出する企業は、その内容を理解しておくことが大切です。

HACCPを効果的に機能させるための衛生管理事項

一般衛生管理プログラムでHACCPの基盤の作成

HACCPシステムは食品の製造・加工における重要な工程を管理するためのものですが、導入にあたっては、食品の安全性確保に不可欠な一般衛生管理プログラムが整備され、適切に実施されている必要があります。

HACCPの前提条件となる一般衛生管理プログラム

一般衛生管理プログラム（PPまたはPRP）は、HACCPシステムを導入する前に整備すべき基本的な衛生管理事項をまとめたものです。適正製造規範（GMP）、**適正衛生規範（GHP）**、**適正農業規範（GAP）**などの要素が含まれています。

具体的には、食品の安全性を確保するために実施すべき施設・設備・機械器具の構造、保守管理及び衛生管理、従業員の衛生管理及び教育訓練、製品の回収などに関わる事項を指します。

一般衛生管理プログラムが必要な理由

かつては微生物トラブルや異物混入が起こった際、手当り次第に対策を行っていました。当然ながら、無駄なコストもかかる上、再発する可能性もありました。そうした過去の衛生管理の手法では、製造環境の整備などに重点が置かれていましたが、具体的な手法については規定されておらず、異常時にとる対応で注意するべきポイントが散漫になる傾向がありました。そこで、ハザードの発生予防上、きわめて重要な工程である**重要管理点（CCP）**に注意を集中させるHACCPシステムが開発されました。

しかし、CCPにのみ注意を集中しても、衛生管理の基盤となる製造環境や原材料、包装資材、従業員などの衛生管理がおろそかになってしまえば、食品の安全性確保は困難になります。まず製造環境などからの汚染を効果的に管理し、重要なハザードの数を減らすことにより、HACCPシステムは目標を達成することができます。つまり、一般衛生管理プログラムが確立され、適切に実施されていることが、HACCPを効果的に機能させるための前提となります。そのために一般衛生管理プログラムが必要となるのです。

適正衛生規範（GHP）
Good Hygiene Practice。コーデックス「食品衛生の一般原則」2020年改訂版で一般衛生管理として強調されている。

適正農業規範（GAP）
Good Agricultural Practice。農業において、ある一定の成果を得ることを目的として、実施すべき手法や手順などをまとめたもの。

重要管理点（CCP）
Critical Control Point。ハザードの中でも特に重要なものを特定し、重点的に管理する工程を定めたもの（7-10参照）。

一般衛生管理プログラムはHACCP導入の基盤

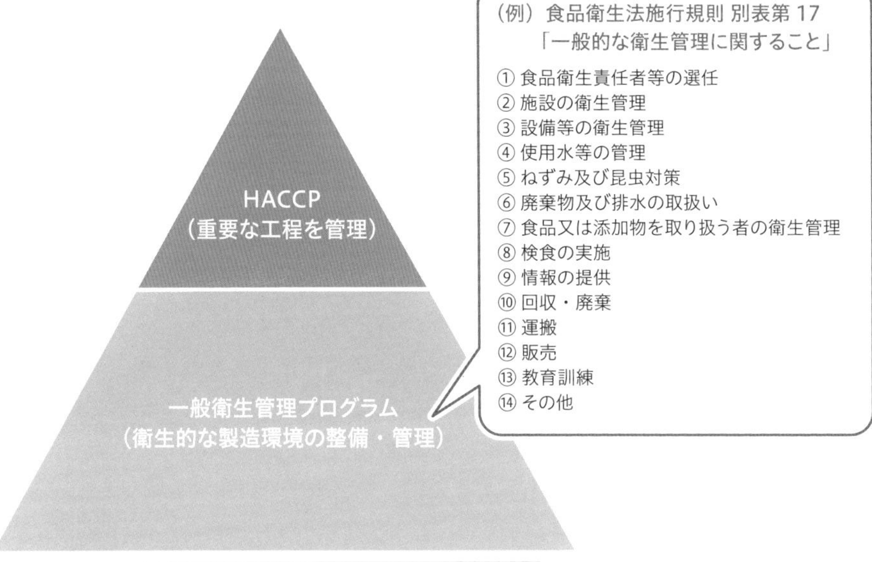

HACCP
（重要な工程を管理）
一般衛生管理プログラム
（衛生的な製造環境の整備・管理）
（例）食品衛生法施行規則 別表第 17
「一般的な衛生管理に関すること」
① 食品衛生責任者等の選任
② 施設の衛生管理
③ 設備等の衛生管理
④ 使用水等の管理
⑤ ねずみ及び昆虫対策
⑥ 廃棄物及び排水の取扱い
⑦ 食品又は添加物を取り扱う者の衛生管理
⑧ 検食の実施
⑨ 情報の提供
⑩ 回収・廃棄
⑪ 運搬
⑫ 販売
⑬ 教育訓練
⑭ その他
HACCP を効果的に機能させるためには
基礎となる一般衛生管理プログラムが不可欠

出典：ホシザキ東海株式会社（https://hoshizaki-tokai.co.jp/consultant/consultant_haccp/）をもとに作成

一般衛生管理プログラムが定着しない理由

自社に適した一般衛生管理プログラムの項目や取り組むレベルを選定し、書類にまとめても、それが実行されなければ意味がありません。一般衛生管理プログラムがなかなか定着しないという声を聞くことがありますが、その理由としては「やらされ感」や認識のズレが挙げられます。

まず、「やらされ感」を排除するためには、従業員全員が一般衛生管理プログラムの目的や意義、効果を理解し、目標を定量化することが重要です。また、作業者と管理・監督者の認識のズレを解消するために、手順書の見直し、教育訓練の繰り返し、根本要因の特定と解決を行い、定期的な研修やミーティングを通じて、最新情報や技術を共有します。第三者による講習会の活用も有効です。

Chapter5
07

5S活動で取り組む一般衛生管理プログラム

一般衛生管理プログラムの実施には、食品衛生管理の基本となる「5S活動」が欠かせません。5S活動を徹底することで、製造環境の「清潔さ」を確保するだけでなく、業務の効率化や職場環境の改善などにもつながります。

さまざまな業種で取り入れられている5S活動

一般衛生管理プログラムを成功させる鍵は「**5S活動**」の徹底にあります。5S活動とは、製造業をはじめとするさまざまな業種で、職場環境の改善や維持のために用いられる方法です。「整理」「整頓」「清掃」「清潔」「しつけ（習慣）」の5つの要素で構成されるもので、そのローマ字表記の頭文字を取って5Sと呼ばれています。

5S活動は、単に片付けや清掃を行うということではありません。5つの要素を通じて不要なものをなくし、業務に必要なものだけに絞り、業務を行いやすくすることが目的です。

5S活動
製造業や建設業、医療や介護の現場、サービス業など、さまざまな業種で取り入れられている方法。トヨタで採用されている「トヨタ式」といわれる5S活動が有名。

5S活動の導入で期待できる効果

5S活動に取り組むことで、「業務の効率化」「職場環境の改善」「安全性の確保」といった効果を得ることができます。

業務効率化：整理や整頓により、どこに何があるかが一目でわかる状態を保つことで、必要なものを探す手間や時間を省き、業務効率を向上させます。

職場環境の改善：清掃や清潔を維持することで、職場が快適になり、ストレスが軽減されます。これにより、従業員のモチベーションも向上し、生産性が高まります。

安全性の確保：5S活動を通じて整理整頓された職場は、事故やトラブルのリスクを低減し、安全性が確保されます。また、清掃や清潔の維持により、食品製造現場では微生物汚染や異物混入を防止する点でも効果的です。

5S活動は一度実施しただけで効果が出るわけではありません。職場内のコミュニケーションも意識しながら、日々の管理を徹底

食品製造現場における5S活動の目標

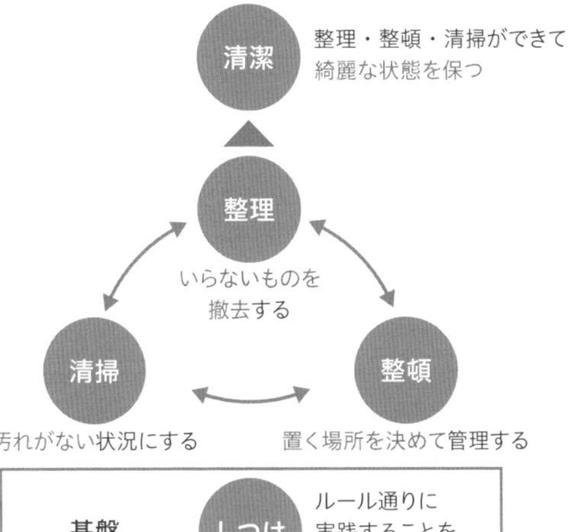

微生物汚染、化学物質汚染、異物混入が起こらない状態をつくりだすことや、食品に悪影響を及ぼさない環境をつくる「清潔さ」を維持することが目標です。

5S活動の定着化のポイント

整理 Seiri	必要なものと不要なものに区分し、不要なものを処分する	定品化 定量化
整頓 Seiton	必要なものがすぐに取り出せる置き場所、置き方を決め、表示を確実にする	定置化
清掃 Seisou	身の回りのものや機械設備を綺麗に掃除し、細部まで点検する	衛生化
清潔 Seiketsu	整理・整頓・清掃を徹底して実行し、汚れのない綺麗な状態を維持する	定常化
しつけ Shitsuke	決められたことを決められた通りに実行できるように習慣付ける	自立化

3定（定位、定品、定量）は「整頓」の基本

定位管理（姿絵管理・形跡管理）

置く場所を定める

定品管理

置くものを定める

定量管理

置く量を定める

出典：いずれも各種資料をもとに著者作成

し、さらに一定期間ごとに、5Sに適切に取り組めているかチェックを行い、継続していくことが大切です。また、5S活動を行うこと自体が目的化しないように注意が必要です。

Chapter5 08

一般衛生管理プログラムを適切に管理するための手順書

衛生標準作業手順書(SSOP)の整備

HACCPシステムの基盤となる一般衛生管理プログラムは、ただ目標として掲げるだけでは機能しません。従業員全員が理解し、確実に実行されることが大切です。そこで重要になるのが衛生標準作業手順書（SSOP）です。

衛生標準作業手順書（SSOP）の作成と活用

食品衛生の敵であるハザードに備えるため、HACCPの活用や関連する法律・ガイドラインを参考に、管理体制を強化することが重要です。さらに、従業員全員が統一した取り組み方で対応する必要があります。そのために、一般衛生管理プログラムをルールとして可視化し、手順書として示すことが求められます。

衛生標準作業手順書（SSOP）は、食品の製造加工の衛生管理に関する手順を具体的に文書化したものです。HACCPを運用する基盤となる一般衛生管理プログラムを適切に管理するための手順書といえます。SSOPを適切に実施することで、HACCPの導入を容易に行えます。ただし、単にSSOPを作成しただけでは意味がありません。従業員全員で考え、場合によっては専門家に意見を求めながら内容の精度を上げて、活用していくことが大切です。

衛生標準作業手順書（SSOP）
Sanitation Standard Operating Procedures。衛生管理に関する手順のことで、その内容について「いつ、どこで、誰が、何を、どのようにするか」（＝5W1H）がわかるように文書化したもの。

SSOPを作成する際のポイント

SSOPを文書化する際は、誰が見てもわかりやすく、目的に合った作業が確実に実施できるように、具体的に手順を書くことが重要です。

全従業員が共通の理解を持つ：一般衛生管理プログラムのマニュアルやSSOPの目的は、全員が一貫した作業手順を理解し、正しく行うことにあります。そのためにマニュアルはわかりやすく、実際の作業に即した内容であるべきです。

視覚的な表現を用いる：文章だけではなく、図や写真、イラストを用いて、視覚的に理解しやすいマニュアルやSSOPを作成します。異なる言語を話す従業員がいる場合には、特に視覚的な表現が重要となります。

衛生標準作業手順書（SSOP）の例

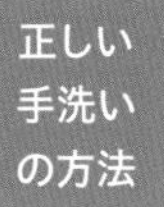

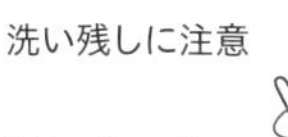

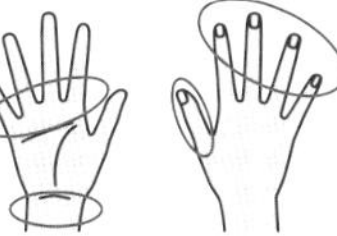

基本の手洗い手順

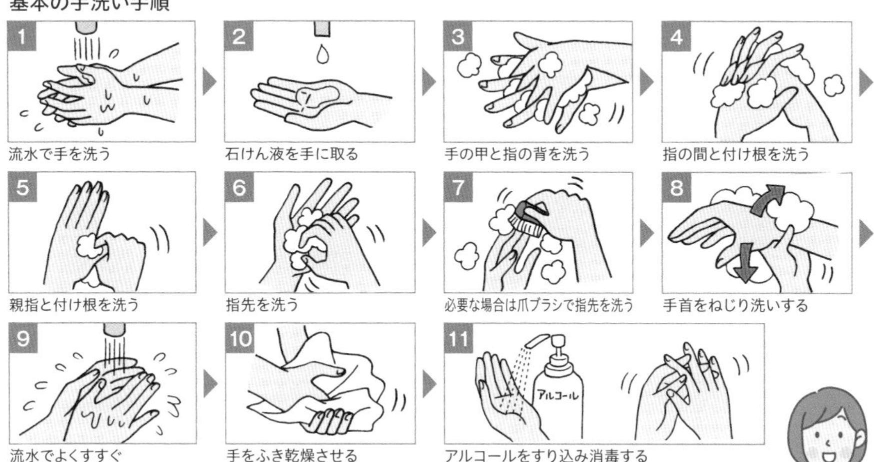

1
流水で手を洗う
2
石けん液を手に取る
3
手の甲と指の背を洗う
4
指の間と付け根を洗う
5
親指と付け根を洗う
6
指先を洗う
7
必要な場合は爪ブラシで指先を洗う
8
手首をねじり洗いする
9
流水でよくすすぐ
10
手をふき乾燥させる
11
アルコール
アルコールをすり込み消毒する

SSOPは誰が見てもわかりやすく、視覚的に理解しやすいように作成することがポイントです。図や写真、イラストを使用すると効果的です。

（「基本の手洗い手順」イラスト部分）出典：一般財団法人食品産業センター
「食品製造・加工事業者のためのよくわかる高度化基盤整備事項解説」（平成26年度農林水産省補助事業）
（https://haccp.shokusan.or.jp/wp-content/uploads/2016/03/kodokakibansebi_all_low.pdf）より転載

実施状況の確認：一般衛生管理プログラムをもとにルール化した手順を疑問形にすることで、自社オリジナルのチェックリストが作成できます。さらに義務項目と推奨項目の重み付けを行うことで、メリハリのある実施状況の確認ができます。不備がある場合や改善点が見つかったときには、迅速な対応が可能となります。

定期的な見直しと更新：現場の状況は常に変わります。そのため、マニュアルやSSOPは一度作成したら終わりではありません。新しい機械の導入、作業手順の変更、新たな食品安全上のリスクの発見など、現場の変化に合わせて内容を更新することが求められます。このように定期的に見直しと更新を行うことで、常に最適な衛生管理を実現することができます。

COLUMN 5

HACCP導入の鍵を握る経営者のコミットメント

経営者のコミットメントがHACCP導入に果たす役割

HACCPは食品衛生管理に必要不可欠なシステムであり、その成功は経営者のコミットメント、つまり経営者による「積極的な関与と支持」によって左右されます。具体的なコミットメントの例としては、食品安全の方針策定やキックオフ会議の開催などが挙げられます。また、HACCPプランに経営者自身が署名することは、管理計画の実施への承諾と責任を明確に示すもので、経営者の真剣な関与を示す最大の証拠といえます。この署名は単なる形式的なものではなく、経営者が計画書に記載された内容に対し、必要な経営資源を供給することを約束する意味を持ちます。

経営者のコミットメントは、従業員のモチベーションの維持、必要な権限の確保、適切な経営判断のためにも不可欠です。HACCPの導入には大きな労力を要し、従業員にも負担をかけます。そのため、経営者がその意義を理解し、導入に取り組む従業員を適切に評価することが求められます。このことは、HACCPチームにHACCPの導入・運用に必要な権限を付与するためにも重要です。

持続可能なHACCPシステムを構築するために必要なもの

ISO 22000では「トップマネジメント」、つまり最高責任者（経営者）が食品安全マネジメントシステム（FSMS）における主要な役割を果たすことを強調しています。そのためには、経営者がHACCPの導入と維持に必要な労力やそのメリットを理解し、それを明確に説明できる必要があります。

加えて、経営資源も重要な要素となります。経営資源とは人材、設備、費用、時間、情報などを指します。これらを必要に応じて供給し、計画書に記載された責任者へ適切なトレーニングを施すことも、経営者の主要な役割です。経営者がリーダーシップを持ち、十分な体制を整えることで、瞬間的な成功ではなく、持続可能なHACCPシステムを構築することが可能となります。

第6章

4Mで一般衛生管理プログラムを理解する

製造・加工の現場においては、「4M」と呼ばれる4つの要素を用いて管理する手法があります。ものごとや情報を体系的に整理するフレームワーク思考を利用し、この4Mの視点で一般衛生管理プログラムを整理することで、衛生管理についての理解を深め、過不足のない一般衛生管理プログラムの構築に結びつきます。

Chapter6 01

4M変化点管理と効果的な実施方法

食品の製造・加工の現場においては、「Man（人）」「Machine（設備）」「Material（原材料）」「Method（方法）」という4つの要素を用いて、問題の発生を防ぎ、製品の品質を保つ「4M変化点管理」という方法があります。

4つの要素を意識した品質管理

食品の安全性を確保するためには、品質管理は重要な課題です。製造業の現場で製品の品質管理を適切に行う上で、特に「4M」を意識した取り組みが求められます。4Mとは、「Man（人）」「Machine（設備）」「Material（原材料）」「Method（方法）」の4つの要素を指します。これらは製品の品質管理において欠かせないものであり、適切に管理することで品質の維持や向上が期待できます。

製造・加工の現場では、たとえばある作業の担当者が休暇を取り、不慣れな者が代わりに作業にあたることで製品不良が発生してしまうなど、4Mの要素に何か変化が生じた場合（変化点）に、品質トラブルが発生しがちです。この4Mによって生じる変化の可能性を把握・管理する手法を「4M変化点管理」といいます。

食品業界における4M変化点管理の具体例を以下に示します。

Man（人）：従業員の教育やトレーニングを行い、衛生管理や原材料の取り扱いに熟練した人材を確保します。

Machine（設備）：施設の環境管理や製造・加工に用いる設備・器具について、定期的な点検やメンテナンスを実施します。

Material（原材料）：原材料の品質や安全性を確保するために、仕入先との連携や受入検査を徹底します。

Method（方法）：製造・加工の方法や条件を標準化して、従業員が一定レベルの品質を維持できるようにします。

変化点
製造工程において、何らかの変化が起こること。

4M変化点管理
4M変更管理ともいう。製造業の各プロセスにおいて、4Mの変化点を管理することで製品の品質を保つ管理手法。

4M変化点管理を3段階で実施する

食品業界では、原材料の品質や製造プロセスが製品品質に直結しますが、4M変化点管理を適切に行うことで、製品の品質や安

ラーメンで考える4M

いつもの大将が休みで、アルバイトが麺を茹でた	Man（人）
いつもは炭火でチャーシューを炙るが、炭がなくなり、仕方なくガスで炙った	Machine（設備）
いつもの卵が入手できなかったので、近所のスーパーで買ってきたもので代用した	Material（原材料）
麺の太さを変更したが、アルバイトに茹で時間の変更を伝えていなかった	Method（方法）

特性要因図（フィッシュ・ボーン図／魚の骨図）と4M

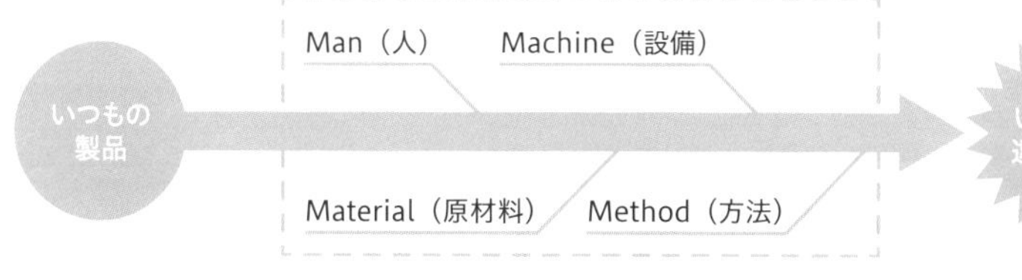

特性要因図は、原材料や設備など、品質に影響する要因（変化点）をあらかじめ設定し、その要因を解析することで、品質問題の真の原因を掘り下げる手法です。また、要因として4Mが一般的に用いられます。

適切な 4M 変化点管理を行うことで、品質問題の発生の防止と、製品品質の向上につながります。また、変化点管理によって組織全体の品質意識が向上し、品質管理体制が強化される効果も期待できます。

※いずれも著者作成

全性を向上させることができます。4M変化点管理の実施方法は、次の3段階が挙げられます。

①**製造現場の各要素の変化条件を洗い出す**：製造現場における4Mの変化条件を洗い出します。これにより、品質に影響を与える変化を把握し、適切な対応策を立てることができます。

②**変化項目の影響度をランク付けする**：次に、変化項目の影響度をランク付けします。これにより、どの変化がもっとも品質に影響を与えるかを把握し、優先的に対応することができます。

③**対応策をマニュアルにまとめておく**：最後に、対応策をマニュアルにまとめておきます。これにより、現場の従業員が変化に対応する際に、迅速かつ適切な対応ができるようになります。

Chapter6 02

4Mの視点と「仕様」「管理」で衛生管理を考える

HACCPの導入にあたっては、基盤となる一般衛生管理プログラムを確かなものにすることが大切です。フレームワーク思考を利用して、ヌケモレ・ダブリのない一般衛生管理プログラムの実現を目指します。

フレームワーク思考で衛生管理を整理する

食品業界における品質課題の解決には、4M変化点管理を適切に運用することが鍵となります。一方、HACCPの基盤となる一般衛生管理プログラムを構築する際にも、この4M変化点管理が深く結びついています。本章では一般衛生管理プログラムについて、フレームワーク思考の1つである「MECE（ミーシー）」に基づき、4Mの視点から分析を行っていきます。

一般衛生管理プログラムは、食品衛生管理のための資源（リソース）と読み換えることができます。具体的には、必要な人的資源や要員の職務能力（力量）、インフラストラクチャ（物質的資源）などが挙げられます。さらに、計画段階（仕様）と運用段階（管理）で、取り組む視点や内容がそれぞれ異なります。

そこで、4Mの視点と、「仕様（Spec）」と「管理（Management）」の2つの軸を用いて一般衛生管理プログラムを整理することで、衛生管理の各要素がどのように連携し、効果的な衛生管理を実現するのか、ということについて深く理解することができます。そして、この方法で整理された一般衛生管理プログラムは、ヌケモレ・ダブリがなく、理解しやすいものとなります。

日々変化するトレンドや法規制に対応する

業界の動向や法律の変更に対応しながら、品質管理体制を継続的に改善・強化していくことは、食品業界で活動するすべての人々にとって重要な課題です。ヌケモレ・ダブリがなく、理解しやすい一般衛生管理プログラムが構築できれば、日々変化する食品業界のトレンドや法規制、新たな食品安全の課題に対応するために必要な変化に対して、柔軟性（フレキシビリティ）を発揮す

フレームワーク思考
「整理するための枠組み（フレームワーク）」を利用して情報を整理し、効率的に結論を生み出す思考法。

MECE（ミーシー）
Mutually Exclusive and Collectively Exhaustiveの頭文字をとった言葉。直訳すると「相互に排他的で、網羅的な集合」で、「ヌケモレなく、ダブリなく」という意味になる。物事を整理、思考する際に、それらが相互に排他的で重複がなく、かつ全体が網羅されているようにする論理的思考法のこと。

インフラストラクチャ
組織が製品やサービスを提供するために必要とする施設や設備のこと。

フレームワーク思考「MECE（ミーシー)」とは

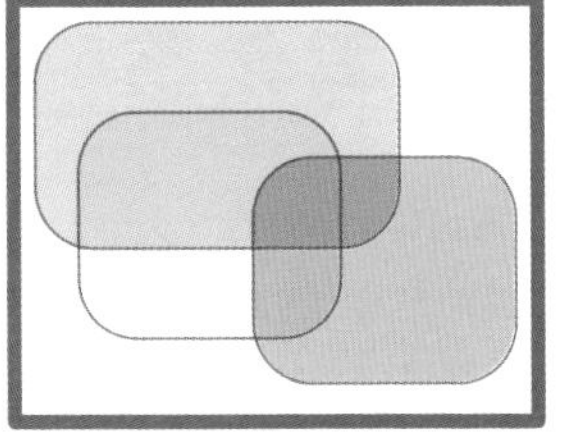

× ヌケモレあり　× ダブリあり

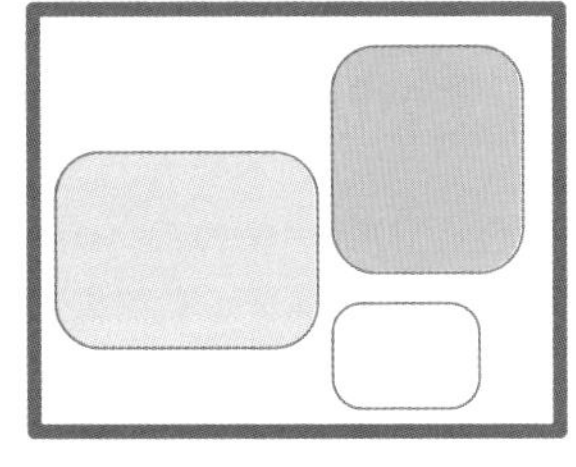

× ヌケモレあり　○ダブリなし

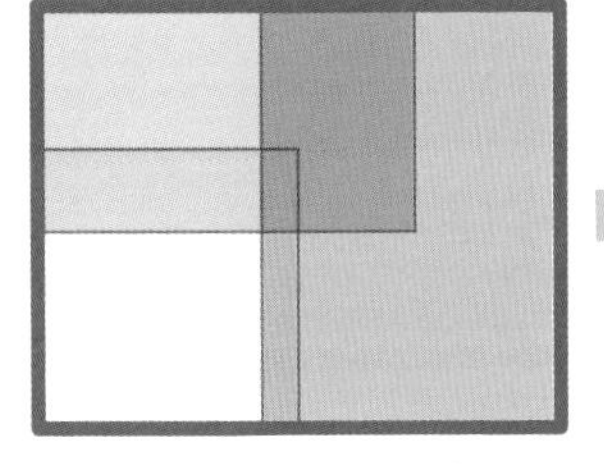

○ヌケモレなし　× ダブリあり

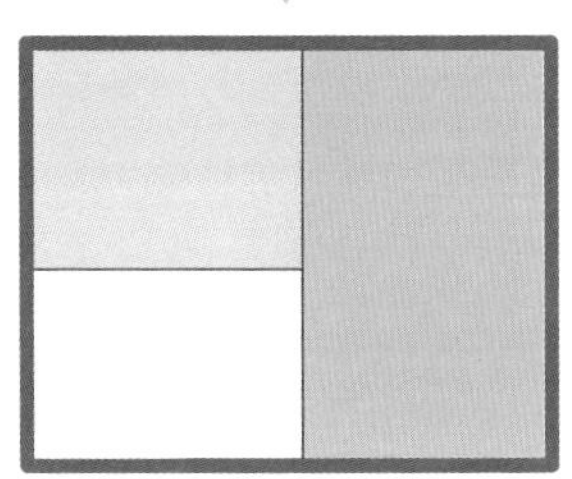

○ヌケモレなし　○ダブリなし

MECE は経営学に関する学位の MBA でも取り上げられるフレームワーク思考で、論理的思考法における基本の 1 つです。ビジネスに限らず、ものごとを整理する際に、ヌケモレやダブリといった問題をなくし、正確な判断をするために用いられます。

4Mを「仕様」と「管理」で整理する理由

衛生管理された商品

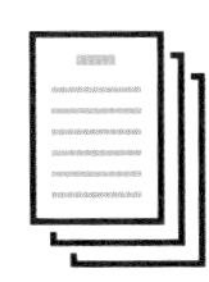

4M の視点で品質変動する可能性

設計品質（ねらいの品質）

「仕様」が適切か？

製造品質（できばえの品質）

「管理」ができているか？

※いずれも著者作成

ることもできます。

　また、こうした視点や分析の知識を持ち、日々の変化にも常に意識を向けることは、品質管理体制の強化だけでなく、消費者からの信頼獲得に大きく寄与することにもつながります。

3Hと4Mを組み合わせて考える

人間が作業を行う際、「初めて（Hajimete）」「変更（Henkou）」「久しぶり（Hisashiburi）」というタイミングでミスや失敗が起きやすくなります。この「3H」と4Mを組み合わせることで、原因究明と対策の検討に有効です。

3Hによる管理でミスを未然に防ぐ

近年、食品関連の事故やトラブルが発生すると、その影響が大きく広がる傾向にあります。そのため、事故やトラブルの未然防止対策が一層重要になっています。その対策の1つとして、品質管理のフレームワークである「3H」があります。

3Hとは「初めて（Hajimete）」「変更（Henkou）」「久しぶり（Hisashiburi）」の頭文字を取った言葉で、この3Hの作業の際にミスや失敗が起きやすい傾向にあります。具体的には、「初めて＝初めて行う作業」「変更＝手順や方法が変更された作業」「久しぶり＝久しぶりに行う作業」というタイミングでミスや失敗が発生しやすいということです。そこで、この3Hのタイミングでミスや失敗を未然に防ぐために、適正な管理を行うしくみを作ります。

また、事故やトラブルの発生時にはその原因をしっかりと追究し、再発防止策を講じることが求められます。その際、3Hの視点から原因を探ることで、根本的な原因を見つけやすくなります。

3H
人間が作業を行う際、ミスや失敗を起こしやすい状況を完結にまとめた言葉で、安全作業の標語に使われる。また、そのタイミングに着目したヒューマンエラー対策の進め方のことも指す。

3Hを4M変化点管理と組み合わせる

この3H の視点を4M変化点管理と組み合わせることで、事故やトラブルの発生リスクを低減させることができます。3Hは変化するタイミング、4Mは変化する要素で、両方を組み合わせたマトリクスを作成することで、的確な変化点管理を行うことができるのです。

変化点管理を行う際には、「変化点」と「異常」を意識することが大切です。たとえば4Mの要素に何か変化が生じた場合、つまり作業時にいつもと違うこと、いつもと変わったことがあった場合を変化点といいますが、その際に、明らかに普通とは違って

「変化点」と「異常」を認識する重要性

変化点
製造工程において
何かを変化させたとき
・いつもと違うこと
・いつもと変わったこと

異常
・明らかに普通とは
違っていること
・誰もが正常ではない
と思うこと

変化点は異常を起こすきっかけとなる
→目に見えている異常だけでなく、そのきっかけとなる
変化点にもリスクが含まれることを認識する

フレームワーク「3H」とは？

3H

初めて　Hajimete
変更　Henkou
久しぶり　Hisashiburi

3Hのタイミングで
ミスや失敗を防ぐために
それぞれ的確な管理をすること

品質の「バラつき」「低下」が高い確率で発生する
変化点管理の重要ポイント

3Hを4Mと組み合わせる

	初めて	変更	久しぶり
人 (Man)	新人	配置転換	職場復帰
設備 (Machine)	新規導入	修理・仕様変更	遊休設備の再稼働
原材料 (Material)	新規の原材料	原材料メーカー変更	1年ぶりの原材料
方法 (Method)	導入したての製法	改良した製法の導入	1年ぶりの作業

出典：いずれも各種資料をもとに著者作成

3Hの視点は、事故やトラブルを未然に防ぎ、業務改善を推進する重要なツールとなります。組織全体で4M変化点管理と3Hの視点を共有し、日々の業務に取り入れることが重要です。

いる、あるいは誰もが正常ではないと思えるような、作業の精度や品質にバラつきや低下といった変化が見られれば、それは異常です。異常があると、ミスや失敗、品質の不具合が発生しやすくなるため、変化点とそれによって生じる異常をしっかりと認識することが重要です。

　また、3Hの場面では、作業の精度や品質にバラつきや低下の発生する確率が高いため、3Hのタイミングで、それぞれのケースに応じた適切な対策を講じることが求められます。

一般衛生管理プログラムを4Mと「仕様」「管理」で整理する

一般衛生管理プログラムには、製造環境全般の衛生管理に関して多岐にわたる内容が含まれます。4Mの視点と、計画段階（仕様）と運用段階（管理）という2つの軸を用いて整理することで、必要な管理内容が見えてきます。

一般衛生管理プログラムは国際規格がベース

一般衛生管理プログラムは、食品の製造・加工において、衛生的な環境を維持するための基本的な取り組みで、HACCPの基盤となる存在です（5-06参照）。適切に実施することでHACCPの導入がスムーズに進み、企業や従業員の負担が軽減されます。

一般衛生管理プログラムの内容は、コーデックス「食品衛生の一般原則」をベースに、食品衛生法に基づく管理運営基準や施設基準が定められています（5-02、5-03参照）。その他、国際的な規格や基準としてISO/TS 22002-1（5-04参照）や米国のcGMP（5-05参照）が活用される場合もあります。

4Mと「仕様」「管理」を活用して整理する

一般衛生管理プログラムは広範な内容をカバーし、品質や生産性にも関連します。そのため、理解が不足すると偏りが生じたり、不十分な衛生管理につながって、事故やトラブルが起こるリスクがあります。そこで、一般衛生管理プログラムを4Mの視点で整理し、「仕様」と「管理」の2つの軸で分類することが有効です（6-02参照）。たとえば、次のように整理できます。

作業者の異動や新規採用があった場合（例1）：「人」×「管理」である衛生教育・研修の徹底が重要です。

原材料が変更された場合（例2）：「原材料」×「仕様」である選定基準、「原材料」×「管理」である受入検査の見直しが必要です。

このように、4Mの視点と「仕様」「管理」を用いて一般衛生管理プログラムを整理することで、食品の製造・加工における衛生管理が、ヌケモレもなく、ダブりもなく、より効果的かつ効率的に行うことができます。

ヌケモレもなく、ダブりもなく
フレームワーク思考法の「MECE」の考え方（6-02参照）。

一般衛生管理プログラムを4Mと「仕様」「管理」で整理する

	仕様（計画段階）	管理（運用段階）
人 (Man)	素養を有すること：食品衛生についての基本的な知識や理解、職務に必要な技能や能力を指す。衛生管理の基本的な理論や実践的な技能、食品安全に対する意識などが含まれる。 指定の身だしなみ：衛生的な服装や装備を意味する。清潔な作業服、必要に応じて適切なヘアネット、手袋やマスクなどの装着が含まれる。	体調や携行品の管理：健康状態の確認や、製造現場への持ち込み品の管理を指す。病原体や異物などの持ち込みを防ぐために重要。 教育やOJT：定期的な衛生教育や技能研修、現場での実践的な教育（OJT）を実施し、スキルや知識を向上させる。
設備 (Machine)	指定の材質や構造：食品衛生に適した材質や構造を持つ設備を指す。容易に清掃できる、錆びない、劣化しにくいなどの特性が求められる。 指定の配置・位置：設備の配置は、汚染の防止、効率的な作業のために適切に配置されていることを意味する。	清潔さを保つ活動：定期的な清掃や保守活動を行い、設備の清潔さを保つ。清掃スケジュールの作成や記録の管理なども含まれる。 予防保全活動：設備の故障や劣化を早期に発見し、未然に対応する活動を指す。
原材料 (Material)	食材の適法性の確保：食材が法律や規制に従って取り扱われ、供給されることを確認する。微生物規格や残留農薬基準などを遵守することが含まれる。 安全性を満たす食材：異物がないかなど、原材料が食品安全上の要件に適合し、消費者にとって安全であることを確保する。供給元の選定や検査、品質管理などが重要。	TT管理（温度・時間管理）：原材料や製品の品質を維持するために、適切な温度での保管や加工が重要。温度と時間を適切に管理し、腐敗や劣化のリスクを低減する。
方法 (Method)	法令や規定：食品衛生法や関連法令、企業内規定などに従った作業方法を指す。これには、衛生管理の基本原則や作業手順、検査方法などが含まれる。 ルールを明文化した手順書類：作業手順や衛生管理方法を明確に記載した衛生標準作業手順書（SSOP）などを作成し、従業員が理解しやすく、適切に実施できるようにする。	定期的な監査・評価：作業や記録を定期的に監査し、その結果を評価する。これは、適切な手順が実行されているか確認し、問題点や改善の機会を明らかにするために重要。 改善活動：監査や評価に基づき、改善活動を計画・実施する。また、改善結果や問題点を全員で共有し、ルールの見直しや再発防止につなげる。

出典：各種資料をもとに著者作成

フレームワーク思考で衛生管理を強化する④

食品衛生の一般原則を4Mと「仕様」「管理」で整理する

コーデックス「食品衛生の一般原則」の第1章には、一般衛生管理プログラムと同様の機能を持つ適正衛生規範（GHP）が規定されています。4Mの視点と「仕様」「管理」を用いることで、その概要と特徴が把握できます。

基礎的な衛生管理に関わる適正衛生規範（GHP）

コーデックス「食品衛生の一般原則」は、それまで1～10のセクションとHACCPに関する付属文書という構成でしたが、2020年改訂版では「第1章：適正衛生規範（GHP）」と「第2章：HACCPシステム」という形に再構成されました（**5-01**参照）。

第1章のGHPは、HACCPを実施する前提となる基礎的な衛生管理事項を規定したもので、「安全で適切な食品提供のために、フードチェーン内の全ステップで適用される基本的な手段と条件」と定義づけられています。

4Mの視点から見えるGHPの特徴

このGHPを4Mの視点で整理し、「仕様」と「管理」の2つの軸を用いて分類することで、特徴的な点が見えてきます。

①一次生産（SECTION2）：一次生産、いわゆる食品原材料の適切な「仕様」と「管理」が強調されています。また、食品原材料として重要な水についても、セクション7の7.3で言及されています。

②トレーニング及び能力（SECTION 4）：教育と能力が重要視され、また「4.4再トレーニング」では、定期的にトレーニングプログラム自体を見直すことが求められています。

③従事者の個人衛生（SECTION 6）：従事者以外の部外者に対する要件も、「6.5施設外からの訪問者及びその他の者」として明示されています。

④食品の取り扱いの管理（SECTION 7）：製品及びプロセスの設計について説明が求められる一方、モニタリング、是正措置（改善措置）、検証といった改善手法も重要視されています。また、

モニタリング
コーデックスにおいては、管理手段が管理下にあるかどうかを評価するために、計画された一連の観察、または管理パラメータの測定を実施する行為を指す（付章：食品衛生管理とHACCPに関する用語集参照）。

是正措置
コーデックスにおいては、管理を再確立し、影響を受ける製品の処分を分離、決定し、逸脱の再発を防止、または最小限にするように、逸脱が発生した際に取られるあらゆる措置を指す（付章：食品衛生管理とHACCPに関する用語集参照）。

コーデックス「食品衛生の一般原則」を4Mと「仕様」「管理」で整理する

	仕様（計画段階）	管理（運用段階）
人 (Man)	SECTION6:従業員の個人衛生 6.3 人の清潔さ 6.4 人の品行 6.5 施設外からの訪問者及びその他の者	SECTION4:トレーニング及び能力 4.1 意識及び責任 4.2 トレーニングプログラム 4.3 指導と監督 4.4 再トレーニング SECTION6:従事者の個人衛生 6.1 健康状態 6.2 病気及び傷害
設備 (Machine)	SECTION3: 施設ー設備及び装置のデザイン 3.1 立地及び構造 3.2 設備 3.3 機器	SECTION5: 施設ーメンテナンス、洗浄消毒 及びペストコントロール 5.1 メンテナンスと清掃 5.2 害虫管理システム 5.3 廃棄物管理
原材料 (Material)	SECTION2: 一次生産 2.1 環境管理 2.2 衛生的な生産 2.3 取り扱い、保管、輸送	SECTION7:食品の取り扱いの管理 7.3 水
方法 (Method)	SECTION7:食品の取り扱いの管理 7.1 製品及びプロセスの説明 7.2 GHPの重要な側面 7.2.3 微生物的、物理的、化学的、及びアレルゲンの基準 7.4 文書及び記録 7.5 リコール手順-安全でない食品の市場からの撤去 SECTION8:製品情報及び消費者の意識 8.1 ロットの識別及びトレーサビリティ 8.2 製品情報 8.3 製品表示	SECTION7:食品の取り扱いの管理 7.1 製品及びプロセスの説明 7.1.3 GHPの有効性の検討 7.1.4 モニタリング及び是正処置 7.1.5 検証 7.2 GHPの重要な側面 7.2.1 時間及び温度の管理 SECTION9:輸送 9.3 使用及びメンテナンス

出典：各種資料をもとに著者作成
※この分類はあくまで法令や基準を理解するためのものであり、必ずしも法令や基準すべてを網羅しているものではありません。

食品安全に関する取り組みは進化し続けており、コーデックス「食品衛生の一般原則」は食品業界にとって重要な指針となっています。それを4Mの視点と「仕様」「管理」の2つの軸で捉えることで理解が進み、具体的な取り組みに反映することができます。

アレルゲンの管理やリコール手順の策定も求められています。

ただし、GHPのすべてのSECTIONについて4Mの視点で分類できるわけではありません。たとえば「SECTION1：イントロ及び食品」などは、総合的な観点で理解する必要があります。

フレームワーク思考で衛生管理を強化する⑤

ISO/TS 22002-1を4Mと「仕様」「管理」で整理する

食品製造に適用される前提条件プログラム（PRP）の国際規格ISO/TS 22002-1は18章構成で、規定されている要求事項の数も多いため、複雑な体系に見えますが、整理してみるとその特徴を理解することができます。

国際標準化された一般衛生管理プログラム

国際標準化機構（ISO）が制定しているISO 22000規格は、食品安全に関わる企業や組織が、国際的に認知された基準に沿って食品安全マネジメントシステムを構築し、維持し、改善するための指針となっています（**1-07**参照）。これにより、企業は食品安全リスクを最小限に抑えることができ、顧客や取引先からの信頼を得られるとともに、法規制への遵守も確保できます。

食品製造業者をはじめ、一次生産者や輸送・保管業者、包装材料・添加物の製造業者など、フードチェーン全体に対応するために、ISOでは分野ごとに適用される前提条件プログラム（PRP）が設定されています。このうち、食品製造に適用される技術仕様書ISO/TS 22002-1は、ISO 22000規格と連携しながら、独自の要求事項を設けています（**5-04**参照）。

ISO/TS 22002-1は18章構成で、4～18章の15項目が要求事項です。そのうちの4～13章までの内容はISO 22000の8.2.4項にも記載されていますが、14～18章は新たに追加されたISO/TS 22002-1独自の内容となっています。

4Mの視点から見えるISO/TS 22002-1の特徴

手直し品
リワーク品、再生品ともいう。ISOでは手直しを「要求事項に適合させるために行う処置」としており、不良品や不合格品に何らかの手を加えて合格品に直すことを意味する。

このISO/TS 22002-1も4Mの視点で整理し、「仕様」と「管理」の2つの軸で分類することで、特徴的な点を明らかにできます。

たとえば「4章：建物の構造と配置」や「5章：施設及び作業区域の配置」、「6章：ユーティリティー空気、水、エネルギー」などの項目では、「仕様」と「管理」が一体となった取り組みが求められています。

また、「14章：手直し」の項目では、製品安全、品質、トレー

ISO/TS 22002-1を4Mと「仕様」「管理」で整理する

<table>
<tr><th></th><th>仕様（計画段階）</th><th>管理（運用段階）</th></tr>
<tr><td>人
(Man)</td><td>13 要員の衛生及び従業員のための施設
13.2 要員の衛生の設備及び便所
13.3 社員食堂及び飲食場所の指定
13.4 作業着及び保護着
13.7 人の清潔度
13.8 人の行動</td><td>13 要員の衛生及び従業員のための施設
13.5 健康状態
13.6 疾病及び傷害</td></tr>
<tr><td rowspan="2">設備
(Machine)</td><td colspan="2">4 建物の構造と配置
6 ユーティリティ―空気、水、エネルギー
6.3 ボイラー用化学薬剤
6.4 空気の質及び換気
6.5 圧縮空気及び他のガス類
6.6 照明
7 廃棄物処理
7.2 廃棄物及び食用に適さない、または危険な物質の容器
7.3 廃棄物管理及び撤去（建物の仕様とともに状態を維持するよう管理面も記載）</td></tr>
<tr><td>5 施設及び作業区域の配置
5.2 内部の設計、配置及び動線
5.3 内部構造及び備品
5.4 装置の配置
7 廃棄物処理
7.4 排水管及び排水
8 装置の適切性、清掃・洗浄及び保守
8.2 衛生的な設計
8.3 製品接触面
8.4 温度管理及びモニタリング装置</td><td>8 装置の適切性、清掃・洗浄及び保守
8.4 温度管理及びモニタリング装置
8.5 清掃・洗浄プラント、器具及び装置
8.6 予防及び是正保守</td></tr>
<tr><td rowspan="2">原材料
(Material)</td><td colspan="2">5 施設及び作業区域の配置
5.7 食品、包装資材、材料及び非食用化学物質の保管（保管場所の仕様とともに保管管理も記載）</td></tr>
<tr><td>6 ユーティリティ―空気、水、エネルギー
6.2 水の供給</td><td>9 購入材料の管理（マネジメント）
9.2 供給者の選定及び管理
9.3 受入材料の要求事項（原料/材料/包装資材）</td></tr>
<tr><td rowspan="2">方法
(Method)</td><td colspan="2">10 交差汚染の予防手段
10.2 微生物学的交差汚染
10.3 アレルゲンの管理
10.4 物理的汚染（仕様とともに状態を維持するよう管理面も記載）</td></tr>
<tr><td>11 清掃・洗浄及び殺菌・消毒
11.1 一般要求事項
15 製品のリコール手順</td><td>11 清掃・洗浄及び殺菌・消毒
11.2 清掃・洗浄及び殺菌・消毒のための薬剤及び道具
11.3 清掃・洗浄及び殺菌・消毒プログラム
11.4 CIPシステム
11.5 サニテーションの有効性のモニタリング
12 有害生物〔そ（鼠）族、昆虫等〕の防除
14 手直し
18 食品防御、バイオビジランス及びバイオテロリズム
18.1 一般要求事項
18.2 アクセス管理</td></tr>
</table>

出典：各種資料をもとに著者作成
※この分類はあくまで法令や基準を理解するためのものであり、必ずしも法令や基準すべてを網羅しているものではありません。

サビリティ、法令遵守が維持できる方法で手直し品を保管・使用することが求められており、これはISO/TS 22002-1独特の要求事項です。さらに、「18章：食品防御、バイオビジランス及びバイオテロリズム」の項目でも、潜在的なハザードに対する予防手段やアクセス管理が求められています。

Chapter6
07

現行適正製造規範(cGMP)を4Mと「仕様」「管理」で整理する

適正製造規範(GMP)は一般衛生管理プログラムとも関係の深い規則とシステムですが、米国の現行適正製造規範(cGMP)を4Mの視点と「仕様」「管理」で分類してみると、米国の食品安全に対する考え方が見えてきます。

法的な強制力を持つ現行適正製造規範(cGMP)

一般衛生管理プログラムにも含まれる適正製造規範(GMP)は、製品の安全性と一定の品質を保証するための規則とシステムです。米国では、21 CFR 117サブパートBの現行適正製造規範(cGMP)が法的な強制力を持ち(**5-05**参照)、一般衛生管理プログラムや前提条件プログラム(PRP)と並んで、食品安全管理において重要な役割を果たしています。一例ですが、食品の製造に用いる水の配管は汚水が逆流しないことや、従業員は適格者(QI)として訓練を受け、食品汚染やアレルゲン交差接触予防などに従事することが義務付けられています。

米国の食品安全は「管理」を重視している

cGMPを4Mの視点から整理し、「仕様」と「管理」の2つの軸で分類してみると、人や原材料に関する「仕様」はほとんど見られません。このことから、cGMPでは全体的に「管理」による衛生レベルの達成を重要視していることがわかります。その理由として、「仕様」を決めることでさまざまな管理レベルの事業者に負担が生じる可能性があり、それを回避していると推察できます。

また、cGMPには「欠陥対策レベル」という考え方が示されています。これは、cGMPにのっとって製造された食品にも、自然由来や不可避の欠陥が含まれる場合があり、それらが低レベルであればヒトの健康に重大な影響を与えないとして、食品中における欠陥の最大許容値が定められていることを意味します。

また、同じように改めて21 CFR 117全体を整理して見てみると、予防的な視点とともに、管理による食品安全の強化が図られていることが理解できます。

欠陥対策レベル
Defect action level。DALsと略す。欠陥取締り基準ともいう。虫の混入や原料由来の不可避な欠陥に関して、米国食品医薬品局(FDA)がヒトの健康に重大な影響を与えないレベルを定めた基準。

最大許容値
具体的な基準はFDA「欠陥レベルハンドブック(Defect Levels Handbook)」に定められている。

現行適正製造基範（cGMP）を4Mと「仕様」「管理」で整理する

	仕様（計画段階）	管理（運用段階）
人（Man）		A. 人員（21 CFR 117.10） 疾病管理 清潔
設備（Machine）	B. 工場と敷地（21 CFR 117.20） 敷地 工場の構造と設計 D. 衛生的な施設と管理（21 CFR 117.37） 給水設備 配管 下水処理 トイレ設備 手洗い施設 ごみと屑肉の廃棄	C. 衛生管理オペレーション」（21 CFR 117.35） 有害生物管理 食品接触面の消毒 食品が接触しない表面の衛生 洗浄消毒された可搬式機器と器具の保管と取り扱い
	E. 装置及び器具（21 CFR 117.40）	
原材料（Material）		F. 製造工程及び管理（21 CFR 117.80） 原材料及びその他の成分
方法（Method）	H. 欠陥対策レベル（21 CFR 117.110）	C. 衛生管理オペレーション（21 CFR 117.35） 保守全般 F. 製造工程及び管理（21 CFR 117.80） 18.1 一般要求事項 製造作業

※この分類はあくまで法令や基準を理解するためのものであり、必ずしも法令や基準すべてを網羅しているものではありません。

米国食品医薬品局（FDA）が示す食品の欠陥の最大許容値例

粉胡椒
50g あたり
平均 475 個以上の
虫のかけら

小麦粉
50g あたり
平均 75 個以上の
虫のかけら

桃の缶詰（冷凍）
平均 3%以上の
果実が虫食い、または
カビが生えている

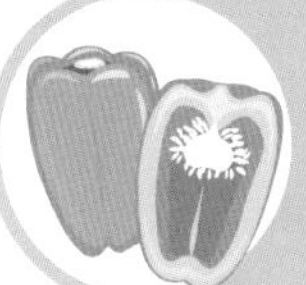

ピーマン
平均 20%以上に
カビが生えている

出典：いずれも各種資料をもとに著者作成

米国の規則「ヒト向け食品に関する現行適正製造規範ならびに危害分析及びリスクに応じた予防管理」（21 CFR 117）を通して、予防型の食品安全管理の情報を得ることができます。

COLUMN 6

食品安全の強化に役立つ フレームワーク思考

課題や対策を論理的に導き出す思考法

ビジネスの現場では、問題解決の一助となる手法としてフレームワークを利用したフレームワーク思考が活用されています。課題に対する考え方やアプローチを体系化したもので、誰でも利用可能な形にまとめられています。これを適切に使いこなすことで、課題の所在や必要な対策を論理的に導き出すことができます。

フレームワーク思考は、食品安全に対する取り組みを見直すのに効果的です。具体的には、「4M」（人、設備、原材料、方法）を用いて製造現場の改善点を洗い出したり（**6-01**参照）、「3C」（市場・顧客、競合、自社）で業界を分析したりします（**10-09**参照）。「7S」（戦略、組織構造、システム、スタッフ、スキル、スタイル、共有価値）を活用すれば、組織全体の視点で食品安全への取り組みを再評価できますし（**10-08**参照）、政治、経済、社会、技術の視点から分析する手法の「PEST分析」（P.196）を使えば、食品安全に影響を及ぼす可能性のある外部環境の変化を予測し、戦略を策定するのに役立てることができます。

フレームワーク思考でHACCPを体系的に理解する

フレームワーク思考を身に付けることで、3つのメリットがあります。

①ロジカルな伝達：物事を適切に整理し、ロジカルに伝えるスキルが向上します。

②迅速な意思決定：意思決定のスピードや効率性が格段に向上します。

③高精度の分析・検証：フレームワーク思考で情報を整理することで、分析・検証の精度が高まり、問題解決や状況把握が容易になります。

食品衛生管理ではHACCPが重要な位置を占めています。しかし、導入には専門的な知識を要し、それ自体が課題となっている事業者も少なくありません。そこでフレームワーク思考が効果を発揮します。フレームワーク思考を用いてHACCPの考え方や進め方を体系的に捉えることで、HACCPの理解と適用を容易に進めることができます。

第7章

HACCPの概要と具体的な構築ポイント

HACCPは、食品製造の各工程で予測できるハザードを分析し、特に重要な工程でそのハザードを除去・低減させるための衛生管理手法です。HACCPを導入する際には、コーデックス委員会（CAC）が実施手順として示した「7原則12手順」に沿って進めていきます。この章では、7原則12手順の概要やポイントについて解説します。

Chapter7 01

米国の宇宙開発から始まった衛生管理手法

HACCPの歴史とその意義

国際的な食品衛生管理の基準として、米国をはじめとする多くの国で導入されているHACCP。食品の安全性を確保するというHACCPの考え方は、1960年代に米国で行われていた宇宙開発計画がきっかけで誕生しました。

HACCPの誕生とこれまでの流れ

HACCPは、食品製造工程におけるハザードを特定・管理し、食品安全性を向上させるためのシステムです（**4-01**参照）。1960年代に、米国航空宇宙局（NASA）の宇宙開発計画において食品の微生物汚染を認識し、食品製造工程のハザードの検討を行いました。これがHACCP的な考え方の基礎となりました。

宇宙開発計画
有人宇宙飛行を目指していた米国は、1958年にNASAを設立。宇宙飛行士の食事（宇宙食）の安全性を確保するためにHACCPを考案。故障モード影響解析(FMEA)手法を用いて、ハザードの検討を行ったのが始まりとされている。

1971年に米国で発生した缶詰による連続的な食中毒事故を受け、米国食品医薬品局（FDA）は監査員向けのHACCPシステムを学ぶ集中コースを開設します。ここで「HACCP」という言葉が誕生し、食品産業に大きな影響を与えました。

その後、1993年に国際連合食糧農業機関（FAO）と世界保健機関（WHO）が設立したコーデックス委員会（CAC）によって提示されたことで、食品安全の管理方法として世界的に利用されるようになりました。

日本では、1995年に食品衛生法の総合衛生管理製造過程にHACCPを組み込んだ承認制度（通称：マル総）を作りましたが、対象品目が限定的であり、またその利用は事業者ごとに任意でした。2014年に「食品等事業者が実施すべき管理運営基準に関する指針（ガイドライン)」が改正され、「従来型基準」に加えて「HACCP導入型基準」が示されました。そして、2018年に食品衛生法が改正された際に、「HACCPに沿った衛生管理」が制度化され、2021年6月1日に完全施行されるに至りました。

HACCPの目的とその意義

HACCPは、科学的根拠に基づいてハザードを予防的に管理する手法といえます。HACCPに取り組むことで、食品の安全性が

HACCPと従来の衛生管理の違い

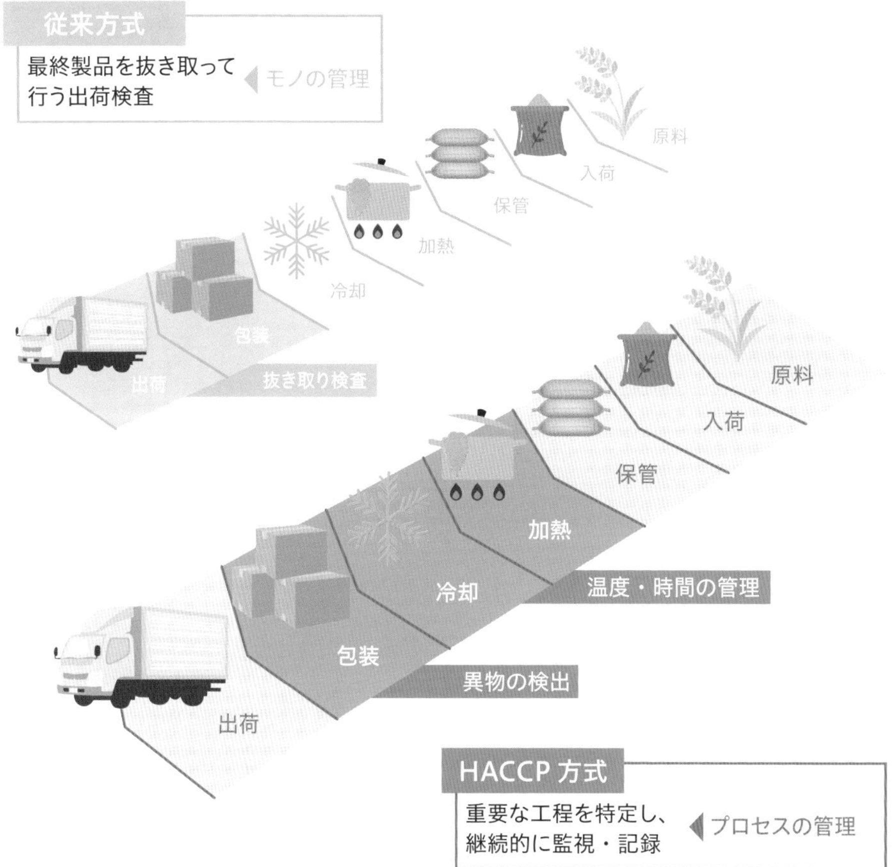

出典：厚生労働省「図表8-11-1 HACCP方式と従来方式との違い」
（https://www.mhlw.go.jp/wp/hakusyo/kousei/17/backdata/02-08-11-01.html）をもとに作成

向上するだけでなく、経営資源の有効活用、クレームの減少、行政による効果的・効率的な監視指導、国際的な信頼性の向上などが期待されます。

HACCPシステムを有効に利用し続けるためには、モニタリング（7-11参照）、改善措置の実施(7-12参照)、定期的なシステムレベルの検証（7-13参照）、記録付けとその管理（7-14参照）を実施し、継続的改善を行うことが欠かせません。HACCPシステムの理解と実践は、食品の安全性を確保し、業務効率を向上させる上で非常に重要なことなのです。

Chapter7
02

小規模な営業者への弾力的な運用

原則として、すべての食品等事業者はHACCPに沿った衛生管理が求められますが、HACCPの導入に際しては、食品の製造・加工に直接従事する人員(食品取扱者)の人数と業態によって、2つのレベルの取り組み方があります。

HACCPに沿った2つのレベルの衛生管理

2021年6月の制度化により、原則として、すべての食品等事業者はHACCPに沿った衛生管理を求められるようになりました。具体的には、食品取扱者の人数と業態により、「食品衛生上の危害の発生を防止するために重要な工程を管理するための取組(**HACCPに基づく衛生管理**)」と、「取り扱う食品の特性等に応じた取組（**HACCPの考え方を取り入れた衛生管理**)」という2つのレベルに分けられています。

このうち、「HACCPの考え方を取り入れた衛生管理」のアプローチは国際的に認められている衛生管理方法で、日本独自のものではありません。特に、この方法に取り組む「**小規模及び/または発展途上の事業者（SLDBs)**」に対して、HACCPの原則を適用する際の**障害**を克服するために提唱されています。SLDBsがHACCPを適用する際に、経営資源（ヒト・モノ・カネなど）の限界やオペレーションの性質（施設、工程などの実際上の制限）を考慮に入れ、適切な弾力性を持つことを重視しています。また、これらの「小規模な営業者等」が専門的な助言を適切に得られるように、業界団体、独立した専門家、規制当局による支援が推奨されています。これらのアプローチは、厚生労働省が業界団体に働きかけている手引書の開発にも反映されており、この手引書はコーデックス委員会（CAC）が推奨する国際的なアプローチに基づいています。

HACCPに基づく衛生管理
対象は「大規模事業者」「と畜場（と畜場設置者、と畜場管理者、と畜業者)」「食鳥処理場（食鳥処理業者)」(認定小規模食鳥処理業者を除く)。

HACCPの考え方を取り入れた衛生管理
対象は「小規模な営業者等」。なお、この小規模な営業者等に関しては詳細な設定がある（次ページの図を参照)。

小規模及び/または発展途上の事業者(SLDBs)
SLDBsはSmall and/or Less Developed Businessesの略称。

障害
専従者や設備投資の不足など、HACCPを取り入れる際に妨げになる要因のこと。

小規模な営業者がHACCPを運用する際のポイント

小規模な営業者は、HACCPの適用に際して障害が存在する場合があります。そのため、HACCPの考え方を運用する際には、ビジ

HACCP制度化の概要

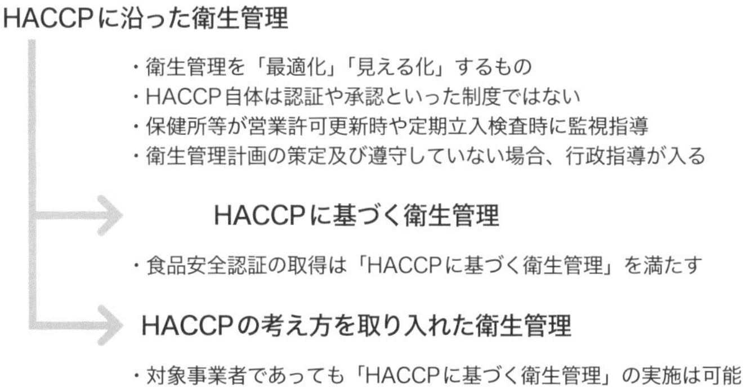

HACCPに沿った衛生管理

- 衛生管理を「最適化」「見える化」するもの
- HACCP自体は認証や承認といった制度ではない
- 保健所等が営業許可更新時や定期立入検査時に監視指導
- 衛生管理計画の策定及び遵守していない場合、行政指導が入る

→ HACCPに基づく衛生管理

- 食品安全認証の取得は「HACCPに基づく衛生管理」を満たす

→ HACCPの考え方を取り入れた衛生管理

- 対象事業者であっても「HACCPに基づく衛生管理」の実施は可能

出典：各種資料をもとに著者作成

「HACCPの考え方を取り入れた衛生管理」の対象事業者

- 食品等の取扱いに従事する者の数が50人未満の小規模な製造・加工等の事業場
- 製造・加工した食品の全部又は大部分を併設された店舗において小売販売する営業者
- 飲食店等の食品の調理を行う営業者
- 容器包装に入れられた食品又は包まれた食品のみを貯蔵、運搬、又は販売する営業者
- 食品を分割して容器包装に入れ、又は包んで小売り販売する営業者　など

出典：厚生労働省「HACCP（ハサップ）に沿った衛生管理の制度化に関するQ&A」をもとに作成

小規模な営業者等に求められる「HACCPの考え方を取り入れた衛生管理」

各業界団体が作成する手引書を参考に、簡略化されたアプローチによる衛生管理を行う。

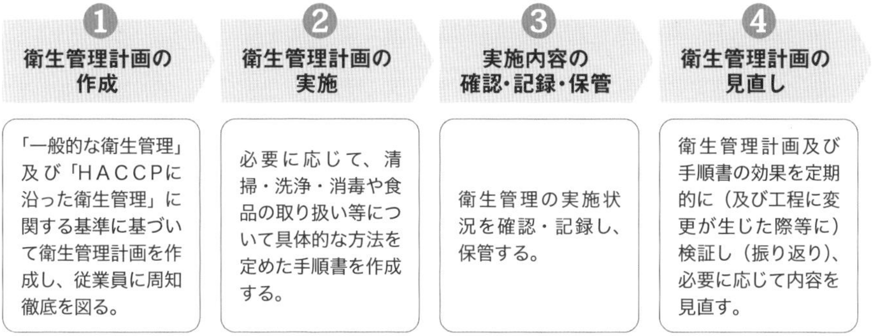

❶ 衛生管理計画の作成	❷ 衛生管理計画の実施	❸ 実施内容の確認・記録・保管	❹ 衛生管理計画の見直し
「一般的な衛生管理」及び「HACCPに沿った衛生管理」に関する基準に基づいて衛生管理計画を作成し、従業員に周知徹底を図る。	必要に応じて、清掃・洗浄・消毒や食品の取り扱い等について具体的な方法を定めた手順書を作成する。	衛生管理の実施状況を確認・記録し、保管する。	衛生管理計画及び手順書の効果を定期的に（及び工程に変更が生じた際等に）検証し（振り返り）、必要に応じて内容を見直す。

出典：リコー「中小企業応援サイト」(https://smb.ricoh.co.jp/column/000833/) をもとに作成

ネスへの弾力性を考慮することが重要です。弾力性とは、ビジネス上の資源、プロセス、知識など、事業の性質と規模を考慮に入れることを指します。厚生労働省や業界団体から提供される手引書などの情報源を活用し、適切な専門的助言を得ることで、企業は規模や業種に応じた柔軟な対応をとることが可能となります。

Chapter7
03

食品の安全性を確保するための体制づくり

HACCPシステムの導入ポイント

HACCPの導入には、「7原則12手順」という具体的な手順があります。これは、安全な食品を製造するための「7原則（手順を含む）」と7原則を進めるための準備となる「5手順」から構成されています。

HACCPシステム適用の指針「7原則12手順」

HACCPシステムは、食品の安全性を向上させるために開発された、科学的で体系的な手法です。導入する際には、コーデックス「食品衛生の一般原則」に基づき、7原則12手順に従って進められます（7原則12手順の詳細については**7-05～7-14**参照）。HACCPシステムでは、ハザード分析を行い、重要管理点（CCP）を決定し、手順8から手順12までの具体的な内容を記したHACCPプランを作成して衛生管理を実施します。

HACCPシステムと食中毒予防3原則の関係

HACCPシステムは、食中毒菌や有害な化学物質などのハザード（危害要因）について、健康に悪影響を及ぼさないレベルに**「減少」または「除去」**することを目的としています。

ところで、HACCPシステムは食中毒予防3原則（「つけない」「増やさない」「殺す」）と密接に関係しています（**3-01**参照）。「減少」は「増やさない」、「除去」は「殺す」にそれぞれ該当するといえます。ハザード分析の結果によりますが、具体的には「殺す」と「増やさない」の一部がHACCP管理、また「つけない」が一般衛生管理プログラムにあたります。

「減少」または「除去」
ハザードについて、健康を損なわないレベルまで確実に下げることで、必ずしも完全にハザードを取り去ることは求められていない。

HACCPシステムを運用する際のポイント

HACCPシステムの適用は、事業の運営状況や能力に応じて柔軟なアプローチが求められます。また、一度作成したHACCPプランも定期的に見直す必要があります。ハザードや管理手段に影響を与える重大な変化や変更がある場合は、いつでも見直しを行うことが重要です。

HACCP導入のための7原則12手順

準備段階	手順1	HACCPチームの編成	対象製品の情報に詳しいメンバーで構成する。外部の専門家や専門書を参考にする。
	手順2	製品説明書の作成	製品の安全性についてまとめたハザード分析の基礎資料で、レシピや仕様書など、内容が十分であれば様式は問わない。
	手順3	意図する用途及び対象となる消費者の確認	用途とは、製品の食べ方（加熱の有無など）、対象とは、製品を食べる対象者のことを指す。
	手順4	製造工程図（フローダイアグラム）の作成	原材料受入から製品出荷までの流れを工程ごとに書き出す。
	手順5	製造工程図（フローダイアグラム）の現場確認	作成したフローダイアグラムについて現場で確認して修正する。
構成要素	手順6（原則1）	ハザード分析の実施	工程ごとに原材料由来や工程中に発生しうるハザードを列挙し、管理手段を特定する。
	手順7（原則2）	重要管理点(CCP)の決定	ハザードを減少・除去すべき、特に重要な工程(管理点）を決定する。
	手順8（原則3）	管理基準(CL)の設定	ハザード分析で特定したCCPを適切に管理するため、妥当性が確認された管理基準を設定する。
	手順9（原則4）	モニタリング方法の設定	CCPが正しく管理されているかをモニタリングするための方法を設定する。
	手順10（原則5）	改善措置の設定	モニタリングの結果、CLが逸脱していたときに取るべき改善措置を設定する。
	手順11（原則6）	検証方法の設定	HACCPプランを検証し、HACCPシステムが意図した通りに機能していることを確認するための検証手順を設定する。
	手順12（原則7）	記録と保存方法の設定	これらの原則及び適用に対して、すべての手順と記録に関する文書を設定する。

出典：厚生労働省「食品製造におけるHACCP入門のための手引書」
（https://www.mhlw.go.jp/file/06-Seisakujouhou-11130500-Shokuhinanzenbu/0000081880.pdf）をもとに作成

HACCPシステムと食中毒予防3原則の関係

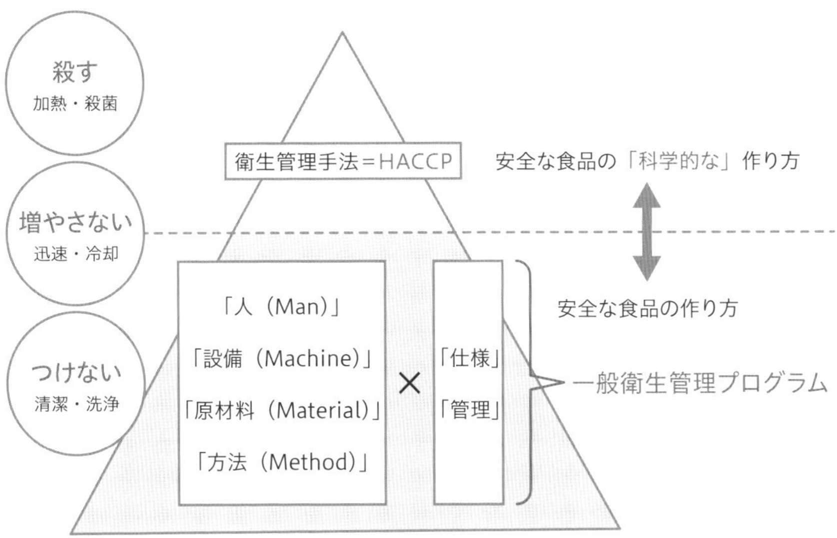

出典：著者作成

HACCP導入①：準備段階

手順0：取り組む品目の決定

仕出しやレストラン、飲食業の施設といった多品目の食品を扱う現場では、多品目をグループピングしてハザード分析を行う対象とすることができます。そこで、まずはグルーピングする対象品目を選定します。

HACCPに取り組むための「手順0」

HACCPの導入に際しては、7原則12手順（一覧は**7-03**参照）に沿って進めていきますが、まず手順1に取りかかる前の段階として、手順0ともいうべき作業の「対象品目の選定」が重要です。

HACCPは当初、単一品目を前提とした管理手法として考えられていました。しかし、多品種少量生産型の食品製造現場や、仕出しやレストランといった**中食**・外食産業では、単一品目の前提では対応が困難なように思われました。取り扱う品目の数に応じて、監視や記録の作業が増えるため、運用することが現実的ではなかったのです。

中食
総菜店やコンビニエンスストア、スーパーマーケットなどで弁当や惣菜を購入したり、飲食店のデリバリーを利用するなどして、家庭外で商業的に調理、加工されたものを購入して食べる形態の食事を指す。

コーデックス「食品衛生の一般原則」では、「類似した特性及び加工ステップを持つ製品をグループ化することが効果的である」と述べています。つまり、多品目をグルーピングし、代表品目を決めてハザード分析を行うことができるということです。

「HACCPは書類作成が煩雑」と誤解されている面がありますが、書類の書式は自由であり、多品目をグルーピングすることで、代表品目を決めてハザード分析を行う手法が適用できます。科学的かつ合理的な根拠があれば、特定のアイテムを代表とした製品群として、プラン類を一括して作成することが可能だからです。そこで、手順0として、グルーピングして対象品目を決めるという作業を行います。

HACCP導入にプロセスアプローチを活用する

リテールや飲食業のサービス施設などにおける調理では、さまざまなタイプの食品が同時並行に処理され、最終的に盛り付けされて完成します。米国食品医薬品局（FDA）は、提供する食品の

リテール
個人の消費者に向けた小売のこと。

プロセスアプローチの考え方：危険温度帯（デンジャーゾーン）の通過回数による分類

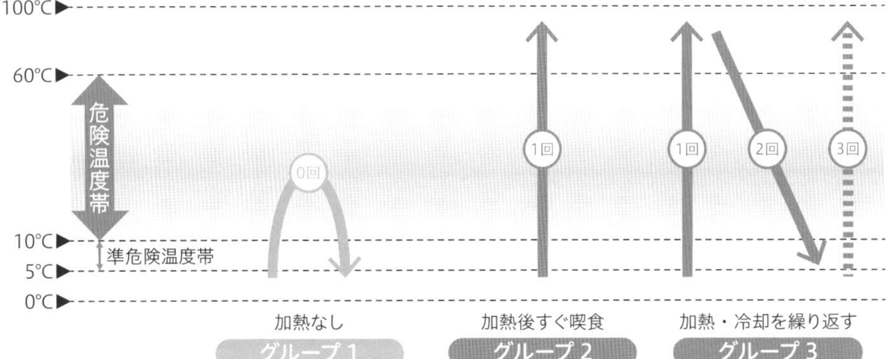

例 サラダ、付け合わせの生のレタス、パセリ、ノリ、薬味のネギなど、加熱工程がないまま提供する食品

例 ステーキ、焼き鳥、餃子、うどんの麺、天ぷらなど、加熱してすぐに提供する食品

例 スープやタレ、ソース、カレーなど、加熱して冷まして提供、または再加熱して提供する食品

出典：厚生労働省「HACCP（ハサップ）の考え方を取り入れた食品衛生管理の手引き［飲食店編］」（https://www.mhlw.go.jp/file/06-Seisakujouhou-11130500-Shokuhinanzenbu/0000158724.pdf）をもとに作成

プロセスアプローチを採用するメリット

簡素化されたHACCPシステム

多品目の食品をグループ化し、それぞれのグループに対してハザード分析を行う。これにより、HACCPシステムの複雑さが軽減され、運用が容易になる。

効果的なリソース活用

類似した食品や調理方法を持つグループに対して、共通のリソース（人材、設備、トレーニングなど）を適用できるため、コストや時間の削減を図ることができる。

柔軟性のある管理体制

新しい食品や調理方法が登場した場合でも、プロセスアプローチにより迅速かつ効果的にHACCPシステムに組み込むことができる。

効果的なリスク管理

プロセスアプローチでは、類似した食品や調理方法に基づくグループごとにハザード分析を行うため、リスク管理が効果的に行われる。

出典：著者作成

流れによって、品目を大きく3つに分類しました（上図のグループ1～グループ3を参照）。それぞれのカテゴリーごとにハザードとそのコントロール方法を考えることにより、効率的・効果的にHACCPを導入する方法を考案したのです。この考え方を「**プロセスアプローチ**」といいます。日本でも、飲食業を中心に、「HACCPの考え方を取り入れた衛生管理」の手法によるHACCPの弾力的な運用が示されています（**7-02**参照）。

プロセスアプローチ
食品の製造段階を、作業内容に基づいてグループに大別し、ハザード分析を行って、グループごとに管理を行うこと。

手順1：HACCPチームの編成

7原則12手順のうち、手順1から手順5までは、7原則を進めるための準備に該当します。手順1では、HACCPシステムを導入する第一歩として、HACCPの運用を推進するHACCPチームを編成します。

衛生管理の組織体制を整える

HACCPシステム導入のスタートとして、組織内にHACCPチームを編成します。大前提として、まずはHACCPシステムを導入するためには、経営者のコミットメントが重要です。

HACCPチームは学際的なチームで、製造、設備メンテナンス、品質管理、購買・調達など、さまざまな活動を担当するメンバーで構成されます。HACCPを運用するためには、原材料・製品の特性、製造・加工工程、機器類、一般衛生管理プログラム、工場内のハザード、法的要求事項などの専門知識が必要になるためです。

コーデックス「食品衛生の一般原則」は、小規模な営業者へのHACCPの弾力的な運用を示しています。仮に、施設内に専門性を持った従業員がいない場合でも、業界団体、監督官庁、HACCP関連文献などの情報源からアドバイスを受けることが望まれます。

経営者のコミットメント
組織の内外に対して、組織のトップマネジメントが具体的に決意を表明し、約束すること。

学際的
もともとは「研究や事業がいくつかの学問分野にまたがること」を意味する。この場合、さまざまな専門性を持つ担当者が組織横断的にチームを形成することをいう。

HACCPチームの役割

HACCPチームは、HACCPシステムの範囲と該当する一般衛生管理プログラムを特定することが求められます。その範囲には、対象となる製品やプロセスを明確に記載する必要があります。また、以下のような役割を担うことが想定されます。

①HACCPプランの作成・見直し

②一般衛生管理プログラムや衛生標準作業手順書（SSOP）の作成・見直し

③従業員の教育訓練

④重要管理点(CCP)のモニタリング結果やSSOPの点検結果、各種計器類の校正などの検証

⑤外部検証への対応（製品検査や監査、クレームの内容確認など）

HACCPチームのメンバーに必要な力量とは？

HACCPシステムについて相当程度の知識を持つと認められる者として修得すべき内容

①	HACCPによる衛生管理の特徴（7原則、従来の衛生管理方法との違い等）を理解し、施設内の従事者に対し、説明する能力を有していること。
②	HACCPチームのメンバー、従事者を訓練する能力を有すること。
③	複数施設のフローダイアグラム、施設の図面、標準作業手順書を作成できること、また、その作成の目的をよく理解していること。
④	ハザード分析に必要な情報を収集し、ハザード分析を行ったうえで、原材料ごと、工程ごとのハザード、その発生の要因及び管理手段を記載した危害要因リストを作成できること。
⑤	④で作成した危害要因リスト中に、省令で示された食品ごとのハザードを含まない場合は、その理由を的確に示し、説明できること。
⑥	④で作成した危害要因リストの管理手段の中から、重要管理点を適切に特定し、その理由について説明できること。
⑦	⑥で特定した重要管理点ごとにハザードの発生を管理できる管理基準、モニタリング方法、改善措置、検証方法及び記録の維持管理方法を適切に設定できること。
⑧	適切に検証を行い、当該結果に基づき、必要に応じ、HACCPプランを修正できること。
⑨	HACCP実施の前提となる一般衛生管理の方法を記載した文書を、適切に作成できること。
⑩	その他、非常事態に対して対応できる能力を有すること。

出典：総合衛生管理製造過程の承認制度に係る「HACCPシステムについて相当程度の知識を持つと認められる者」の要件等について（1997年2月3日付衛食第31号・衛乳第36号の厚生省生活衛生局食品保健課長・乳肉衛生課長連名通知）をもとに作成

1997年に、厚生省（現・厚生労働省）の通達で、「HACCPシステムについて相当程度の知識を持つと認められる者」の要件が示されています。

通達には、HACCPチームのメンバーが持つべき知識について上記のように示されており、3日間程度のHACCP講習会などで知識を身に付けることを推奨していますが、経験や独学で得た知識でも問題はありません。

ONE POINT

HACCPチームは月1回程度、HACCPプランの進捗状況や問題点を共有し、改善策を検討することが理想的です。また、教育・トレーニング・経験を積んで、力量が認められる監査者（たとえば内部監査員やISO審査員資格を有する者など）による定期的な監査や、トップマネジメントや関係部門が出席する会議などでレビューを行うとともに、HACCPプランの更新を実施することが重要です。

手順2と手順3：製品説明書の作成

手順2では、衛生管理を行うにあたり、製品に関する情報をまとめた製品説明書を作成します。そして、手順3では原材料や製品の規格、意図する用途、対象となる消費者や製品の利用方法などを確認します。

ハザード分析にも必要な「製品説明書」を作る

手順2と手順3は「**製品説明書**」を作成する工程です。製品の関連情報を網羅的に記載し、正確かつ詳細な情報を提供することが目的となります。これにより、ハザード分析の精度が向上し、製品の安全性を確保することができます。

製品説明書作成の手順は以下の通りです。

①製品に関する情報を収集する。

②製品説明書に記載が必要な項目をリストアップする。

③項目ごとに、製品の特性や使用方法、対象者などの詳細な情報を記載する。

④製品説明書をわかりやすく整理する（表形式など）。

取引先から提供される原材料や容器包装の仕様書を活用することで、製品説明書の作成をスムーズに進めることができます。また、作成した製品説明書は定期的に見直しを行い、製品の変更や新たな情報がある場合には速やかに更新することが大切です。

製品説明書
消費者や流通業者がその製品の取り扱い方がわかるように、製品に関する説明を記した書類。

手順2：製品説明書の作成

製品説明書に決まった書式はありませんが、製品の詳細な情報を記載することが求められています。この情報には、原材料や製造に用いる**加工助剤**など、物理的・化学的な特性（水分活性、pH、アレルゲンの有無など）、製造方法（加熱、凍結、乾燥など）、包装形態、消費期限や賞味期限、保管条件、配送方法などが含まれます。関連する規格や基準が規定されている場合は、合わせて記載することが重要です。また、類似の特性や加工工程を持つ製品をグループ化することで、効果的にHACCPプランを作成することができます（プロセスアプローチ→P.137）。

加工助剤
食品の加工の際に使用されるが、①完成前に除去されるもの、②その食品に通常含まれる成分に変えられ、かつその量を明らかに増加させるものではないもの、③食品に含まれる量が少なく、その成分による影響を食品に及ぼさないもののこと。たとえば、プロセスチーズ製造時に用いる炭酸水素ナトリウム（重曹）など。

製品説明書の例

製品説明書	
製品名	カステラ

記載事項	内　容
製品の名称及び種類	製品の名称：カステラ 種類：菓子
原材料に関する事項	小麦粉、卵、砂糖（上白糖、ザラメ糖） 水飴、食品製造用水（井水）、脱酸素剤
アレルギー物質	小麦、卵
添加物の名称とその使用基準	なし
容器包装	台紙・トレー：紙 外装：ポリプロピレン 脱酸素剤（酸素と吸着し病原微生物を制御、製品の品質を保つ）
製品の特性	重量：350g Aw：0.9 以下 水分量：28 ～ 32%
製品の規格	〈自社基準〉 一般生菌数：3,000/g 以下 大腸菌群：陰性 黄色ブドウ球菌：陰性
保存方法	直射日光をさけ常温で保存
消費期限又は賞味期限	賞味期限：製造日から 20 日
喫食又は利用の方法	そのまま喫食
対象者	一般の消費者

食品製造用水を使用する場合は、水道水、井水の別も書き込むようにします。

必ず表示が必要なアレルギー物質（特定原材料）。えび、かに、くるみ、小麦、そば、卵、乳、落花生（ピーナッツ）（※くるみは 2025 年 4 月 1 日より完全施行）。

法令等で基準が設定されていない場合は、似たような食品（原材料、製造方法、水分活性、糖度、保存条件等）や同業他社（業界設定）の基準を参考に自社基準を設定しましょう。

消費者への情報として重要な項目です。

出典：厚生労働省「食品製造におけるHACCP入門のための手引書［焼菓子編］」（https://www.mhlw.go.jp/file/06-Seisakujouhou-11130500-Shokuhinanzenbu/0000098999.pdf）をもとに作成

製品の情報を整理するために、原材料や製品の規格、意図する用途、対象となる消費者などを書き出します。形式にとらわれず、製品の情報を整理することが手順 2 と手順 3 の目的です。

手順3：意図する用途及び対象となる消費者の確認

製品がどのような目的で使用されるか、たとえば家庭用、業務用、飲食店向けなどを明記します。また、製品がどのように調理され、消費されるかを記載します。

さらに、乳幼児、妊婦、高齢者、アレルギー患者などのために特別に生産された食品の場合、その旨を明記します。これらの情報を明記することで、食品等事業者は製品に関連するハザードを適切に特定し、リスク管理の取り組みを行うことができます。

Chapter7
07

HACCP導入④：準備段階

手順4と手順5：製造工程図(フローダイアグラム)の作成と現場確認

手順4と手順5は、7原則を進めるための準備段階で最後の工程です。原材料の受入から最終製品の出荷までの工程を製造工程図（フローダイアグラム）にまとめ、実際の作業内容と一致しているかを現場で確認します。

手順4：製造工程図（フローダイアグラム）の作成

製造工程図（フローダイアグラム）
原材料の受入から最終製品の出荷に至るまでの製造工程の流れを図にしたもの。

ハザード分析を行う際には、製造工程図（フローダイアグラム）をもとにして、ハザードによる汚染、増加、または残存の可能性を評価する必要があります。そのため、フローダイアグラムはハザード分析に必要な範囲で、明解で正確、かつ十分な詳細内容であることが求められます。

フローダイアグラムは、原材料の受入から最終製品の出荷までの工程を明確・簡潔・完全に示す形で作成します。ハザードを「つけない」「増やさない」「殺す」という視点で制御するために重要な温度、時間、pHなどの数値を各工程に記載します。

また、フローダイアグラムには、作業の段階や相互の関係、原材料などが用いられる工程、外部委託の工程、リワーク（再加工）や再利用（リサイクル）が行われるか、最終製品や廃棄物の保管などの情報を含める必要があります。

複雑な製造工程の場合、工程を管理単位に分解（モジュール化）して、複数のブロック単位でフローダイアグラムを作成します。類似の製造工程の製品がある場合には、同じフローダイアグラムを適用することができます。

また、製品や廃棄物の移動経路、従業員の作業動線、作業場の空気の流れなどがわかるような、原材料受入から最終製品出荷までの施設平面図があると、次の手順5で活用できます。

施設平面図
衛生管理計画を作成する上で、どのような施設で製造されているかを示す図。ただし、コーデックスにおいては施設平面図の作成を必ずしも求めてはいない。

手順5：フローダイアグラムの現場確認

手順5では、手順4で作成したフローダイアグラムが実際の作業内容と一致しているかを製造現場で確認します。確認作業は、従業員の実際の動きが見える作業中に行うと効果的です。

製造工程図（フローダイアグラム）の作成と製造現場での確認ポイント

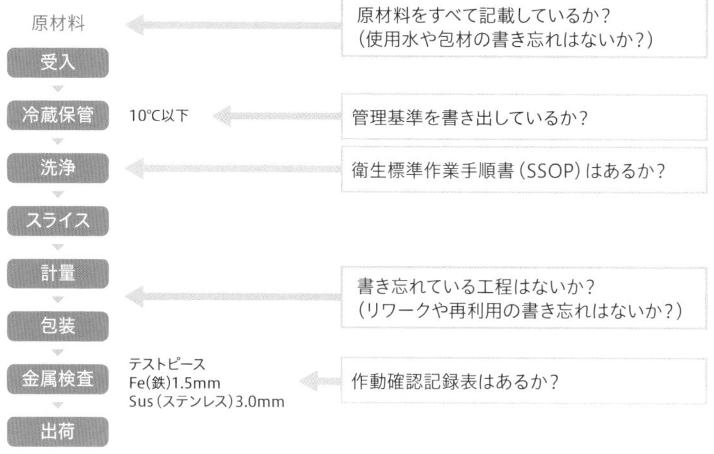

出典：各種資料をもとに著者作成

施設平面図の例

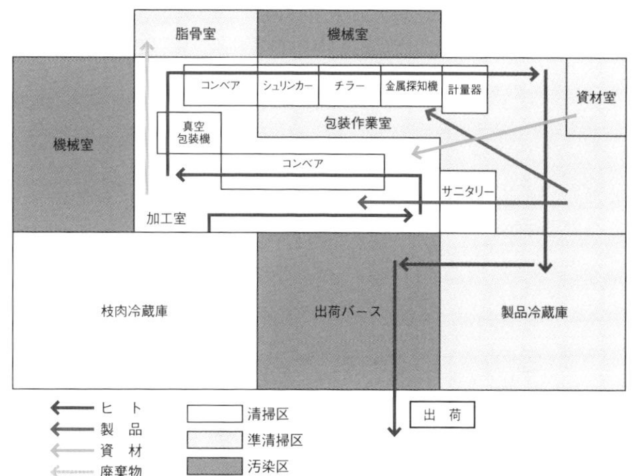

製造現場での確認時に施設平面図があると、手順5を進める際に有効です。

出典：全国食肉事業協同組合連合会「食肉処理業向け HACCPに基づく衛生管理のための手引書」（https://www.ajmic.or.jp/haccp/haccp_tebiki_shori.pdf）より転載

また、フローダイアグラムの確認は、業務に十分な知識を持つ者を中心に行い、確認作業の際にはHACCPチームの他のメンバーも参加することが効果的です。そして、修正が必要な場合は、従業員の聞き取り調査を行い、修正を加えます。

Chapter7
08

HACCP導入⑤：構成要素

手順6（原則1）：ハザード分析の実施

手順1〜5で、原材料の受入から最終製品の出荷に至るまでの過程において、ハザード分析を行う上で必要な準備を行いました。手順6からはHACCP導入に欠かせない7原則にのっとり、HACCPプランを作成していきます。

ハザード分析はHACCPの重要ポイント

HACCPシステムを導入するための7原則12手順のうち、手順1〜手順5は衛生管理のしくみづくりに向けた準備段階にあたり、この手順6からがHACCPの構成要素となる7原則の段階になります。手順6ではハザード分析を行います。

ハザード分析は、原材料や製造工程全体を通じて潜在的なハザードを特定し、そのハザードの重篤性（人の健康に与える影響の程度）と起こりやすさ（ハザードが発生する可能性）を評価することです。科学的な情報やデータに基づいて分析し、**食品衛生法の規格基準**や過去のクレームの情報なども検討に加えます。

食品衛生法の規格基準
一定の安全を確保するための規格基準で、食品一般の「成分規格」「製造、加工及び調理基準」「保存基準」など、幅広く定められている。

ハザード分析を行うことで、全従業員が同じハザードの存在を認識できるため、衛生意識の向上につながります。また、どのハザードに優先的に対応すべきかを明確にすることができる上、問題が発生した場合に迅速な対応を取ることも可能になります。なお、米国で消費される食品についてはハザード分析が必須となっています。

重要管理点（CCP）を決定して管理策を講じる

次に、ハザード分析の結果に基づき、製造工程における重要管理点（CCP）を特定します。CCPの決定にあたっては、その工程がハザードを予防、除去、または許容レベルに低減させるための工程かどうかを考慮することが重要であり、適切な措置を講じることが求められます。これらの措置は、適正衛生規範（GHP）の適用や、工程内における特定の管理手段（例：原材料の受入基準、製品の製造条件、設備の衛生的な設計、製造環境の衛生管理、衛生教育と訓練）の導入など、さまざまな形を取ることができま

カレーの製造工程におけるハザード分析の例

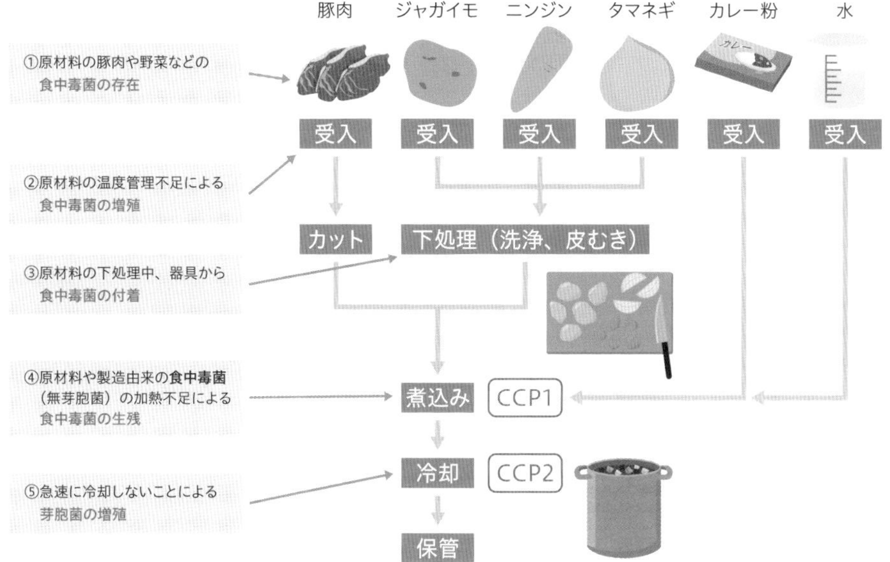

出典：公益社団法人日本食品衛生協会「HACCPプランの例」（https://www.n-shokuei.jp/eisei/haccp_sec06.html）をもとに作成

す。

カレーの製造工程で見るハザード分析の例

実際にハザード分析をどう行うのか、カレーの製造工程で具体例を見ていきます。まず、カレーの製造工程における潜在的なハザードを分析します。

①原材料に食中毒菌が存在する可能性がある。

②原材料の温度管理不足で、食中毒菌が増殖する可能性がある。

③原材料の下処理中、器具から食中毒菌が付着する可能性がある。

④原材料や製造由来の食中毒菌（無芽胞菌）の加熱不足により、食中毒菌が生き残っている可能性がある。

⑤調理後のカレーを急速に冷却しないことにより、芽胞菌が増殖する可能性がある。※香辛料に含まれることのある芽胞菌は、通常の加熱では商業的殺菌はできない。

このように分析ができたら、これらのハザードについて、GHPや衛生標準作業手順書（SSOP）で管理するものか、CCPとして適切に管理するものかを検討します。

HACCP導入⑥：構成要素

手順6（原則1）：ハザード分析の手順

手順6「ハザード分析の実施」は、原材料や製造工程の「どこに」「どんな」ハザードがあるのかを洗い出す作業です。ハザード分析表を作成し、重要なハザードやそれに対する重要管理点（CCP）を明らかにします。

ハザード分析表に基づいてハザード分析を行う

ハザード分析表
手順1で編成したチームにより、手順2～手順5の情報をもとに、各工程の潜在的なハザードを特定し、そのハザードを予防、除去、または許容レベルまで低減する管理方法を洗い出すために作成する表。

手順6のハザード分析は、ハザードの見落としがないように、製品に関わるすべての部署の担当者で行うことが重要です。具体的には**ハザード分析表**を作成しながら進めます。

コーデックス「食品衛生の一般原則」2020年改訂版（**5-01**参照）は、5つの欄のハザード分析表を示しています。記入ポイントは次の通りです。

第1欄「ステップ」：手順4の製造工程図（フローダイアグラム）で示した順に従って、すべての原材料と工程を記入します。

第2欄「このステップで、発生する、管理される、または高まる潜在的なハザードを特定する」：施設または製品に関連する可能性があり、想像できる現実的な（合理的予見可能な）ハザードを記載します。

第3欄「この潜在的なハザードは、HACCPプランで対処する必要があるか？」：そのハザードを予防、除去、または許容レベルまで低減することが必要で、起こりやすさと重篤性の観点から対処が必要な場合は「Yes」、そうでない場合は「No」を記載します。基本的に一般衛生管理プログラムで対応できるものは「No」にします。

第4欄「第3欄の決定を正当化する（判断の根拠）」：どのような理由から、重要なハザードかそうでないかを判断した、その根拠を記載します。判断の根拠を明記することで、分析結果をさまざまな関係者が確認することができます。

第5欄「ハザードを予防、除去、または許容レベルまで低減するために、どのような手段が適用できるか？」：どのような管理手段を行うことで、ハザードを予防、除去、または許容レベルま

コーデックス「食品衛生の一般原則」2020年改訂版に示されたハザード分析表の記載例

●パンの場合

1	2	3		4	5
ステップ	このステップで、発生する、管理される、または高まる潜在的なハザードを特定する B = 生物的 C = 化学的 P = 物理的	この潜在的なハザードは、HACCPプランで対処する必要があるか？（重要なハザードか？）		第3欄の決定を正当化する（判断した根拠を記載する）	ハザードを予防、除去、または許容レベルまで低減するために、どのような手段が適用できるか？
		Yes	No		
焼成	B　病原微生物の残存		○	パンを焼成した後、表面は150℃以上、中心部は98℃に達し、数分以上温度が保たれるため無芽胞菌は死滅する。また、焼成が不十分であれば製品にならないので、容易に目視判断できる。	焼成の条件と細菌の死滅条件を考え合わせると、パンの製造において無芽胞菌は重要なハザードではない。
	C　なし				
	P　金属片の混入		○	金型の破損等により金属片の混入の可能性。	後工程の金属検査で管理できる。
金属検査	B　なし				
	C　なし				
	P　金属片の残存	○		装置の不具合により金属異物が排除されない可能性があるすべての製品を正常に機能する金属検出機を通過させる。	CCP すべての製品を正常に機能する金属検出機を通過させること。

第3欄のYes/Noの判断に際して、そのハザードの「起こりやすさ」「重篤性」のそれぞれを点数化し、重要なハザードかどうかを判定する

＊フレームワーク思考：PIマトリクス（「起こりやすさ/Probability」と「重篤性/Impact」）で考える

発生頻度 起こりやすさ		発生時の重篤度	
5	高い（自社でもよく起こる）	A	高い（致死性あり）
4	やや高い（過去に起きたことがある）	B	やや高い（重症、後遺症あり）
3	低い（他社で起きたことがある）	C	低い（一過性、リコールの可能性）
2	非常に低い（他社でも情報がない）	D	非常に低い（ほとんど傷害がない）
1	ほとんど考えられない	E	傷害は考えられない

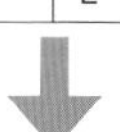

		発生時の重篤度				
		A	B	C	D	E
発生頻度	5	25	24	22	17	15
	4	23	21	19	14	10
	3	20	18	13	9	6
	2	16	12	8	5	3
	1	11	7	4	2	1

ハザード分析の際に、「起こりやすさ」と「重篤性」を数値化して評価する方法があります。これによってリスク（可能性）の見える化ができ、より納得度の高いハザード分析を行うことが可能です。

※赤字のランクは重要なハザード、青字のランクは重要なハザードとして取り扱うか検討が必要

出典：（上図／ハザード分析表）厚生労働省「食品製造におけるHACCPによる衛生管理普及のためのHACCPモデル例【焼き菓子】コッペパン（学校給食用）」をもとに作成／（下図／PIマトリクス）著者作成

で低減できるのか、その具体策を記載し、重要管理点（CCP）とするかも記載します。

Chapter7 10

手順7（原則2）：重要管理点（CCP）の決定

手順7では、手順6のハザード分析で明らかになった重要なハザードについて、HACCPプランで管理する重要管理点（CCP）を設定します。CCPは管理すべき工程を設定することが重要で、設定する数は問題ではありません。

重要管理点（CCP）を設定する

手順7では、手順6のハザード分析によって明らかになった重要なハザードを特定し、それらを管理する工程を重要管理点（CCP）として設定します。一般衛生管理プログラムだけでは防止できないハザードについては特に重視し、管理すべき工程をCCPとして選定します。

CCPは以下の要件をすべて満たしたとき、設定することができます。

①あらかじめ定めた方法で、連続的または適切な頻度でモニタリングが可能であること。

②もし管理基準に合致しない場合は、すみやかに改善措置を取れること。

③そのハザードを後の工程で除去するか、影響がないレベルまで減少させる工程がないこと。

CCPを決定する際は、その工程でハザードを集中的に管理しなくても、後の工程で排除される場合は、原則としてCCPとはならないと考えられます。

CCPは数を多く設定すればよいわけではない

CCPを設定する際に、「加熱工程と金属検出工程は必ずCCPになる」や「CCPの工程は多くても3か所程度がいい」、あるいは「CCPがない製造なので、HACCPで管理できていない」といった考え方を耳にすることがありますが、これは誤りです。

HACCPでは、科学的なハザード分析と根拠に基づいたCCPの設定が重要です。その結果として、CCPが設定されない場合も当然出てきます。また、加熱工程や金属検出工程が必ずCCPになる

食中毒予防3原則による重要管理点（CCP）かどうかの判断

| つけない | ⟷ | 汚染・付着 | 主として一般衛生管理プログラム |

| 増やさない | ⟷ | 増殖 | 主として一般衛生管理プログラム
場合によっては重要管理点 (CCP) |

| 殺す | ⟷ | 生き残る | 主として重要管理点 (CCP) |

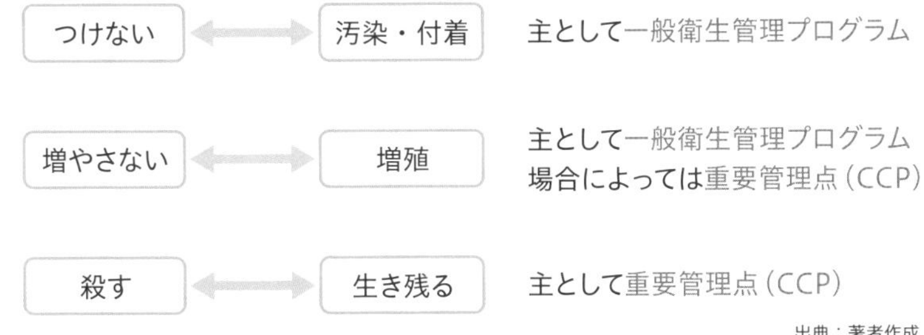

出典：著者作成

重要管理点（CCP）を決定するための判断樹

Q1 この危害要因は一般衛生管理プログラムで管理されているか？ → Y:はい → CCPではない

N:いいえ

Q2 特定された危害要因に対する予防措置はあるか？ ← 段階、工程、製品を修正する

Y:はい　　N:いいえ　　Y:はい

Q3 工程は発生しうる危害要因を除去、あるいは許容範囲まで低下させるように特に設計されているか。 → 安全のためこの工程での管理は必要か？

Y:はい　　N:いいえ　　N:いいえ

Q4 汚染は発生するか、または許容範囲以上に拡大するか？ → CCPではない

Y:はい　　N:いいえ

Q5 後の工程、または処理は危害要因を除去、あるいは許容範囲まで低下させることができるか。 → CCP (重要管理点)

Y:はい　　N:いいえ

CCPではない

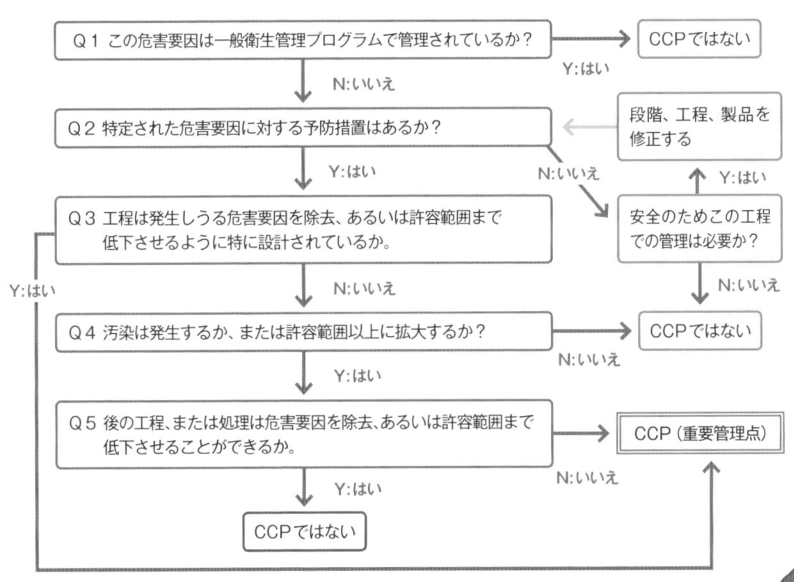

※危害要因＝ハザードのこと

ハザード分析は、製品や工程に存在する可能性のあるハザードを特定し、それらを管理する重要性を評価するために行われます。コーデックスでは「判断樹」を用いることが示されています。

出典：全国食肉事業協同組合連合会「食肉処理業向け HACCPに基づく衛生管理のための手引書」（https://www.ajmic.or.jp/haccp/haccp_tebiki_shori.pdf）より転載

わけではなく、それらはあくまでも製品や製造の過程によります。そして、設定するCCPの数が大切なのではありません。CCPの設定で何より重要なことは、安全性を確保するために必要な工程を明確に特定し、それを適切に管理することなのです。

判断樹
決定樹、ディシジョンツリーともいう。何かを判断する際に、複数の選択肢から論理的に判断するためのツール。

Chapter7 11

HACCP導入⑧：構成要素

手順8(原則3)と手順9(原則4)：管理基準(CL)とモニタリング方法の設定

手順8では、手順7で決めた重要管理点（CCP）を適切に管理するため、温度や時間といった工程の管理基準(CL)を設定します。そして、手順9ではそのCLを満たしていることをモニタリングするための方法を設定します。

手順8：管理基準(CL)の設定

手順8では、重要管理点（CCP）で管理すべき基準を決めます。これを管理基準（CL）といいます。CLはCCPの適切な管理を保証するための観察可能な、または測定可能な基準であり、CLを満たしていない（逸脱する）とハザードが防止できないとされる閾値を意味します。CLの設定は科学的根拠に基づいて行われ、多くは具体的な数値（温度、時間、水分活性、pHなど）で示されます。たとえば、牛乳は食品衛生法に基づく乳等省令で、「保持式により63℃で30分間加熱殺菌する」、または「これと同等以上の殺菌効果を有する方法で加熱殺菌する」という条件が求められています。この温度と時間がCLです。

CLには次の3つの要件があります。

①確実にハザードが防止できる基準：食中毒菌について、死滅、除去、または許容範囲まで低減されていることが確認できる科学的根拠に基づいた数値が必要です。

②可能な限りリアルタイムで判断できること：色、臭いなどの官能的な指標、温度、時間、水分活性、pHなどの数値が含まれます。

③可能な限り連続的にモニタリング（測定または観察）でき、かつ自動的に記録して残せるもの：これにより、管理が適切に行われていることの証拠を提供します。

管理基準（CL）
Critical Limit。許容限界ともいう。

閾値
「いきち」あるいは「しきいち」と読む。一般的には「境目となる値」のこと。ここでは「安全な製品」と「そうでない製品」を分ける境目を意味する。

官能的な指標
見たり、聞いたり、味わったり、臭いをかいだり、モノに触れたりしたときに感じる感覚（視覚、聴覚、味覚、嗅覚、触覚）による指標。

管理基準(CL)を逸脱しないための運転基準(OL)

CLは、特定のCCPにおけるハザードが安全な範囲内にあることを管理するための基準です。この基準を外れると、製品は不適切と判断され、食品の安全性に問題が生じる可能性があります。

CLを逸脱した製品は、通常、廃棄や再加工が必要になります。

管理基準（CL）と運転基準（OL）のイメージ

崖際を走る自動車でたとえると……

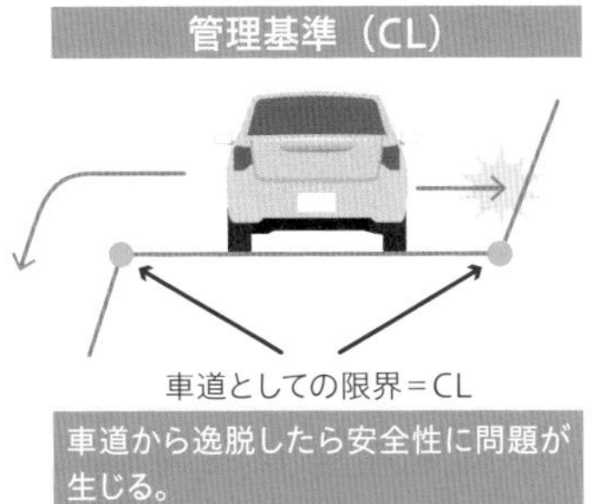

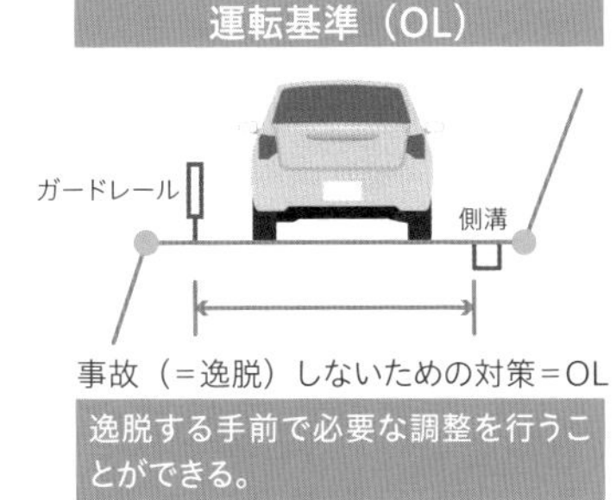

加熱工程での管理基準（CL）と運転基準（OL）

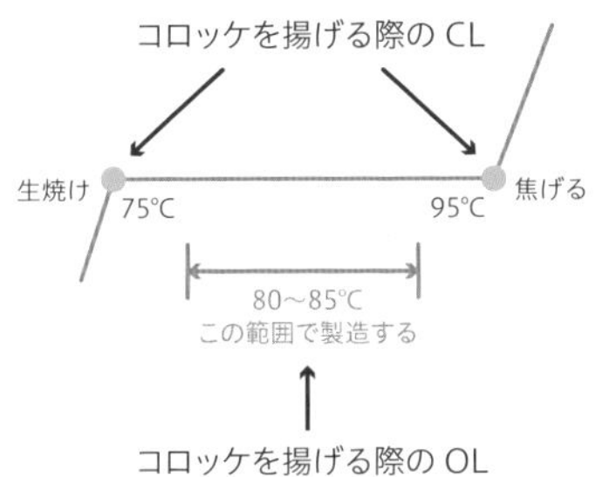

コロッケを揚げる工程でのCLが中心温度75℃で1分以上の場合、確実にCLをクリアするために、中心温度を80～85℃で加熱する（OL）。

出典：いずれも著者作成

そこで、CCPがCLを越えないように、CLよりも若干厳しい運転基準（OL）を設定することで、製品がCLを逸脱する前に対策を講じる余地を持たせることができます。信号にたとえれば、CLは赤信号で、OLは黄信号です。赤信号（CL）になると、廃棄や再加工などの経済的なダメージが発生してしまうので、そうなる前に、黄色信号（OL）でCLを逸脱する可能性のある事象を早期に察知し、必要な調整を行うための基準として機能するわけです。

運転基準（OL）
Operating Limit。逸脱が起きないようにする目的で設定されるが、品質面などの要因を考慮して設定する場合もある。

手順9：モニタリング方法の設定

手順9では、手順8で設定したCCPに関連するCLに対する定期的な測定、または観察を行います。これをモニタリングといいます。モニタリングはCCPの逸脱を適時に検知し、必要な対策を講じるために重要な作業です。モニタリングの手順は、逸脱の性質を考慮し、可能な場合には連続的に行うようにします。

Chapter7
12

手順10（原則5）：改善措置の設定

手順10では、手順9で設定したモニタリングの結果、管理基準（CL）を逸脱していたことがわかった場合、その製品の隔離や取り扱い方法、根本原因の改善方法など、問題点を是正するための対応策を設定します。

改善措置を行う意義

改善措置は、HACCPシステムにおいて食品の安全性を確保するために不可欠な対応であり、手順8で設定した管理基準（CL）を逸脱した際の対応策を定めるものです。設定したCLが達成されなかった際に、製造工程の中で発生した問題点を特定し、是正を行います。改善措置を行うことで、安全でない製品が消費者に届くことを防ぎ、製品の安全性と信頼性を保証します。

改善措置を実施する上で重要なのは、重要管理点（CCP）での管理について深く理解し、迅速な判断ができる**担当者**が関与することです。たとえば、製造現場の責任者などがこの役割を果たします。

また、適切な改善措置を行うためには、食品業界の最新の動向や関連する法律に精通することも求められます。

改善措置
是正措置ともいう。重要管理点（CCP）をモニタリングしている際に、管理基準（CL）を逸脱した場合を想定し、事前に実施する措置を決めておく。

担当者
ここでいう「担当者」は、一連のCCP管理や改善措置の対応について教育・トレーニングを受け、経験を有するものを指す。米国では適格者（Qualified Individual：QI）と称している（P.104）。

改善措置を設定する際のポイント

改善措置を設定する際には、主に次の2つの観点から進められます。

●影響を受けた製品の対応（モノの措置）

・影響を受けた製品を迅速に特定し、隔離します。
・影響を受けた可能性がある製品を評価します。
・製品の処分を検討します。場合によっては、廃棄が必要になることもあります。

●根本原因の改善

・再発防止のため、根本原因を分析し、改善します。
・改善措置の一連の内容を記録します。
・改善措置の効果を確認するため、定期的なレビューを行います。

4Mと「仕様」「管理」で「原因の候補」を絞り込む

トラブル発生

原因の候補

トラブルに対して考えられる「原因の候補」を4Mと「仕様」「管理」で絞り込む

4M品質変動因子		仕様	管理
	人 (Man)	・素養を有すること ・指定の身だしなみ	・体調や携行品の管理 ・教育やOJT
	設備 (Machine)	・指定の材質や構造 ・指定の配置・位置	・清潔さを保つ活動 ・予防保全活動
	原材料 (Material)	・食材の適法性の確保 ・安全性を満たす食材	・TT管理（温度・時間管理）
	方法 (Method)	・法令や規定 ・手順書類	・定期的な監査・評価 ・改善活動

「原因の候補」を「なぜなぜ分析」で分析する

なぜなぜ分析：「なぜ」という問いかけを繰り返すことで、根本的な原因を探る分析手法
➡「原因の候補」を分析して根本原因を明らかにし、「モノの措置」と「根本原因の改善」に取り組む。

課題　原材料冷蔵庫の温度が異常だった　← 原材料の確認（モノの措置）

原因　温度センサーが壊れていた　← センサーの修理 → 場当たりの対応で再発の可能性も

原因　原材料が無理に詰め込まれていた

原因　無理に詰め込んだ原材料でセンサーを壊した

原因　調達担当が無理に詰め込んだ

発注ミスの対策と調達担当の教育
↓
恒久的措置
（根本原因の改善）

根本原因　調達担当の発注ミス

改善措置は製造現場だけでなく、組織全体にとっても重要なプロセスです。逸脱が発生した際には、その原因を突き止め、再発防止を図ることで、管理を補強し、品質を向上させることができます。

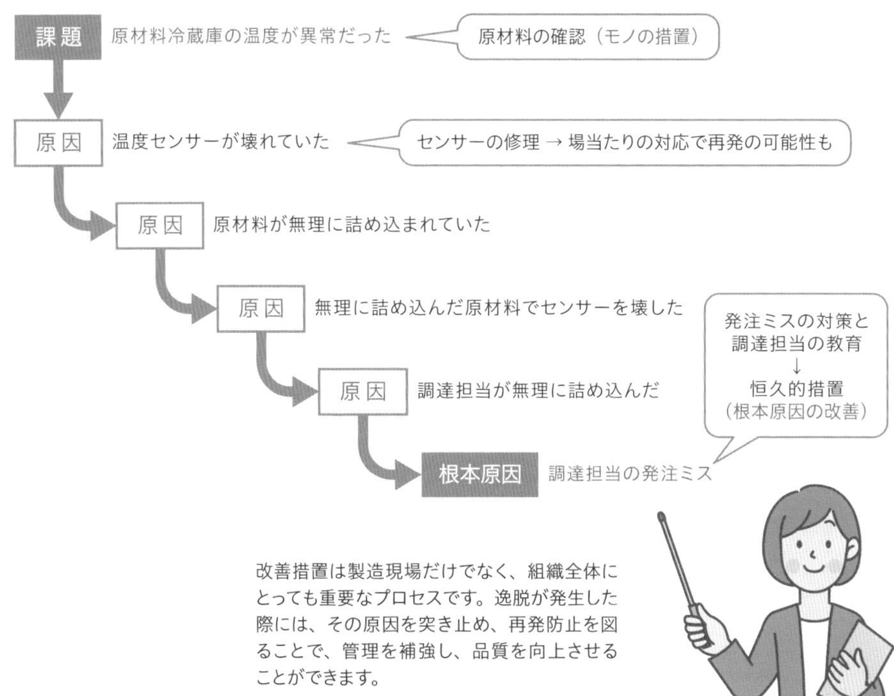

出典：いずれも各種資料をもとに著者作成

Chapter7
13

手順11(原則6)：検証方法の設定

手順11では、手順7で重要管理点（CCP）と決めた工程が手順8〜手順10で設定した通りに行われているか、HACCPプランが適正で有効に機能しているか、修正が必要な箇所があるかを評価・確認する方法を設定します。

検証を体系化して理解を深める

検証
HACCPプランに従って管理が実施されているか、またHACCPプランに修正が必要かを判定するために行う方法、手続き、試験検査。モニタリングに加えて行われる。

HACCPプランが適切に実行され、ハザードが実際にコントロールされているかを確認するために、検証を行う必要があります。そこで、ここまでの衛生管理がHACCPプラン通りに行われているか確認し（実効性の確認）、HACCPシステム自体が適正かつ有効に機能しているかどうかを評価・確認（有効性の確認）する方法を設定します。

しかし、検証する対象は多岐にわたるため、その内容が抽象的に感じられてしまい、具体的な行動に結びつきにくい場合もあります。そこで、この検証活動を体系化するために、コンピューターソフトウェア開発で用いられる「V字モデル」を参考にすることで、検証作業の理解を深め、その意義を再認識することができます。

V字モデルで強固な管理のしくみを作る

V字モデルとは、ソフトウェアの開発工程とテスト工程の関係性をV字型に整理したもので、開発工程（左側）とテスト工程（右側）を階層別に展開します。そして、「V」の右側から左側に向かう矢印は、開発の各段階で対応する検証（確認）を行うことを示しています。

HACCPシステムにこのV字モデルを適用すると、各階層における検証活動が具体的に見えてきます。たとえば、HACCPプランの作成（左側）に対応する形で、プランに従った運用が行われているか検証する内容（右側）をまとめます。この体系的なアプローチにより、HACCPシステム全体としてミスを見逃すことなく、管理の強固さを確保することが可能となります。

検証はHACCPシステムの中で不可欠な活動であり、その体系

検証活動を行う理由

しくみの見直し
HACCPによる管理について有効性を評価
→HACCPシステムが機能しているかを確認するため

計画の見直し
HACCPによる管理について実効性を評価
→HACCPプランを修正し、より優れたものにするため

HACCPシステムの検証活動をV字モデルで整理する

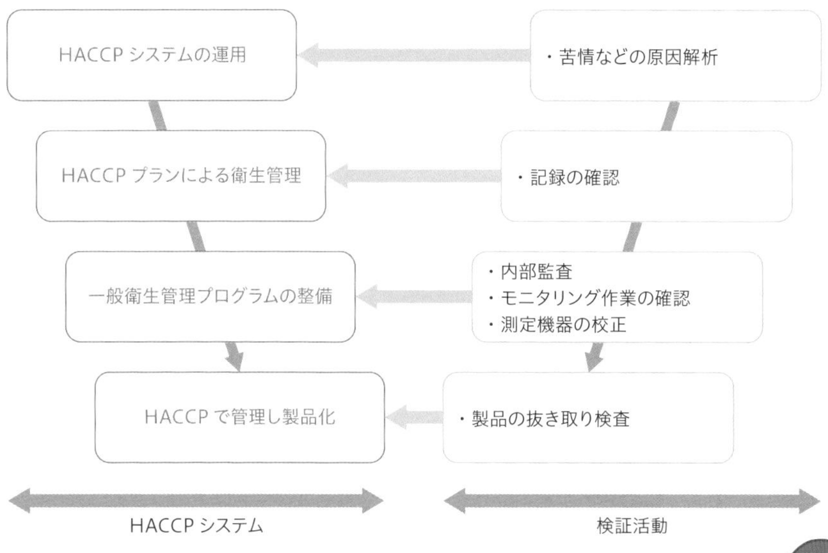

出典：いずれも著者作成

検証活動をV字モデルで体系化することで、その意義を再認識できます。また、HACCPシステムについて、階層ごとに検証を行っているため、管理のしくみがより一層強固なものになります。

化と適用は食品の安全性を確保する上で重要な役割を果たします。HACCPに取り組むすべての関係者がこの点を理解し、検証活動を適切に実施することで、食品の安全性がより一層強化されます。

HACCP導入⑪：構成要素

手順12(原則7)：記録と保存方法の設定

HACCPプランを実施している証拠として、また問題発生時には原因追究の助けとなるため、HACCPシステムでは正確な記録の保存が重要です。手順12では、各工程の管理状況の記録方法や保管方法を設定します。

文書化でHACCPシステムの「見える化」を図る

HACCPに関する手順は、業務の性質や規模に応じた適切な文書化が必要です。どんな衛生管理を行っているかを文書で「見える化」することにより、事業者がHACCPによる管理を適切に行っていることを確認できます。

文書化の例としては、HACCPチームの構成、ハザード分析、管理基準（CL）の決定などが挙げられます。これらの文書は科学的な裏付けが必要となりますが、業界団体のガイドラインなども活用しながら、適切な文書化を心がけるようにします。

記録はHACCPシステムの証拠になる

HACCPシステムでは、正確な記録を保存することが重要です。正確な記録は、HACCPの原則に基づいた管理が計画通り実施された証拠となります。仮に、食品安全上の問題が生じた場合でも、その原因究明やロットの特定が容易になり、損失を最小化することにつながります。そのため、HACCPプランにのっとった作業を行うごとに所定の記録用紙にすぐに記入し、記録を修正する場合は責任者のサインを必ず入れます。

記録の例としては、重要管理点（CCP）のモニタリング結果、改善措置の実施内容、検証結果、一般衛生管理プログラムの取り組み状況などが挙げられます。

従業員が記録の保管に取り組みやすくするには、記録の仕方をシンプルにすることが効果的です。既存の業務やチェックリストに統合することで、製品の温度や時間などを記録する際に活用できます。

記録の仕方は紙の書類だけでなく、**電子的な方法**を採用するこ

電子的な方法
現場ではタブレットを使って入力し、クラウドサービスを利用して記録したり、紙の書類に記載したものをスキャンしてPDF化したりするなど、使いやすく、記録を残しやすい方法を検討するとよい。

コーデックス「食品衛生の一般原則」2020年改訂版で作成が推奨される手順書と記録

手順書

第１章　適正衛生規範（GHP）

- （GHP及びCCPとして適用される）管理手段　：一般原則（VI）
  ⇒詳しくは、「食品衛生の一般原則」附属書１－管理手段の比較を参照
- 洗浄、消毒、メンテナンスの手順：セクション５　：セクション５
- 原材料の情報（サプライヤー情報、受領日、数量など）　：セクション７
- リコール手順　：セクション７

第２章　HACCPシステムの適用のための一般的なガイドライン

- ７原則すべて

記　録

第１章　適正衛生規範（GHP）

- （原材料の）植物及び動物の健康管理記録　：セクション２
  ⇒例）動物用医薬品および農薬の休薬期間など
- 廃棄物の処分記録　：セクション３
- トレーニングの記録　：セクション４
- 害虫のモニタリングや施工記録　：セクション５
- 改善措置記録　：セクション７
- GHP検証活動の記録　：セクション７
- 食品の安全性、適切性に影響を与える温度管理システムの記録：セクション７
- リコールの原因、範囲、取られた改善措置の記録　：セクション７

第２章　HACCPシステムの適用のための一般的なガイドライン

- HACCPシステムにおける重要管理点（CCP）の管理　：2.1 序論
- CCPのモニタリングに関連するすべての記録　：3.9 手順9/ 原則4
- 逸脱の原因及び製品の処分手順など改善措置　：3.10 手順10/ 原則5

出典：各種資料をもとに著者作成

HACCPシステムに変更があった場合には、その都度、手順書や記録を改訂します。常にHACCPシステムの情報を最新状態にしておくことで、適切な衛生管理を維持することが可能になります。

とも有効です。また、記録の保存期間は消費・賞味期限よりも長く保管することとされており、必要なときにすぐに確認できるように保管することが大切です。

ONE POINT

記録と保存方法について深く知るために

記録や保存方法については、以下から情報を得ることができます。

●記録の重要性を学びたい：一般財団法人食品産業センター「記録から学ぶ衛生・品質管理」

https://haccp.shokusan.or.jp/learning/e-tool-12/

●記録表のひな形がほしい：厚生労働省「大量調理施設衛生管理マニュアル（別紙）」

https://www.mhlw.go.jp/stf/seisakunitsuite/bunya/kenkou_iryou/shokuhin/syokuchu/01.html

COLUMN 7

バリデーションと検証をより深く理解する

バリデーションと検証の重要性

HACCPの手順8（原則3）で設定する管理基準（CL）は、「科学的なバリデーション（妥当性確認）」によって保証されなければなりません。これは食品の生産・消費過程で起こり得るハザードに対し、ハザードのコントロールが適切で、科学的・技術的に実施できる内容であると確認することを意味します。

HACCPプラン作成時に行うバリデーションは、科学文献のレビューや数学的モデルの利用などを含みます。特に、外部の専門家が作成したHACCPのガイダンスを利用してCLを設定した場合、検討中の作業方法や製品にそのCLの適用が可能かどうか、注意を払う必要があります。また、HACCPシステムを初めて運用した際や検証手順を設定した後には、実際に現場でハザードをコントロールできていることを示すエビデンス（証拠）を入手すべきです。

一方、HACCPの手順11（原則6）で行う検証方法の設定は、ハザードのコントロール手段が存在し、正しく実行するとともに、意図通りに機能しているかを判断する重要な役割を担っています。実はこの検証の概念には、バリデーション（コントロール手段の存在確認）と検証（手順の実施確認）の2つの側面が含まれています。これにより、コントロール手段が確実に存在し、かつ意図通りに運用されていることを確認し、結果的に食品安全を守ることが可能となるわけです。

バリデーションと検証が明確に区別されるように

日本で2021年6月から完全施行されたHACCPはコーデックス「食品衛生の一般原則」をベースにしていますが、同原則の2020年改訂版で、バリデーションと検証が明確に区別されました。この変更により、HACCPの原則6は「HACCPプランの有効性を確認すること」と「HACCPシステムが意図通りに動作しているかを確認する検証手段を確立すること」というように、明確に解釈できるようになり、理解しやすくなりました。

第8章

HACCPを着実に運用するために

HACCPシステムは、導入すればそれで完了するものではありません。設定したプランやシステムそのものが正しく機能しているかを確認し、必要に応じて修正・改善を加えていくことが重要です。この章では、より確かな食品の安全性の確保を目指し、HACCPを「生きた活動」にしていくための取り組みについて解説します。

Chapter8
01

HACCPとPDCAサイクル

ビジネスの現場では「PDCAサイクル」という言葉をよく耳にします。4つのステップを繰り返すことで、業務を継続的に改善する管理方法のことですが、HACCPシステムの維持・改善にもこのPDCAサイクルを活用します。

HACCPの本質はPDCAサイクルを活用した組織改善

HACCPを「単なる書類作成や記録付けの作業だ」と勘違いしている方も見受けられます。確かに作成する書類・記録は少なくありませんが、ハザードを特定し、製品の安全性を予防的に確保することを目的としたHACCPの本質は、科学的なハザード分析と重要管理点（CCP）の徹底した管理にあります。

PDCAサイクル
品質改善や業務効率を高めるための管理手法で、4つのプロセスで構成される。米国の統計学者で、「品質管理の父」と称されるW・エドワーズ・デミングが1950年代に提唱した。

そして、それらを維持・改善するために、**PDCAサイクル**を活用することが重要です。PDCAサイクルは、「計画（Plan）」「実行（Do）」「検証（Check）」「改善（Action）」の4段階からなり、次の2つのポイントでHACCPの改善に活用します。

①**HACCPプランの見直し**：管理基準（CL）の設定やモニタリングの方法など、HACCPプランの各要素が不十分あるいは不適当だった場合、プランの見直しが必要となります。

②**HACCPシステム全体の見直し**：HACCPチームのメンバーが変更になるなどで、その知識や経験のレベルが変化することがあります。また、原材料や製品の規格などの変更があるかもしれません。そうした場合、システム全体の見直しも重要となります。

これらの見直しは手順11の検証のフェーズに該当し（7-13参照）、これらを通じて、プランとシステムについて2つのPDCAサイクルを回します。HACCPに取り組む本質は、この検証を確実に行い、2つのPDCAサイクルを回す組織改善手法といえます。

PDCAを応用した改善サイクル

PDCAサイクルには、現状の課題を抽出し、分析（Check）から始める「CAP-Do」の考え方もあります。これは分析から始めて改善（Action）を行い、その結果をもとに計画（Plan）を立て、

2つのPDCAサイクルを回すHACCPと組織の改善手法

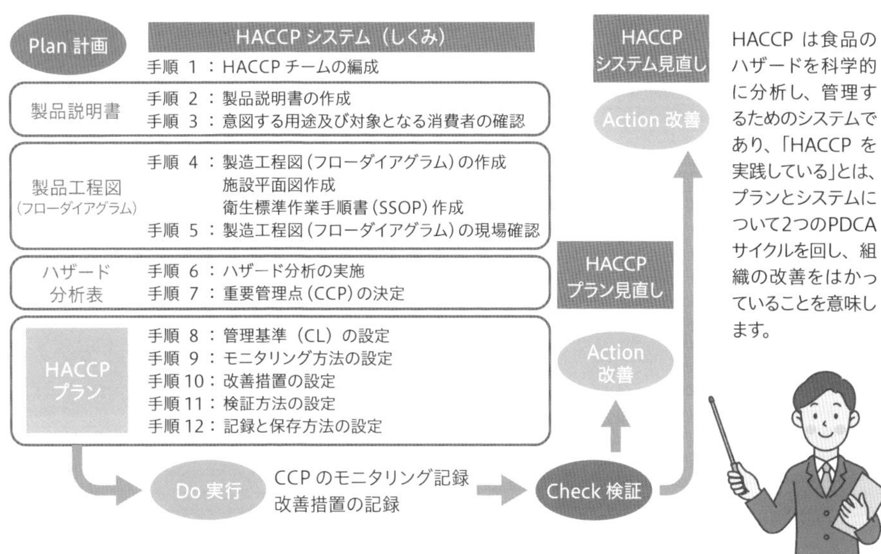

HACCP は食品のハザードを科学的に分析し、管理するためのシステムであり、「HACCP を実践している」とは、プランとシステムについて2つのPDCAサイクルを回し、組織の改善をはかっていることを意味します。

PDCAサイクルの種類

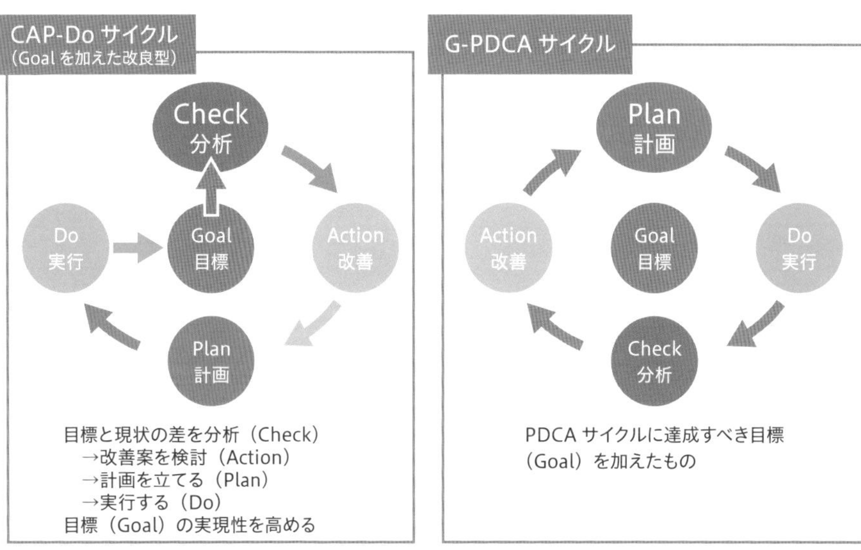

出典：いずれも各種資料をもとに著者作成

実行（Do）に移すという流れです。また、最近ではPDCAの前に「目標（Goal）」を設定する「G-PDCA」もよく使われます。どの方法をとるにしても、PDCAを回すことの目的は目標達成に向けた改善活動であり、目標を忘れずに常に意識することが重要です。

Chapter8
02

HACCPの検証活動①

バリデーション(妥当性確認)の重要性

HACCPプランが正しく機能していることを確認するために、検証は重要な作業です。検証方法の1つに、ハザードが適切にコントロールされているか、科学的根拠に基づいて確認するバリデーション(妥当性確認)があります。

バリデーション(妥当性確認)
HACCPプランを策定する際に、重要なハザードが効果的にコントロールされるかを見極めるため、科学的・技術的な情報(証拠)を収集し、評価すること。

手順11(原則6)では検証方法を設定しますが、その検証方法の1つとして、科学的根拠に基づいてHACCPプランの有効性を検証するための**バリデーション(妥当性確認)**という方法があります。具体的には、手順8(原則3)の管理基準(CL)や手順9(原則4)のモニタリング方法(**7-11**参照)で設定した内容などについて、「設定したCLが妥当か」「その基準を達成するための手段が適切か」を評価する作業です。

たとえば、重要管理点(CCP)のCLとして「フライヤーを180℃、3分間稼働させると、製品の中心温度が75℃以上、1分間保持できる」とします。HACCPが正しく機能するには、このCLが科学的に正しく、妥当なものでなければなりません。

この場合、次の2点が正しいことが証明されれば、CLとして正しいといえることになります。

①設定した管理基準が妥当か:「製品の中心温度を75℃、1分間以上」とするCLが科学的・技術的に妥当か確認します。上記の例の場合、大量調理施設衛生管理マニュアルに非芽胞形成菌(**2-05**参照)が死滅する基準としてこの温度と時間の設定が示されており、科学的な証拠があります。

②その基準を達成するための手段が適切か:製品の中心温度を75℃、1分間以上にするために、フライヤーの設定(180℃、3分間以上)が妥当か確認します。上記の例の場合、フライヤーの性能を証明する社内試験を行い、データを取ります。

こうしたバリデーションの作業は、HACCPプランの策定時だけでなく、その後の運用中でも定期的に行います。なぜなら、HACCPシステムの運用中に問題が発生した場合、それがバリデーションによって早期に察知されれば、その場で改善を加えることができ、重大な事故の予防につながるからです。これは

バリデーション（妥当性確認）でHACCPプランの有効性を検証する

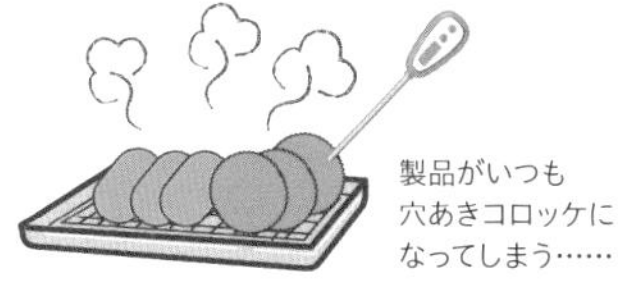

製品がいつも
穴あきコロッケに
なってしまう……

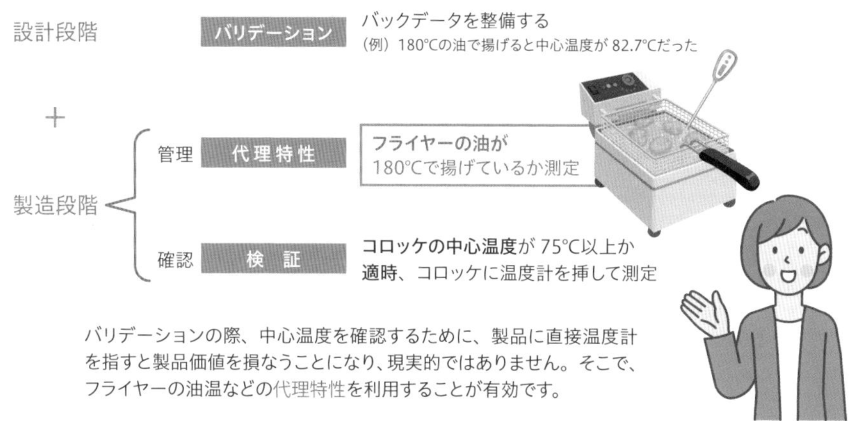

出典：各種資料をもとに著者作成

HACCPの基本的なPDCAサイクル（8-01参照）に組み込まれた活動ともいえます。

バリデーションの必要性とその効果

バリデーションの作業を適切に行うためには、製品の仕様や検査結果、さらには社内外の製品に対するクレームやリコールの原因など、さまざまな情報を事前に収集・整理することが必要です。これらの情報はバリデーションの精度を高め、より適切なHACCPプランを策定・運用するための重要な材料となります。

また、原材料の変更や製品条件の変更など、食品の安全性に影響を与える可能性のある変更が生じた場合には、HACCPシステムの再評価と、必要に応じてHACCPプランの定期的な再バリデーションが求められます。これにより、生じた変更がHACCPプランの有効性に影響を及ぼす可能性がある場合でも、その影響を最小限に抑え、食品安全を持続的に確保することが可能となります。

代理特性
食品の中心温度と密接に関係する特性のこと。直接、製品温度を測定せず、フライヤーの油温やスチーマーの庫内温度、煮汁の温度といった製品周囲の雰囲気温度を代用することなどを指す。

Chapter8
03

HACCPの検証活動②

HACCPで微生物検査が果たす2つの役割

HACCPでは、加熱や冷却などの工程において連続的に製品を監視するため、従来のような最終製品の微生物検査は不要です。ただし、各工程の管理で確実に微生物を除去できているかを確認するための微生物検査を行います。

製造工程全体の食品安全のための微生物検査

抜き取り検査
完成し、出荷段階の状態になった最終製品の中から、ランダムに抜き取り、規格を満たしているかを確認する検査方法。

HACCPは従来の抜き取り検査による管理から進化したもので、たとえば食中毒の原因となる微生物を重要管理点（CCP）として設定し、加熱や冷却といった工程を継続的に監視します。これにより、すべての製品がカバーされることになり、その結果、最終製品の抜き取りによる微生物検査が不要になります。ただし、科学的・技術的な根拠に基づいたバリデーション（妥当性確認）が事前に必要です。

HACCPにおける微生物検査は、「重要管理点（CCP）の管理手法の検証」と「HACCPシステムを導入した製造工程全体の衛生管理の運用の検証」という2つの役割を果たします。

①重要管理点(CCP)の管理手法の検証：CCPでの管理（モニタリング）が適切に行われているかを確認するため、工程前後の中間製品に対して微生物検査を行います。これにより、設定された管理手法が正しいかどうかを科学的に確認することができます。

②HACCPシステムを導入した製造工程全体の衛生管理の運用の検証：各CCPでの管理手法が適切であっても、製造工程全体として衛生管理が適切に行われているかを確認する必要があります。この確認は、最終製品の微生物検査によって行われます。さらに、従事者の手洗い方法や施設・設備の洗浄・消毒の有効性を確認し、製造環境の清浄度を管理するためにも、微生物検査は必要です。

従来の抜き取り検査は、製品の出荷判定のための評価が目的でした。一方、HACCPにおける微生物検査は、製造工程全体の安全性を高度に管理することを目的とし、そのために必要な科学的根拠を得る重要な手段となります。HACCPは、事前のバリデー

HACCPにおける微生物検査

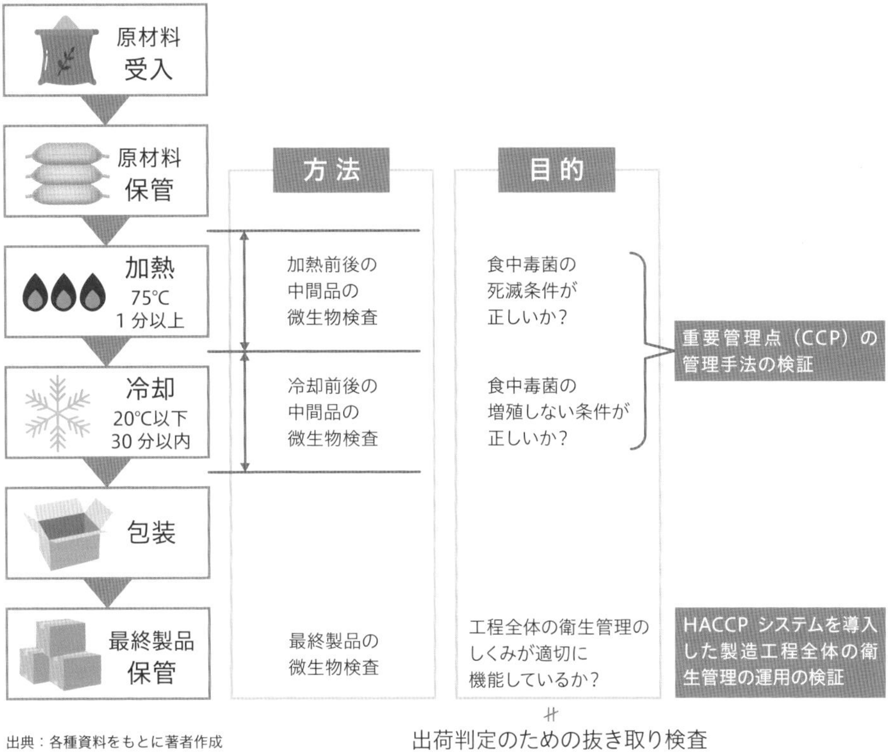

原材料受入

原材料保管

加熱 75℃ 1分以上

冷却 20℃以下 30分以内

包装

最終製品保管

工程	方法	目的	
加熱	加熱前後の中間品の微生物検査	食中毒菌の死滅条件が正しいか？	重要管理点（CCP）の管理手法の検証
冷却	冷却前後の中間品の微生物検査	食中毒菌の増殖しない条件が正しいか？	
最終製品保管	最終製品の微生物検査	工程全体の衛生管理のしくみが適切に機能しているか？	HACCPシステムを導入した製造工程全体の衛生管理の運用の検証

≠ 出荷判定のための抜き取り検査

出典：各種資料をもとに著者作成

ションと継続的な監視を行うことにより、製造工程全体における食品安全を保証することを目指しています。

HACCPと従来の検査方法との違い

HACCPが制度化される以前の衛生管理では、その多くが製品の製造に関わる施設・設備、食品の取り扱い方法を定め、抜き取り検査によって最終製品の安全性を確認する方法をとっていました。しかし、この方法ではすべての製品の安全性を担保することはできませんでした。一方、HACCPでは工程ごとにハザードを分析し、特に重要な工程は重点的に管理するという、製造工程全体において管理を徹底し、安全性を担保する方法です。HACCPも万能ではありませんが、各工程で記録を残しているため、万が一事故が発生した場合でも、すみやかに原因を追究することができます。

Chapter8
04

HACCPの検証活動③

HACCPにおける微生物検査の試験法

HACCPで行う微生物検査では、国際的な試験法に加えて、簡易・簡便な代替試験法も選択できます。検査では、製造・加工の現場が微生物による汚染の影響をどの程度受けているか、具体的な数値で示すことが大切です。

HACCPの微生物検査の目的は「工程管理の検証」

コーデックス規格に準じた食品衛生管理が日本でも進展し、その一環として微生物検査の試験法も国際的な標準に準拠する必要性が強調されています。実際に、**食品衛生検査指針**では試験法のバリデーション（妥当性確認）が重視されており、黄色ブドウ球菌やサルモネラ属菌の試験法も**ISO法**と整合性のあるものに変更されました。

しかし、微生物検査を取り巻く現場では、多様な要請があります。ISO法や公定法は高い信頼性を持ちますが、手間と時間がかかるため、工程管理を重視する視点に立つと最適とはいえない場合があります。HACCPは予防的な管理システムであり、HACCPにおける微生物検査の目的は「工程管理の検証」です。ここで求められるのは、管理の必要なハザードが適正にコントロールできているかどうかという点を検証することです。そこで、試験法の選択が重要となります。

コーデックス規格に対する試験法としてISO法が指定されていますが、ISO法以外の試験法を用いる場合には、「性能について科学的根拠のあるバリデーションが行われていること」が必須となります。

HACCPでは工程管理を重視することにより、食品製造業者が自主的に行う検査で、公定法以外の試験法、特に簡便・迅速な代替試験法の使用を増やす傾向があります。ただし、公定法以外の試験法を選択する場合には、「対外的に納得を得られる科学的根拠を備えた理論武装」を意識することが求められます。つまり、自社の試験法の選択について、理論的根拠とその科学的妥当性を明確にすることが大切です。

食品衛生検査指針
公定検査法（告示、通知など）のほか、国内で食品の微生物検査をするにあたり、標準法として広く認められている検査方法を取りまとめたもの。

ISO法
国際標準化機構（ISO）が定めている試験法で、欧州を中心に国際的標準法として認識されている。

環境微生物の簡便・迅速な検査法の例

器具類・手指

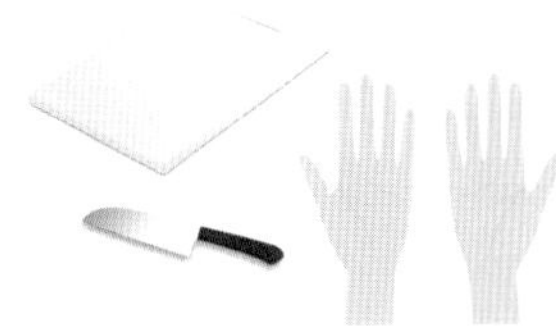

スワブ法（拭き取り法）：検査対象の表面に付着した微生物を綿棒などで拭き取って採取し、培養して計測する方法。

スタンプ法：検査器具を検査対象の平らな表面にスタンプするように押しつけて付着菌を採取し、培養して計測する方法。

ATP 法：生きている微生物が持つ ATP（アデノシン三リン酸）の量を測定する迅速法。

製品の充填や包装の環境

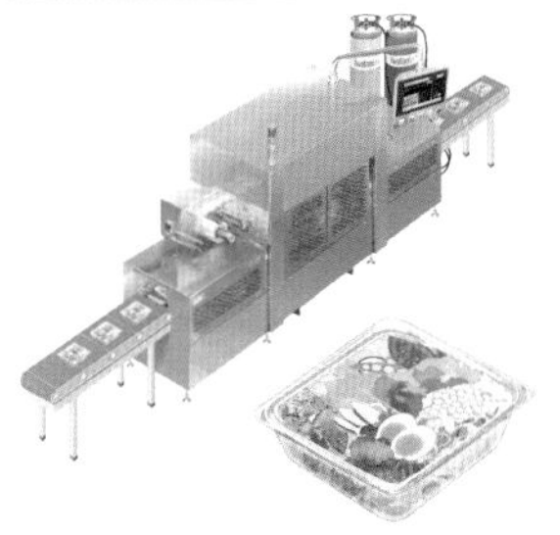

●空中浮遊細菌

衝突法：RCS エアサンプラー（ロイター遠心サンプラー）で空気を一定時間吸引し、寒天培地表面に吹きつけて、空中浮遊菌数を培養して測定する方法。

●落下菌

コッホ法：一定時間開放した寒天培地表面に落下菌を付着させ、培養後に発育した集落数を一定時間あたりの菌数として計測する方法。

出典：各種資料をもとに著者作成

食品の製造環境における微生物汚染対策は、製品の安全性を確保するだけでなく、製造工程全体を見渡す視点から行われるべきものです。

微生物汚染対策としての環境管理の重要性

たとえば、加熱工程を重要管理点（CCP）として設定した場合でも、その後の工程において製品が充填や包装の環境に晒されることで、**環境微生物**による汚染が生じる可能性があります。そのため、充填や包装の環境管理はきわめて重要です。

環境管理においては、具体的な数値による管理とその効果の評価が鍵になります。空気由来の汚染、設備機器の汚染、作業者からの汚染など、可能性のある汚染源を特定し、それらが製品にどの程度影響するかを数値で示すことが求められます。

環境微生物の具体的な検査方法としては、**空中浮遊菌**測定用のサンプラー、**落下菌**測定のためのコッホ法（寒天培地を用いる方法）、機器の拭き取りや作業者の手指の拭き取りにはスワブ法、またはフードスタンプ法が一般的です。また、空中浮遊菌や落下菌の測定には塵埃測定器を用いる方法、機器や手指の汚染調査法としては、ATP（アデノシン三リン酸）測定法も活用されています。

環境微生物
施設内の機材や調理器具などの表面に付着している細菌、あるいは空気中を漂っている細菌のこと。

空中浮遊菌
空気中に舞い上がった微生物や、浮遊するきわめて微少な水滴に含まれる細菌。

落下菌
空中浮遊菌のうち、比較的大きく、落下してくる細菌。

Chapter8
05

HACCPの検証活動④

重要管理点（CCP）管理の確かさを支える校正

HACCPでは、温度管理や時間管理などが重要管理点（CCP）に挙げられますが、温度計やタイマーといった計測器が示す数値に誤りがあっては、正しい衛生管理はできません。そのために、定期的に計測器の校正を行います。

校正は計測器の信頼性を確保するための作業

食品製造においては、加熱工程や金属検出工程が重要管理点（CCP）に設定されることが多くあります。その際、モニタリングに用いる計測器（温度計、タイマー、金属検出機など）の信頼性を確保することが、検証の重要なポイントになります。たとえば温度計の場合、劣化や故障によって誤差が生じることがあるため、定期的な**校正**が必要です。校正は温度計が正確な測定を行っているかを確認するための作業であり、日常のメンテナンスや動作確認とは異なります。校正は「計測器が示す値は正しい」、よって「CCPのモニタリングは正しい」ということを客観的に証明するために行うものです。

校正
温度計などの測定機器について、数値（精度）が正しく調整されているかどうか確認する作業。

定期的な校正で事故を未然に防ぐ

温度計の代表的な校正方法には、「標準温度計の使用」「新品の温度計の定期的な購入」「社内校正」「温度計の相互比較」があります。各方法の特徴やコストを考慮し、最適な方法を選択します。

誤差範囲は通常**±0.5℃が目安**ですが、食品の加熱においては0.1℃の誤差でも加熱が不十分になる可能性があるため、許容範囲を事前に決めておき、従業員に周知しておくことが重要です。

±0.5℃が目安
日本産業規格（JIS）では、ガラス製温度計の許容誤差は常温付近（0～60℃）で±0.5℃と規定されている（JIS B 7414 表3）。

校正の頻度は温度計の使用頻度や計測対象によりますが、月に1回以上行うことを推奨します。始業前や特定の曜日など、決まったタイミングで行うようにすると、従業員の負担や作業のし忘れを減らすことができます。また、校正の記録を残すことで、後で確認することが可能になります。校正を怠ると、食品安全性の問題や品質の低下、規制違反、信頼性の低下などのリスクが生じるため、重要な作業であると認識することが大切です。

温度計の校正例

標準温度計の使用

標準温度計との比較

社内校正

高温の確認

沸騰水に温度計を挿して、100℃を示していることを確認

低温の確認

氷水に温度計を挿して、0℃を示していることを確認

出典：各種資料をもとに著者作成

HACCPにおける校正例

	重要管理点（CCP）工程	具体的な校正内容と頻度
ヨーグルト	加熱殺菌	測定機器（温度計、タイマー）の校正（年1回）
	金属検出	メーカーに依頼し、金属検出機のメンテナンスを行う（年1回）
チルド ミートボール	殺菌	スパイラルタワーに設置された温度計の校正と コンベアの速度の校正（年1回）
	冷却	冷却層に設置された温度計の校正と コンベアの速度の校正（年1回）
	X線検査	メーカーに依頼し、X線探知機のメンテナンスを行う（年1回）
清涼サイダー	炭酸ガス冷却圧入	測定器の校正（圧力計、自記圧力計、自記温度計）（年1回）
黒糖まんじゅう	蒸煮	測定機器（実温度計、タイマー）の校正（年1回）
	金属検出	メーカーに依頼し、金属検出機のメンテナンスを行う（年1回）

出典：厚生労働省「食品製造におけるHACCP入門のための手引書 付録Ⅰ」
（https://www.mhlw.go.jp/stf/seisakunitsuite/bunya/0000098735.html）をもとに作成

記録のレビューの重要性

HACCPにおいて、記録はHACCPプランを実施した証拠となり、何か問題が生じた際には、状況把握や原因究明の助けになります。さらに、記録のレビューを行うことで、プランやシステムの改善にも役立てることができます。

記録するだけでなくレビューすることが重要

食品衛生管理では、正しい作業が行われていることを証明するために、記録付けは必要不可欠な要素です。HACCPシステムにおいては、重要管理点（CCP）のモニタリング記録や改善措置記録は、後から作業内容を確認し、改善措置が適切に行われたかを検証するための貴重な証拠となります。

これらの記録を**レビュー**し、CCPが適切に管理されているか、改善措置が適切に行われたかを確認する検証を「記録のレビュー」といいます。このレビューは、HACCPプランで設定された目標を達成するための対象の適切性、妥当性、有効性を確認することを目的としています。

レビュー
見直しや再検討の意味。国際標準化機構（ISO）では、「設定された目標を達成するための検討対象の適切性、妥当性、及び有効性を判定するために行われる活動」のことを指す。

記録のレビューを行う際のポイント

記録のレビューでは、以下の観点で検証を行います。

適切性：HACCPプランに沿った作業が行われているか、的外れな取り組みがないかを確認します。

妥当性：HACCPプランに沿った作業に過不足がないか、無駄な作業（ムリ・ムダ・ムラ）がないかを検証します。

有効性：HACCPプランに沿った作業が効果的であったか、つまり目的を達成し、役に立っているかを確認します。

さらに、記録のレビューを通じて、HACCPプランそのものや、改善措置の対応ルールの設計に問題がないかも検証します。たとえば、設定された管理基準（CL）が実際の製造現場で適切に機能していない場合には、HACCPプランの見直しが必要になります。

記録のレビューは、HACCPプラン（計画）とHACCPシステム（しくみ）を見直し、改善するための重要な活動です。そのため、

記録のレビューのポイント

ハンバーグを焼く

HACCP プランに従って中心温度を測定する

HACCP プラン（抜粋）	
工　程	加熱
管理基準	中心温度が 75℃に達しているか確認する
モニタリング方法	中心温度計を具材に挿し、温度を計測する

測定温度を記録する + 合否判定する

記　録				
日時	品名	温度	判定	担当者
○月○日 10:00	ハンバーグ	85.4℃	○	●●●
○月○日 11:30	ハンバーグ	84.7℃	○	●●●
○月○日 12:45	ハンバーグ	73.2℃	×	●●●

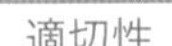

適切性　妥当性　有効性

食品衛生管理を適切に運用するために、記録のレビューは不可欠なプロセスです。レビューを通じて得られるフィードバックは、HACCP プランや HACCP システムの改善に資する貴重な情報源となります。

記録をレビューする	
適切性	「記録」を見直して、HACCP プランに従って作業を行ったか確認する
妥当性	「記録」を見直して、測定・記録・判定の作業に問題がなかったか確認する
有効性	「記録」を見直して、製品が基準通りに製造されたか確認している

出典：各種資料をもとに著者作成

レビューの責任者は製造全般を掌握しているだけでなく、HACCP について深い理解を持つ責任者が適任といえます。

Chapter8
07

HACCPの検証活動⑥

内部監査で HACCPシステムを監視

HACCPシステムを継続して運用するためには、構築したシステムや設定したプランが適切に機能しているかを確認することが欠かせません。そのために重要な作業が内部監査（内部検証）です。

HACCPシステムにおける内部監査

HACCPシステム全体の検証活動として、内部監査（内部検証）が挙げられます。内部監査は、HACCPシステムが適切に機能しているか確認することを目的とする重要な検証活動の1つです。日々の監視活動や、特定のポイントや項目の点検、定期的な監査までを含んでいます。

また、HACCPプランの設計や実施状況を検証するとともに、食品安全に関わる法令などの規制要件に準拠しているかを確認するための重要な手段でもあります。これにより、組織は運営の適法性を確保し、法的な問題を回避することができます。加えて、内部監査は組織の信頼性を高める効果もあります。

監査員は通常、その役割に関する適切な訓練を受けた組織のメンバーが担当します。監査対象の業務に直接関与していない人物が選ばれることで、監査結果の公正性と客観性が確保されます。

内部監査の重要ポイント

内部監査を行う上では、以下の点がポイントになります。

①**HACCPシステムの運用状況**：システム全体の運用状況を把握し、その手順と原則が適切に運用されているか、また、各工程で作成される文書や記録が適切に保管されているかを確認します。また、消費者からのクレームや違反事例の対応の確認も行います。

②**モニタリングの状況**：重要管理点（CCP）のモニタリングが定期的に、そして正確に行われているかを従業員のモニタリング動作や記録を通して確認します。異常が発生した際の対応が適切であるかも、評価の重要な要素となります。

③**トレーサビリティ（追跡性）**：原材料から最終製品までの流

トレーサビリティ（追跡性）
食品事故などの問題があった際に、食品の移動ルートを書類などで特定し、訴求・追跡して、原因究明や製品の回収などを円滑に行えるようにするしくみ。

監査の意義と目的

監査とは	遵守すべき法令や規則などの基準があるか証拠を収集し、その証拠に基づいて、監査対象の有効性を合理的に保証することをいう。

→HACCP における監査：HACCP システムが適切に機能しているか確認することを目的とする。

一般的な内部監査のプロセス

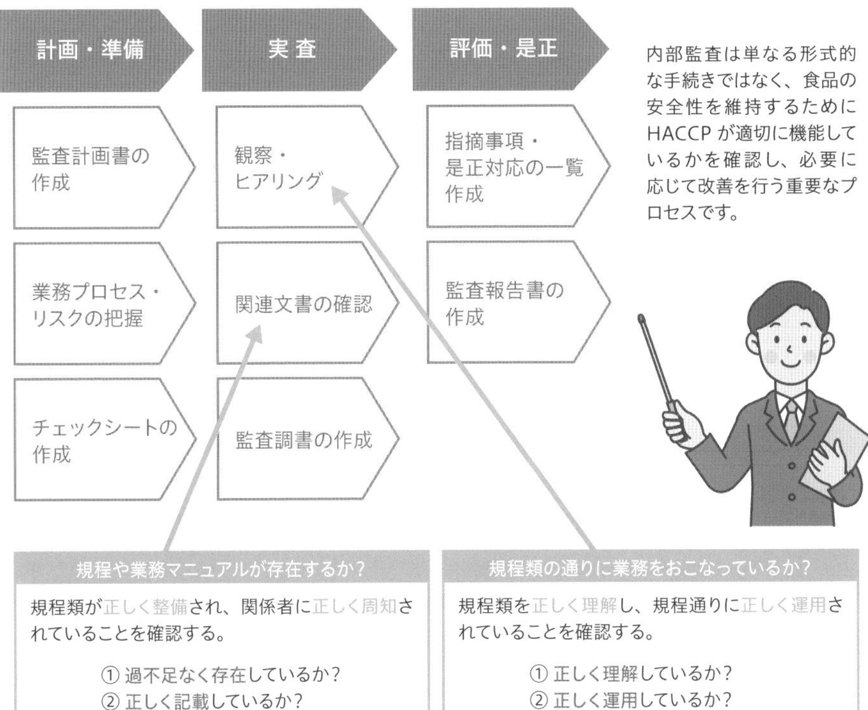

規程や業務マニュアルが存在するか？

規程類が正しく整備され、関係者に正しく周知されていることを確認する。

① 過不足なく存在しているか？
② 正しく記載しているか？
③ 正しく周知しているか？

規程類の通りに業務をおこなっているか？

規程類を正しく理解し、規程通りに正しく運用されていることを確認する。

① 正しく理解しているか？
② 正しく運用しているか？
③ 逸脱した行為がないか？

出典：いずれも各種資料をもとに著者作成

れを追跡する体制が整っているかを確認します。これは製品に問題が発生した際の対応能力を保証することにもつながります。

④教育の状況：従業員がHACCPについて理解し、適切に運用できているかを確認します。教育の適切さは、システムの運用に直結します。

⑤検証と改善：HACCPシステムの定期的な検証と改善が行われているかを確認します。検証結果に基づいた適切な改善が行われているか、また改善策が効果を上げているかを評価します。

Chapter8
08

原材料の保証体制の構築

食品の安全を実現するには、食品製造の上流工程に位置する原材料の品質と衛生水準の確保が重要です。衛生的で高い品質の原材料を入手するために、原材料供給者の決定や検証のプロセスを確立します。

原材料供給者の選定プロセスを考える

HACCPシステムでは、原材料の品質と衛生水準を確保し、各工程で品質をつくり込むことで、製品の品質を保証する源流管理の考え方をとっています。

源流管理
食品の品質を保証するために、原材料の選定や管理といった上流工程から品質に取り組む手法。

たとえ製造工程で徹底した衛生管理を実施していても、原材料に問題があれば、食品の安全に影響が及んでしまいます。そこで、まずは原材料供給者の選定プロセスが重要です。原材料供給者の選定には、原材料の仕様、原材料供給者の品質管理体制、製造・加工の工程など、重視すべき要素がいくつもあります。これらの要素は多岐にわたるため、効率的に選定を行うフレームワークが必要となります。その1つが「QCD」です。QCDとは「Quality（品質）」「Cost（価格）」「Delivery（調達）」の3つの要素を指します。

フレームワークの視点で品質保証に取り組む

原材料の評価においては、品質面は開発部門や品質保証部門が、価格や調達の面は購買部門が担当することが一般的です。しかし、各部門からの結果を集計するだけではなく、総合的な評価と判断が必要です。そのためには、QCDのQ（品質）にあたる「品質交渉」が、C（価格）の「価格交渉」と同時並行に行われるべきです。

また、原材料供給者の検証・評価には、仕様の確認、書類審査、製造加工現場の確認などが欠かせません。しかし、すべての原材料に対して、そうした確認や審査を実施することが現実的には難しい場合があります。そこで、「原材料管理ランク」のような重み付けによる分類ができるように、評価基準を作ることが有効です。評価基準の作成には、最新の科学的・技術的知見をもとにすることが望まれます。

原材料の選定フレームワーク「QCD」

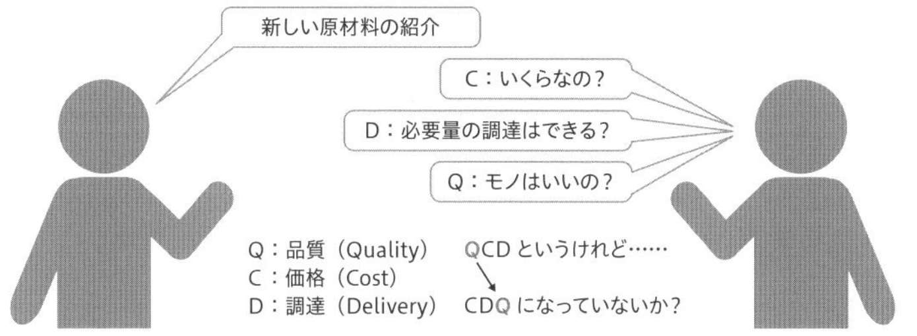

出典：著者作成

原材料の選定フレームワーク「三現主義」

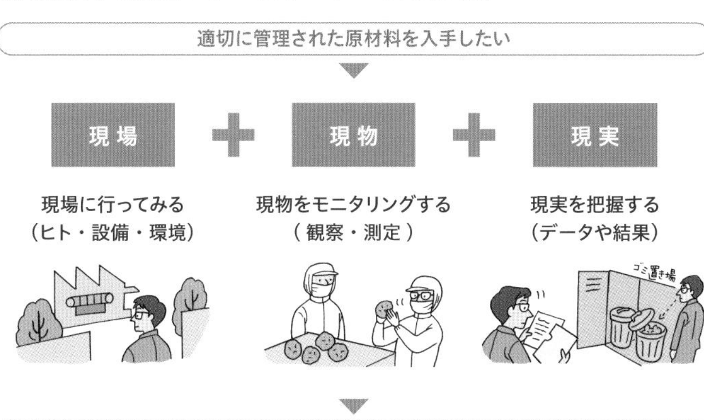

（「三現主義」イラスト部分）出典：一般財団法人食品産業センター
「食品製造・加工事業者のためのよくわかる高度化基盤整備事項解説」（平成26年度農林水産省補助事業）
（https://haccp.shokusan.or.jp/wp-content/uploads/2016/03/kodokakibansebi_all_low.pdf）より転載

原材料の品質を確保することで、最終製品を安全で安定的に生産することができます。そのためには、QCDや三現主義といったさまざまなフレームワークの視点で取り組むことが有効です。

さらに、「**三現主義**」に則ることも重要です。これは、「現場に行き、現物を見て、現実を確認する」という原則で、原材料供給者の施設を訪問し、製造プロセスを直接視察することを意味します。これにより、書類上だけでは見えない問題点や改善点を把握することができます。

原材料の品質保証は、採用時だけで終わりではありません。継続的な取り組みとして、**変更管理**を確立することが必要です。原材料供給者側の品質管理体制の変化、原材料の品質状況、新しい科学的・技術的知見などを常に把握し、品質保証を見直すことが求められます。

三現主義
「現場」「現物」「現実」の3つの「現」を重視する考え方。製造業などの品質管理の現場において重要視される考え方の1つ。

変更管理
Change Control。法律の改訂や内部の設備更新、原材料供給側の変更など、新たな要素を適切にルール（規格や作業手順）に取り入れる手法。

HACCPへの取り組みを対外的にアピールする

認証制度の活用

HACCPに準拠した衛生管理ができていれば、必ずしも認証を取得する必要はありません。一方で、認証制度を活用し、HACCPに取り組む自社の姿勢をアピールすることで、対外的な信頼度の向上が期待できます。

行政機関によるHACCPへの取り組み

厚生労働省によれば、「HACCPに沿った衛生管理」(7-02参照)の制度化においては、認証などの取得が必須ではありません。国は食品等事業者が自主的にHACCPを活用し、食品の安全を確保する体制を望んでいます。衛生管理計画の実際の実施状況については、従来と同様に、営業許可の更新時の確認や保健所の定期的な立入検査などによって監視・指導されます。

一方、**各地方自治体が独自に実施しているHACCPの認証制度**がありますが、内容や要求水準が自治体によって異なるため、一概に「HACCPに沿った衛生管理」の要件を満たしているとはいえません。

各地方自治体が独自に実施しているHACCPの認証制度
それぞれの地方自治体が独自に定めた基準で審査を行うHACCP認証で、「自治体HACCP」ともいわれる。対象製品や適用範囲が限定的だが、中小企業でも認証を得やすく、近隣地域からの信頼を得やすいという考え方もある。

プライベート認証を活用する

食品安全マネジメントシステムの国際規格ISO 22000などをはじめとするプライベート認証制度は、食品等事業者間の取引で活用されるものであり、認証の取得が食品等事業者の信頼性の向上やビジネスチャンスの拡大につながります。しかし、プライベート認証は必須ではないため、適切に運用するには専門的な知識と経験が求められます。また、HACCPは食品衛生管理の手法であり、世界共通の証書やマーク、資格などは存在しないことに注意が必要です。正確には、「HACCPを取る」のではなく、「HACCPに取り組む」というのが適切な表現なのです。

一般消費者は、プライベート認証に関する活動を十分に理解していない場合があります。そのため、食品等事業者自身が認証の価値を理解し、プライベート認証を取得したり、HACCP認証を活用するなど、自主的に取り組む姿勢が重要になります。

代表的な食品安全認証における構成要素の比較

認証名	文書・記録	経営者の責任	コミュニケーション	顧客関連（苦情含む）	工程管理	購買	製品設計	製品の特性	内部監査	教育訓練	前提条件プログラム	HACCP	トレーサビリティ	不適合製品管理	測定機器管理	計量管理	製品検査	分析ラボ管理	内部工場監査	データ分析	マネジメントシステム更新	表示	異物混入防止	アレルギー関連	GMO	食品防御	回収・リコール
FSSC 22000	◎	◎	◎	○	○	◎	○	◎	◎	◎	◎	◎	◎	◎	◎		○	◎		◎	◎	◎	◎	◎		◎	◎
SQF	◎	◎	○	◎	○	◎	◎	◎	◎	◎	◎	◎	◎	◎	◎	○	○	◎		○		◎	◎	◎	○	◎	◎
BRC／IFS	◎	◎	○	◎	◎	◎	◎	◎	◎	◎	◎	◎	◎	◎	◎	◎	◎	◎	○	○		◎	◎	◎	◎	◎	◎
ISO 22000	◎	◎	◎	○	○			◎	◎	◎	○	◎	◎	◎	◎		○			◎	◎	○	○	○			◎

◎：記述深度が高い
○：記述あり
空欄：記述なし

SQF：Safe Quality Food の略
BRC：British Retail Consortium の略
I F S：The International Featured Standard の略

出典：一般財団法人食品産業センター「HACCP関連情報データベース」（2017年3月時点）をもとに作成

FSSC 22000認証取得までの流れ（例）

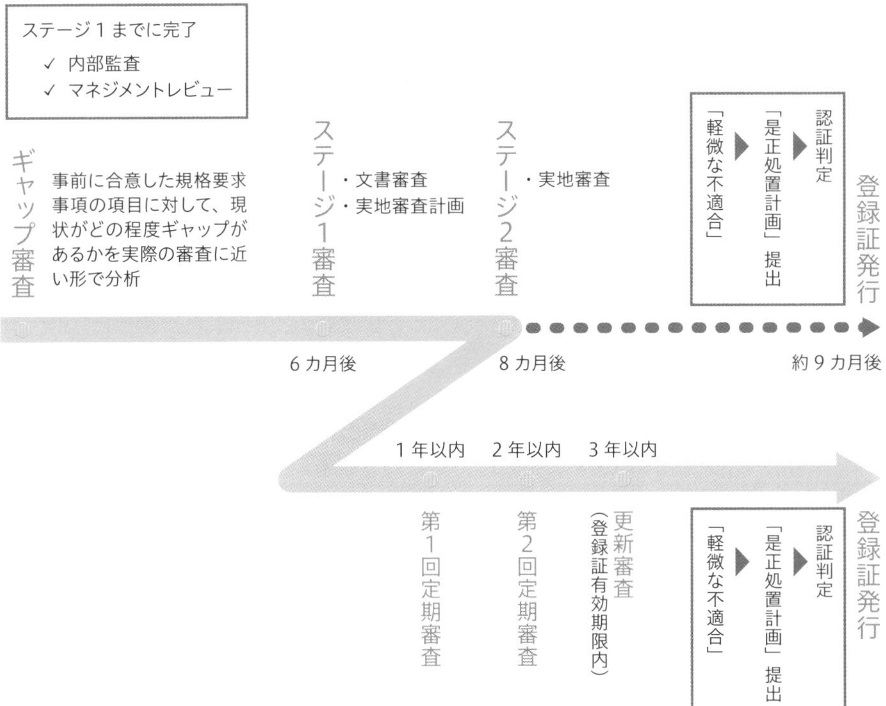

ステージ1までに完了
✓ 内部監査
✓ マネジメントレビュー

ギャップ審査
事前に合意した規格要求事項の項目に対して、現状がどの程度ギャップがあるかを実際の審査に近い形で分析

ステージ1審査（6カ月後）
・文書審査
・実地審査計画

ステージ2審査（8カ月後）
・実地審査

認証判定 ▶ 「是正処置計画」提出 ▶ 「軽微な不適合」

登録証発行（約9カ月後）

第1回定期審査（1年以内）
第2回定期審査（2年以内）
更新審査（登録証有効期限内）（3年以内）

認証判定 ▶ 「是正処置計画」提出 ▶ 「軽微な不適合」

登録証発行

出典：各種資料をもとに著者作成

COLUMN 8

食品衛生監視票の改正とその意義

HACCPの制度化と食品衛生監視票の連携

2021年6月から完全施行となった「HACCPに沿った衛生管理」は、食品安全の強化を目指す重要な制度です。この制度の導入によって、すべての食品等事業者はHACCPの原則に従った衛生管理が求められ、その実施状況を評価するために、食品衛生監視員は新たな「食品衛生監視票」（以下、監視票）を用いることになりました。

基準の統一と指導の平準化

監視票の監視項目には、衛生管理計画や手順書、実施記録などの作成状況、食品衛生責任者の選任状況、施設の清掃や消毒などの衛生管理状況、食品取扱者の健康管理、教育訓練の状況など、HACCP制度の基準が反映されており、監視・指導の平準化が期待されています。これは、HACCPの原則を取り入れた衛生管理を実施する食品等事業者に対して、その評価が一貫した方法で行われることを意味します。これにより、飲食店や食品製造業者などの異なる業種・規模の事業所で、公平な評価を実現することができます。

改正後の監視票は何が変わった？

HACCPの制度化にともなって改正された監視票は、より詳細に、そして包括的になっています。監視項目は、以前の27項目100点満点から40項目106点満点へと進化し、内容もHACCPに沿った衛生管理に重点を置く形になりました。この改正は、食品安全に対する厳格な取り組みが求められている現在の状況を反映しているといえます。

改正後の監視票は、食品等事業者のHACCPへの取り組み度を評価し、点数化する内容で、それまでの、行政によって決められた衛生管理の実施状況を評価するツールから、食品等事業者自身によるHACCPの取り組みを評価・認証するツールへと変わりました。いわば行政がHACCPの取り組みを評価する「お墨付き」のようなもので、食品等事業者にとって監視票は対外的なアピールにも役立つ重要な存在といえるでしょう。

第9章

食品業界における衛生管理事例

HACCPはただシステムを構築すればよいというものではなく、その活動を組織に根づかせ、組織全体で食品安全への意識を高めていくことが重要です。この章では、食品衛生管理やHACCPに真摯に向き合い、実際に「HACCPを生きた活動」にしている事業者の取り組み事例を紹介します。

Chapter9 01

業種の違いにおける食品衛生管理のポイント

多種多様な形態がある食品の製造加工においては、求められる衛生管理の内容もさまざまです。HACCPを導入する際には、業種ごとの特性を考慮したアプローチが求められます。

HACCPの導入時に考慮すべきこと

食品の衛生管理は、食中毒などの健康リスクを最小限に抑えるための絶対的な要件です。過去の食中毒発生状況を踏まえた対策も必要で、規格基準の遵守も欠かせません。

ここで忘れてはならないのは、食品の衛生管理は業種によって異なる取り組みが求められるということです。たとえば、食品衛生法における施設基準には、給排水設備などの共通基準と、業種ごとに定められた個別基準とが存在します。これは一定の品質と安全性を確保するための最低限の基準です。

また、厚生労働省令で定められた施設基準を満たすことは必要ですが、それを満たす形であれば、地域や業態に応じて柔軟に基準を設けることも認められています。つまり、食品製造は多種多様であるため、HACCPを導入する際には、業種ごとの特性を考慮したアプローチが必要だといえます。

以下は、業種ごとに求められるアプローチの一例です。

食品工場：HACCPを取り入れる際は、施設の規模や製品を考えて、HACCPの「7原則12手順」（**第7章**参照）をそのまま導入するか、簡略化されたアプローチによる衛生管理を導入するかを決めていきます。また、HACCPの取り組みを活かし、企業全体の食品安全への意識を高めて食品事故を未然に防ぐとともに、取引先や消費者に対して自社製品の安全性の高さをアピールするのであれば、ISO 22000などの食品安全マネジメントシステム認証の取得も検討する必要があります。

スーパーマーケット：販売する製品を店内で製造するかどうかで、HACCPの運用が異なります。店内で惣菜などを製造する場合、工場同様に食品製造のHACCPを適用することが求められま

簡略化されたアプローチによる衛生管理
取り扱う食品の特性などに応じた取り組み、あるいは「HACCPの考え方を取り入れた衛生管理」をいう。小規模な営業者等を対象として、各業界団体が作成する手引書を参考に衛生管理を行うことを指す。

本章で紹介する食品事業者の内訳

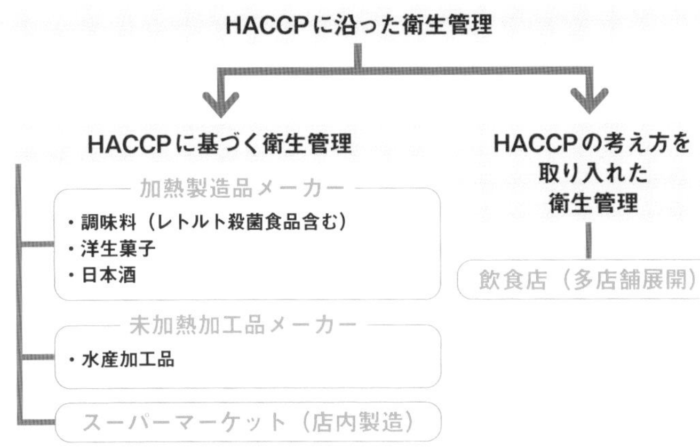

HACCPに沿った
衛生管理は、
食品事業者の
業態や
人数によって、
2つのレベルの
取り組みが
あります。

す。製造を行わない場合でも、製品の適切な保管と衛生管理が重要です。

飲食店：多品目の製品を扱う飲食店では、すべての製品のHACCP文書を作成することは難しいため、作業内容に基づき、グループに大別してハザード分析を行い、グループごとに管理を実施すること（プロセスアプローチ）が重要となります。微生物の増殖速度が高まる危険温度帯（デンジャーゾーン）を何回通過するかにより、製品を分類することが推奨されています。さらに、多店舗展開するチェーン店では、本部と各店舗の連携が特に重要です。本部は衛生管理計画を作成し、各店舗の責任者に対してHACCPの教育訓練を実施する必要があります。

さまざまな事業者の取り組み事例に学ぶ

本章では、食品衛生管理やHACCPに注力する事業者の取り組み事例を見ていきます。具体的には、「HACCPに沿った衛生管理」（**7-02**参照）のうち、「HACCPに基づく衛生管理」に取り組む事業者として、加熱製造品メーカー、未加熱加工品メーカー、スーパーマーケット（店内製造）を取り上げています。また、「HACCPの考え方を取り入れた衛生管理」に取り組む事業者として、多店舗展開している飲食店を取り上げています。各事業者が実践している取り組みを通して、食品安全のリアルな現場が学べます。

Chapter9
02

具体的な衛生管理事例①：調味料メーカー

ODMに求められる厳しい衛生管理に高いレベルで対応：一番食品

委託者のブランド品として販売される製品の企画・開発から製造まで、受託者が一貫して行う方法をODMといいます。受託者は製品の品質管理にも責任を負うことになるため、食品安全に対して高い意識を持つ必要があります。

ODMで築き上げたものづくりの強み

食品業界では、ODMやPBという方法が多く見受けられます。受託者は高い水準の製品開発技術を持つことが前提となる上、品質管理の面でも大きな責任を負うため、食品安全に対して厳格な対応を求められます。

一番食品株式会社は、福岡県飯塚市に本社を置く調味料メーカーです。業務用の調味料やレトルト食品を主に製造・販売し、一般向けの調味料や健康食品も通信販売しています。多品種少量生産による「味の総合メーカー」として、食品安全に対するコミットメントを証明するFSSC 22000（P.203）の認証をレトルト食品工場で保有しています。「顧客の要望に応じたオーダーメイドの味づくりと、食を追求した安心・安全のための管理の徹底」をミッションに掲げ、製品の開発と製造に取り組んでいます。

同社の商品アイテムは8,500品目に及び、その90％がODMやPBの生産によるもので、他社ブランドの製品を設計提案から製造まで一貫して手掛けています。これほど高い割合でODMやPBを請け負っているという点からも、同社における新商品の企画設計力や、依頼者からのニーズを具現化する能力の高さが見て取れます。一方で、ODMやPBの生産による技術知見の蓄積が、同社の企業力のさらなる向上につながるという好循環も生み出しています。

同社には、約50名の研究開発プロフェッショナル、いわゆる「味の仕掛け人」が所属しており、彼らの磨かれた舌の感覚によって、依頼者の求める味の再現を可能にしています。また、製造部門では手仕込みを基本とした多品種少量生産体制を築くことで、大手他社が取り組みにくい商品の開発にも対応しています。

ODM
Original Design Manufacturingの略。OEM（Original Equipment Manufacturing）と似ているが、OEMが他社ブランドの製品を製造すること（受託生産）に対して、ODMは他社ブランドの製品を設計提案から製造まで行うこと（相手先ブランドによる設計製造）をいう。

PB
プライベートブランド（Private Brand）。卸売業者や小売業者が企画・開発をし、メーカーに製造を依頼した商品ブランドのこと。

一番食品株式会社

おいしい おつきあい
ICHIBAN

【会社概要】
会社名：一番食品株式会社
所在地：福岡県飯塚市
創立：1959年11月
事業内容：スープ、調味料などの食品製造販売

一番食品の取り組み例

●依頼者の求める味の再現

研究開発の専門家たちが、安心・安全に配慮しながら、ODMやPBに求められる高水準の商品開発を支えている。

●レトルト食品の殺菌工程の様子

品質保証が難しいレトルト食品については、微生物学的な安全性を保証する製造体制をとっている。

微生物学的な技術力による品質と安全性の両立

微生物学的な品質保証が難しいレトルト商品も数多く手掛けている同社では、厳格な殺菌条件と風味のバランスを保つことに重点が置かれています。また、製品の粘性や具材の大きさ、初発菌数（初期状態の汚染微生物数）による殺菌のバラツキを防ぐため、初回生産時には熱滅菌の指標であるF値の検証を行っています。さらに、研究開発部門に微生物学の専門担当者を配置し、チャレンジテストを実施することで、製品の微生物学的な安全性を実証しています。

レトルト商品とは別に、30年以上前から小袋包装無菌充填商品の開発を開始。充填環境の清浄度と充填機の洗浄性の保証を基盤とし、10年近くの試行錯誤を経て、小袋包装無菌充填技術を国内でいち早く確立しています。また、多商品を製造するにあたり、商品の切り替え時間の短縮、製造効率と洗浄性の保証のバランスを追求し、効果の高い洗剤の選定や複数の洗浄パターンを採用しています。

さらに、品質保証部門では最終的なデザインレビューの承認を行い、全体的な品質管理体制を構築しています。これらの取り組みにより、同社は食品安全と品質の両面で優れた製品の提供を実現しています。

F値
加熱殺菌において、基準温度で一定数の細菌を死滅させるのに要する加熱時間。

チャレンジテスト
保存効力試験ともいう。微生物を強制的に接種し、耐菌性を確認する試験のこと。

デザインレビュー
製品の開発工程の1つで、設計に問題がないか、第三者の観点から検討すること。

Chapter9 03

具体的な衛生管理事例②：洋生菓子メーカー

きめ細やかで徹底した衛生管理手法：モンテール

HACCPは、衛生管理計画や手順書を書類の上で作成すれば終わりということではありません。適切な体制づくりと万全の衛生管理方法を確立し、日々の業務のすみずみまで食品安全の意識を行き渡らせることが大切です。

食品安全に求められる組織としての意識の高さ

HACCPが制度化されたことで、食品業界全体で食品安全に対する意識の向上が見られます。しかし、適切な衛生管理を実現するためには、組織のトップマネジメントから現場で働く従業員に至るまで、HACCPや食品安全マネジメントシステムの本質を理解し、その重要性を認識していることが求められます。

埼玉県八潮市に本社を構える株式会社モンテールは、主にシュークリームやエクレア、ロールケーキなどを製造する洋生菓子メーカーです。国内3カ所の製造拠点から毎日約70〜80万食を全国に供給しており、2021年にはすべての工場でJFS-C規格の認証を取得しています。

食品安全に対する高い意識を持ち、徹底した衛生管理の体制づくりと、衛生教育や点検業務などの管理体制を確立している同社の取り組みを例に見ていきます。

株式会社モンテール

モンテール

【会社概要】
会社名：株式会社モンテール
所在地：埼玉県八潮市
創立：1954年10月
事業内容：洋菓子の製造販売

JFS-C規格
日本発の食品安全マネジメントシステム認証規格。

原材料の厳選と製造工程の衛生管理ポイント

同社では、企画開発部が原料や資材など原材料の採用を行っています。原材料採用の独自基準を設定し、その衛生基準を逸脱しないような管理が行われているものを採用しています。また、品質保証部とともに必要に応じて新規採用の原材料メーカーの査察を実施しています。

製造工程では、製品が生菌数300/g以下、大腸菌群・黄色ブドウ球菌がともに陰性であることを目指して衛生管理に努めています。そのため、生クリームなどの仕立て製造から充填・包装作業までをクリーンルームで行っている点でも、同社の衛生管理に対する意識の高さがうかがえます。また、機器の分解洗浄と湯を用

モンテールの取り組み例

●クリーム充填機の分解洗浄

機器については分解洗浄と湯を用いた洗剤洗浄、湯煎での熱殺菌など、徹底した洗浄を行っている。

●定期的な工場巡視

複数部署のメンバーで工場を巡視し、各工程の適切性や機械のチェックを実施している。

いた洗剤洗浄に加えて、湯煎での熱殺菌を行っているほか、全工場とも製造ラインの工程検査を毎月行い、清浄性の確認を実施しています。

衛生教育と品質管理の実践

新入社員に対して衛生教育に半日を費やし、さらに実地でのOJTも行います。またマンネリを防ぐために、衛生管理について社員に向けた講座を定期的に開き、理解度を確認する試験も実施。構内にはプロダクトカメラを設置し、作業工程の定期確認や指導教育にも活用するなど、日常的に衛生教育が施されています。

品質保証活動の取り組みと成果

同社では1990年にいち早くHACCPに取り組み、衛生管理に真摯に取り組む姿勢が醸成されています。十年以上前にAIBフードセーフティに取り組み、衛生管理レベルが向上するとともに、クレームが激減しました。その後、JFS-C規格の認証を取得し、さらなる品質向上を目指して取り組みを続けています。

品質保証部、製造部及び工務課の3つの部署が、毎日工場巡視を行っています。さらに3部署のメンバーが毎週合同で工場を巡視し、機器の洗浄、原材料管理の適切性や機械に異常がないかを確認しています。

OJT
On the Job Training(オンザジョブトレーニング)の略。職場での実践を通じて業務知識を身に付ける育成手法のこと。

プロダクトカメラ
場内を確認するモニターカメラ。

AIB フードセーフティ
米国製パン研究所が、食品取扱施設において製品製造や管理のための食品安全環境を整えるために確立したシステム。

Chapter9
04

具体的な衛生管理事例③：酒造メーカー

海外進出を視野に入れたHACCPの導入：シンフォニー吉田酒造

世界の多くの国でHACCPの導入が進んでおり、中には日本よりも食品に対する厳しい規制を設けている場合もあります。海外進出を考える際には、国際的にも通用するHACCPの導入を検討することも必要になってきます。

海外市場進出に向けてHACCPを導入

1806年創業の酒蔵・吉田酒造が外資系企業と手を組み、約10億円の投資で新たな酒蔵、シンフォニー吉田酒造株式会社を設立しました。一升瓶換算で年間約20万本の生産能力を持ち、2023年秋からは、日本酒の価値を全世界に広めるべく、海外市場向けの生産が開始される予定です。

同社で注目すべきは、海外進出を支えるために、小規模事業者に該当するため必須ではないものの、大手食品製造業界で義務付けられている「HACCPに基づく衛生管理」の導入に踏み切った点です。製品の安全性と企業の信頼性において、海外での評価を向上させることを目的とし、専門家を招いて、衛生管理と組織運営の見直しに取り組むとともに、人材育成にも力を注いでいます。

食品衛生重視の工場設計と衛生管理の強化

新たに建設された工場は、食品衛生を最優先にした設計が採用されています。設計事務所や施工会社などで構成される新工場建設プロジェクトを進めるにあたっては、これまでの菓子工場の設計経験が活かされています。さらに、全国各地の酒蔵をつぶさに視察して、食品衛生に重要な設計要素を改めて整理しました。たとえば、動線の効率化や汚染区域と清浄区域の分離、充填環境の清浄性確保、原料米の保管貯蔵棟といった、食品衛生に関する多くの要素が新工場の設計に反映されました。その結果、従来の酒蔵運営と比較して、衛生管理が大幅に強化されています。ほかにも、「開かれた工場」を目指して、新工場の2階部分に、一般見学者が周回して製造している様子を見られるように通路を設けています。

酒蔵
日本酒を醸造・貯蔵する蔵。

シンフォニー吉田酒造株式会社

EIHEIJI TERROIR
SYMPHONY YOSHIDA SAKE BREWERY CO., LTD.

【会社概要】
会社名：シンフォニー吉田酒造株式会社
所在地：福井県吉田郡永平寺町
設立：2022年6月
事業内容：日本酒の製造販売

小規模事業者に該当するため必須ではない
酒類の業界団体が示す小規模事業者向けの「HACCPの考え方を取り入れた衛生管理のための手引書」によると、酒類製造において過去に病害微生物の発生は確認されていないと記述。また、異物混入に十分注意し、確実に一般衛生管理を行うことが重要としている。

シンフォニー吉田酒造の取り組み例

●食品衛生を最優先にした工場の設計

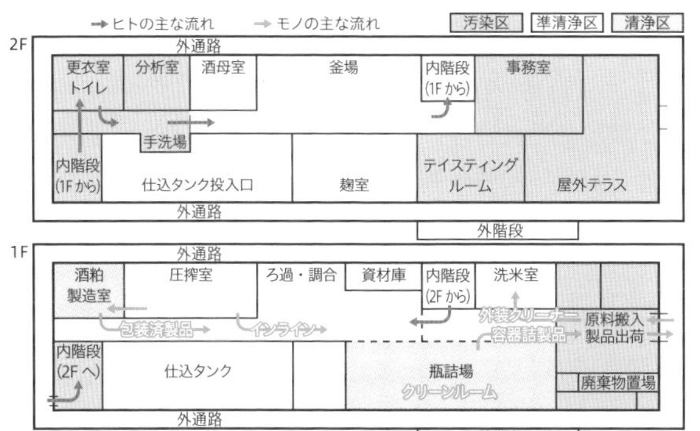

効率的な動線と、汚染区域と清浄区域の分離に配慮した工場の内部。

充填環境の清浄性を確保するため、HEPAフィルターを導入。

稼働前の仕込タンク。雑菌汚染のリスクが少ないホーロー製を採用している。

●コンセプトは「開かれた工場」

2023年秋に稼働予定の新工場(完成図)。2階部分は一般見学者が製造の様子を周回して見られる設計になっている。

組織運営の改革とFSSC 22000の取得

酒蔵・吉田酒造は、新工場から少し離れたところで古くから酒造りを行ってきました。アルコール飲料ということもあり、これまで異物混入対策や原料米の管理などを中心に取り組んできました。今回のHACCPの導入は、組織全体の運営にも大きな影響を与えました。HACCPの原則に基づいた組織運営の見直しと改善活動が行われ、「組織は人なり」という考え方を重視して、人材育成にも積極的に取り組んでいます。また、国際的な食品安全認証であるFSSC 22000（P.203）の取得を目指すなど、海外市場も念頭に置いた安全性の向上と品質保証に対する強い意識を示しています。

Chapter9
05

具体的な衛生管理事例④：水産加工品メーカー

適切な原材料管理で製品の安全性を確保：絆屋(きずなや)

安全で高品質な製品を作るためには、良質な原材料の確保が欠かせません。特に、加熱工程のない製品の場合には、原材料入荷時の品質確認やTT管理、衛生的な取り扱いなど、徹底した衛生管理が求められます。

食品製造工程の上流に位置する原材料管理

原材料の管理は、食品製造の上流に位置する工程として非常に重要です。特に、生肉や鮮魚などの「生もの」を取り扱う際には、それぞれの原材料が持つハザードを明確にし、そのハザードに応じた管理が必要となります。

株式会社絆屋は、新鮮なブリや鯛などの刺身を、醤油ベースの特製たれに漬け込んだ大分県の郷土料理「りゅうきゅう」をはじめ、大分産の素材にこだわった数々の製品を製造・販売しています。

生ものの原材料は何より衛生的に取り扱う難しさがありますが、絆屋では徹底した衛生管理で対応しています。

株式会社絆屋

【会社概要】
会社名：株式会社
絆屋（きずなや）
所在地：大分県杵築市
設立：2010年4月
事業内容：水産加工品の製造販売など

りゅうきゅう
大分県の代表的な郷土料理。絆屋のりゅうきゅうは、日本航空（JAL）国際線のファーストクラスの機内食にも採用された実績を持つ。

鮮魚を取り扱う際の衛生管理ポイント

鮮魚（未加熱・未加工品）を扱う際の衛生管理のポイントを、絆屋の取り組みを例に見ていきます。

原材料の品質管理：原材料である鮮魚は、発泡スチロールに氷漬けの状態で受け入れます。魚体の品温管理を徹底し、10℃以下に保つことを基準にしています。逸脱した場合は、臭気などの状態確認とともに微生物検査を行い、使用の可否を判断します。また、この結果はすべて記録として残します。これまでに、色味や臭気の異常があった場合にはすべて返品の対応をとっています。

製造工程の品温管理：冷蔵庫に保管している鮮魚を、一度にすべて室温に置くことがないように配慮しています。加工工程が進む都度、冷蔵庫から出し入れを行い、品温が上がらないように気を配っています。また、出し入れするたびに、非接触型温度計で表面の品温を測定しています。過去に、同社の冷凍の製品を解凍し、盛り付けて提供している取引先から「できるだけ初発菌数を

絆屋の取り組み例

●魚体の品温管理

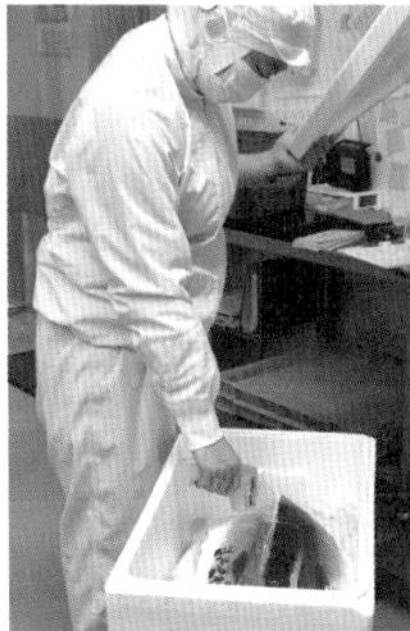

非接触型温度計で魚体の表面温度を測定し、基準温度以下であることを確認している。

●ゾーニングの徹底

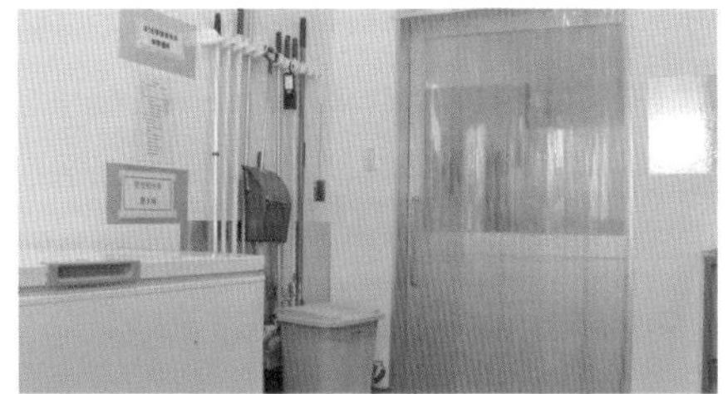

ゾーニングを施し、衛生区域に発泡スチロールなどからの汚染物質が侵入することを防いでいる。

●室温の管理

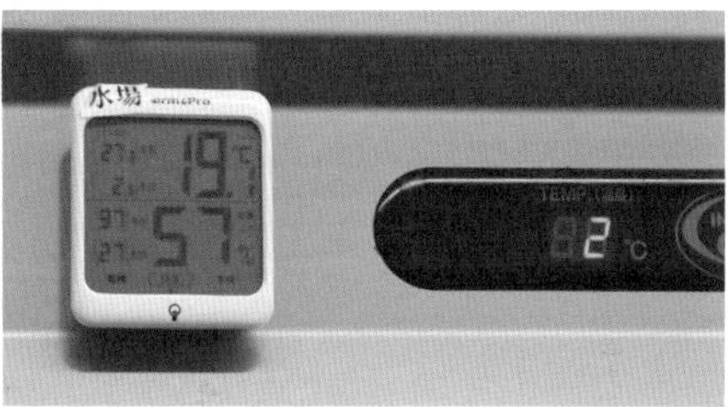

ヒスタミンの増加を防ぐため、加工室の室温は20℃以下に保っている。

下げてほしい」との要望を受けた際にも、菌の抑制や品温管理などを重点的に行い、適切な対策を講じています。

器具の衛生管理：次亜塩素酸水発生装置で、まな板や包丁などの器具を殺菌しています。ゾーニングも徹底しており、衛生区域には発泡スチロールが入らないように制限しています。

化学的ハザードへの対応：ヒスタミンの問題も考慮して、室温は20℃以下に保つようにしています。甲殻類（海老）はアレルゲンの問題から別室で取り扱い、洗浄後の器具類についてもアレルゲン確認のためのキットを用いて検査します。

モチベーション：これらすべての工程管理を記録付けしています。記録付けの意味が従業員に理解されているため、従業員の作業に対する責任感も強く保たれています。

具体的な衛生管理事例⑤：スーパーマーケット

地域密着型スーパーの高い食品安全意識：ぎゅーとら

HACCPの導入は、社内の体制や施設・設備の変更、従業員の意識改革など、組織全体のしくみを見直すよい機会でもあります。その取り組みや体制の強化は、製品の品質や生産性、サービスなどの向上につながっていきます。

株式会社ぎゅーとら

【会社概要】
会社名：株式会社ぎゅーとら
本社所在地：三重県伊勢市
設立：1929年
事業内容：総合食品スーパー

組織風土の改革とHACCPへの挑戦

HACCPの導入を契機に、組織をあげて衛生意識の向上を図った例として、三重県内に総合食品スーパー28店舗を展開する株式会社ぎゅーとらの取り組みを見ていきます。

HACCPの導入以前にも、同社ではスーパーマーケット業界初の品質ISO認証を取得し、管理体制の強化を図った経験があります。その後、認証は返上しましたが、この認証取得により、決められたことを確実に実施する姿勢が醸成されました。

同社はグループ全体として、スーパー各店舗の調理場（鮮魚・精肉の加工や惣菜調理、ベーカリー）、プロセスセンター、関連会社としてセントラルキッチンの衛生管理を行っています。食品衛生法改正を契機に、各店舗では「HACCPの考え方を取り入れた衛生管理」、プロセスセンター、セントラルキッチンでは「HACCPに基づく衛生管理」に全社一丸で取り組むことを決意しました。

経営陣の全面的な支援のもと、まず取りかかったのは、HACCPチームの編成と中心メンバーの育成です。次に、具体的かつ可視化されたルールや基準の策定を通じて、現場での具体的な取り組み方を整備し、外部講師の指導による改善案も取り入れて、衛生意識を高めていきました。

プロセスセンター
Process Center。PCと略すことが多い。生鮮品の仕入れや加工、包装、配送を一括して行う加工拠点。

セントラルキッチン
複数の提供先の調理を集中的に、大量に調理をすることで、食材原価の低減、味の均一化、厨房現場の業務削減や効率化を実現する集中調理施設。

原材料管理の実践と社内細菌検査体制の強化

店舗において惣菜などを店内調理していることから、厨房では使用期限と温度管理に特化した原材料管理を行っています。具体的には、調味料や食材の全体的な使用期限の確認とルール策定を行い、視認性を重視した使用期限表示を実施しています。原材料の配送温度や受入時の状態の確認も徹底し、冷蔵庫・冷凍庫の温

スーパーマーケットの供給体制

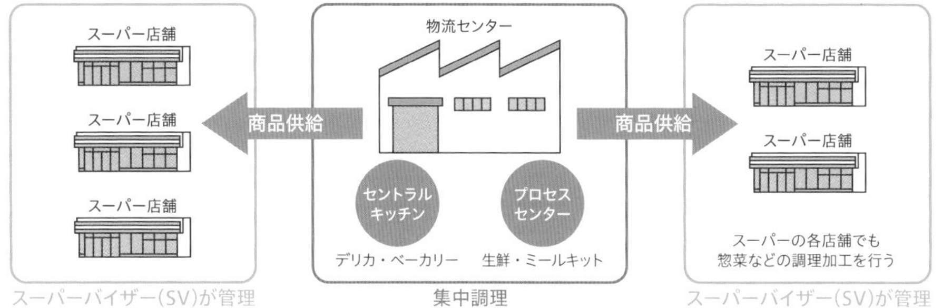

●既存の値付けラベルを活用した原材料の使用期限管理

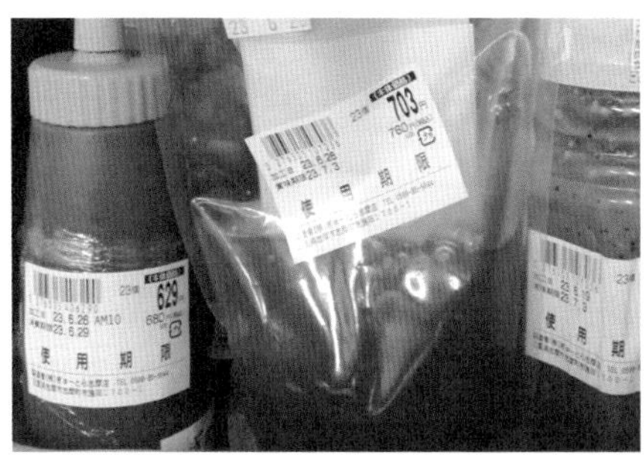

たとえば「7月3日」が使用期限のものは値段の位置に「703円」と入れ、「7月3日」と読み換えることで使用期限が一目でわかるように工夫している。

●HACCP監査で次亜塩素酸溶液の濃度を試験紙で確認している様子

社内監査の結果を人事評価に反映させることで、管理者の意識改革にも結びついている。

度を連続的に監視しています。

また、社内検査室において、店舗での調理品や作業者の手指などを自社検査し、結果をフィードバックしています。検査結果が不良だった場合には、以前は検査室が改善策を提案していましたが、現在はスーパーバイザー（SV）が改善策を提案し、これを実行する体制を目指しています。

HACCP監査と管理者の意識改革

プロセスセンターとセントラルキッチンの衛生管理の実施状況について、選抜メンバーによる定期的な監査を実施しています。指摘事項は重み付けされ、不合格の場合は再監査を行います。また、この監査結果が人事評価に反映されるしくみを導入したことで、管理者の意識改革にもつながりました。

具体的な衛生管理事例⑥：飲食店

デジタルツールで衛生管理を「見える化」：テンホウ・フーズ

多店舗を展開する飲食店では、衛生管理の質や従業員の意識に差が生じやすく、全店舗を同じレベルで管理する難しさがあります。効果的な対策の1つに、デジタルツールを活用し、本部と店舗の連携を図る方法があります。

飲食業界における衛生管理の課題と取り組み

株式会社テンホウ・フーズ

【会社概要】
会社名：株式会社テンホウ・フーズ
本社所在地：長野県諏訪市
設立：1973年10月
事業内容：餃子・ラーメン・定食等の食材食材製造・直営店舗販売など

長野県諏訪市を拠点とする株式会社テンホウ・フーズは、ラーメンチェーン「みんなのテンホウ」を運営しています。長野県を中心に33店舗を展開し、チャーシューなどほとんどの食材を自社のセントラルキッチンで製造しています。過去に他社の衛生管理の手法に接したことをきっかけに、これまでも衛生管理に努めてきた姿勢はそのまま保ちつつ、同社でも管理ルールを明確化するために、マニュアル化を進めました。

店舗では「HACCPの考え方を取り入れた衛生管理」に取り組み、従業員の誰もが容易に理解し、実践できるマニュアルへとさらに改良を加えています。

デジタルツールの導入と自主的な衛生管理

これまでは衛生管理に関する記録を紙ベースで行っていたため、結果確認に時間を要していました。そこで紙ではなく、独自に開発したアプリを利用した記録に切り替えたことで即時確認が可能となり、全店舗で衛生管理に前向きに取り組める環境を作り出すことに成功しました。また、デジタルツールを活用することで店舗の状況が本部からも即時に把握できるようになり、衛生管理の「見える化」が進みました。単なる作業としてマンネリ化しやすい記録付けやルール遵守の点で、スタッフの意識向上にもつながっています。

デジタルツール
この場合、紙の書類の回覧や手書きの記録など、人手と時間をかけて行っていた業務をシステム上で行うことにより、業務効率化やコスト削減などを実現可能とするソフトウェアを指す。

具体的な衛生管理の一例として、店舗で食材を加熱する際の温度や時間を厳密に管理し、特に設定値を厳守しています。また、使用中に問題があると感じた食材については、工場に画像を送信して判断を求めるなど、徹底した食材管理を行っています。

テンホウ・フーズの取り組み例

●デジタルツールを活用した取り組み

冷蔵庫の温度記録をアプリで管理。即時確認が可能になり、紙で管理する煩雑さも解消できた。

手洗いのマニュアルをはじめ、各種マニュアルもデジタル化し、利便性が向上した。

●自主的な衛生管理の実施

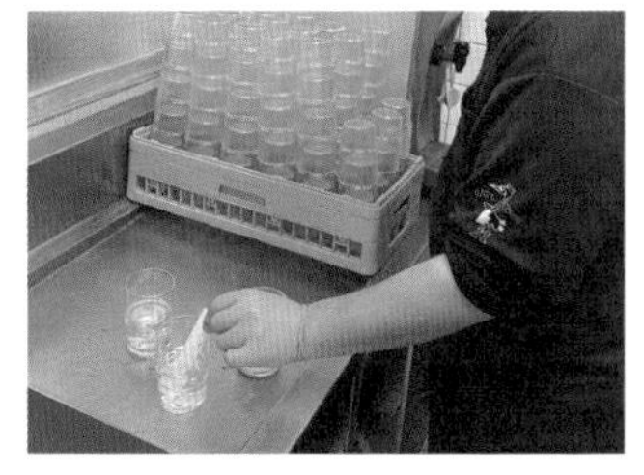

店舗での拭き取り検査の様子。各店舗の自主性を重んじることで、衛生管理の底上げにつながっている。

さらに、店舗では大腸菌群の拭き取り検査を毎週実施しています。検査箇所は各店舗で自主的に選定させており、もし菌が検出された場合でも、「なぜ検出されたのか」について考えることを重視しています。原因を追及することで、自主的な管理と改善につながると考えているためです。

HACCPの取り組みを通して見える企業姿勢

同社では、「HACCPの真の目的はお客様に迷惑をかけないこと」と捉えています。HACCPはあくまでも衛生管理のツールであり、それを維持するために記録などを作成することが主目的ではないという考えです。その姿勢からは、同社がHACCPや衛生管理の本質を正しく捉え、実践していることがうかがえます。

COLUMN 9

HACCPの導入を成功に導くために必要な視点とは

HACCPの導入を難しくするさまざまな「不足」問題

HACCPは食品衛生管理のための重要なシステムですが、それだけがすべてではありません。HACCPを効果的に機能させるためには、製造環境や従業員の衛生管理、教育訓練など、食品衛生管理における基本的な要素を包括した一般衛生管理プログラムが不可欠です。HACCPが制度化された現在、特に中小企業にとっては一般衛生管理プログラムの整備が急務です。しかし、知識・経験の不足、指導する人材の不足、わかりやすい指導書や情報共有のしくみの不足など、多くの困難がともないます。こうした「不足」が、HACCPの導入や食品の安全と消費者の信頼確保に向けた取り組みの大きな障壁になっているのが現状です。

不必要な投資をしないために

食品衛生管理を適切に行うためには、自社が取り扱う品目や業務形態、企業文化に合わせて食品衛生へのアプローチを考え、多面的に取り組むことが求められます。しかし、十分な知識や情報がないために、「HACCPの導入をサポートします」という外部のサービスに安易に頼った結果、不必要な投資に追い込まれてしまうケースが増えています。中でも、「HACCPに取り組むためには○○が必要」と説明されたものの、実はその要素に法的義務はなく、HACCPの導入にも必須ではない場合、結果として無駄な投資となってしまいます。

衛生的な環境を整備するために適切な投資判断を行うには、食品関連の法規制と一般衛生管理プログラムに対する正確な理解が鍵となります。特に、「何に取り組むべきか」と「どの程度まで取り組むべきか」を明確にすることが重要です。食品衛生法やガイドラインなどの情報を深く理解し、判断に迷うような提案を受けた場合には、「その内容は法的義務があるのか？」と問いかけることも大切です。その上で適切な投資を行うことが、最終的には適正な価格設定や消費者の信頼と食品の安全につながるのです。

第10章
食品安全の将来展望と品質戦略

世界ではますます食品安全を重視する流れになっています。食のグローバル化が進展する中で、食品等事業者は日本国内だけでなく、国際的な視点での取り組みが求められます。この章では、食品安全について、これから食品産業全体で取り組むべき課題やテーマについて見ていきます。

Chapter10 01

フレームワークで自社の将来を考える

食品安全の課題と今後の品質戦略

食品等事業者は、生産者と消費者だけでなく、政治や経済、国際情勢など、さまざまな要素と向き合って事業を行っています。自社の次なる取り組みを考える際には、そうした要素を考慮して戦略を立てていく必要があります。

分析から見えてくる食品安全の課題と取り組み

食品等事業者は、食品産業における競争や政治・経済の変動など、常にさまざまな要素に取り囲まれており、そうした幅広い要素の影響を受けながら、食品安全に関する業務を運営しています。自社に影響を及ぼすこれらの要素を理解し、精査することを「外部環境分析」といいます。自社のリソースや強み、弱みを洗い出す「内部環境分析」とは異なり、外部環境は一企業の力だけでは完全にコントロールすることはできません。それでも、そのような状況を踏まえて、最善の策を導き出すことが求められます。その一助となるのが、SWOT分析とPEST分析のフレームワークを組み合わせて検討する方法です。

今後の食品安全の課題と取り組みについて、実際に分析を行い、読み解いていきます（次ページの図も参照）。

政治的要因：国際的な食品安全基準が平準化され、効率化が進むことで輸出入の手続きが簡素化され、ビジネス機会が広がるかもしれません。一方で、輸入食品の法規制が強化され、食品産業の輸入プロセスが難しくなる可能性があります。

経済的要因：経済の発展とともに、消費者はより高品質な食品に支出を増やす傾向にあります。この動きが食品産業の成長を促進します。一方で、経済状況が悪化すれば生産費用を増加させ、食品産業にとって厳しい状況を引き起こす可能性があります。

社会文化的要因：食品安全への社会的な関心が増えることで、食品産業がそれらの課題に注力するようになり、より多くの消費者からの信頼を得ることが可能になります。一方で、新型食品に対する社会的な不安が、市場におけるこれらの製品の立ち位置を難しくします。

SWOT分析
「Strengths（強み）、Weaknesses(弱み)、Opportunities(機会)、Threats(脅威)」の4つの頭文字を取った言葉。特にOpportunities（機会）とThreats（脅威）の2つが外部環境分析に当てはまる。

PEST分析
「Politics（政治）、Economy（経済）、Society（社会）、Technology（技術）」の4つの頭文字を取った言葉。自社を取り巻く4つの外部環境が、現在もしくは将来的にどのような影響を与えるかを把握し予測するためのフレームワーク。米国の経営学者フィリップ・コトラーが提唱した手法で、事業戦略を策定する際に活用される。

食品安全の課題をフレームワークで分析する

①SWOT分析で課題を抽出する

	有利	不利
内部要因	**強み（Strengths）** ・高い食品安全基準とその遵守 ・技術的能力と知識	**弱み（Weaknesses）** ・高品質な食品生産のための高コスト ・適応性の欠如
外部要因	**機会（Opportunities）** ・デジタル技術の進化と活用 ・グローバルな食品安全規制の一元化 ・消費者の健康、高まる安全への関心	**脅威（Threats）** ・国際市場における法規制の変化 ・新型食品などへの社会的反発 ・地球温暖化による食品供給の不安定性

企業は活かせる経営資源を洗い出し、組織全体で取り組むべき品質戦略の方向性を見極め、競争力の強化に向けた具体的なアクションプランを策定していくことが求められます。フレームワークを用いて分析することで、課題やプランを効率的に探ることができます。

②SWOT分析の結果をPEST分析で詳細に解析し、今後の食品安全の取り組みを探る

	機会（Opportunities）	脅威（Threats）
政治的要因	・国際的な食品安全基準の平準化と効率化	・輸入食品の法規制強化
経済的要因	・高品質な食品への消費者支出の増加	・経済状況の悪化による生産費用の増加
社会文化的要因	・食品安全への社会的な関心の増大	・新型食品などへの社会的懸念
技術的要因	・高度化する食品トレーサビリティ技術 ・AIやIoTを用いた食品安全対策	・技術進歩による新しい食品（培養肉や昆虫食）の登場 ・新たな遺伝子組み換え食品の出現 ・グローバルな気候変動とその影響

出典：各種資料をもとに著者作成

技術的要因：食品トレーサビリティ技術の進歩や、AIやIoTを活用した食品安全対策の進化は、品質管理の改善と効率化に大いに貢献します。一方で、技術の進歩は新型食品や遺伝子組み換え食品の出現を促しますが、これらの安全性を確認することは難しく、新しい脅威をもたらします。

これらの分析を踏まえて、食品産業は自社の戦略を見直し、新たな取り組みを進めることが必要です。食品の安全性と品質を確保して消費者の信頼を獲得するために、最新の技術を活用し、外部環境の変化に対応する柔軟性を持つことが求められます。

AI
Artificial Intelligence。人工知能と呼ばれる。人間が行う「知的活動」をコンピュータープログラムとして実現する技術。

IoT
Internet of Things。身の回りにあるさまざまなモノがインターネット経由でつながり、相互に通信するしくみ。

食品安全のために広い視野を持つ

Chapter10 02

グローバル視点から見た品質戦略の捉え方

これからの食品産業は、日本国内だけに目を向けるのではなく、国際的な視点で食品安全に取り組むことが求められます。認証制度や各国の法規制などを意識した事業展開を考えていくことが重要です。

食品安全の将来像を考える2つの視点

食品安全の未来を見据えた取り組みには、ビジネス対ビジネス（B2B）と国家間（G2G）の2つの視点が重要であると考えられます。B2Bの視点からは、食品安全の認証がますます重要になるということが確認できます。世界的な傾向として、取引先から食品安全に対して一定レベルを要求される流れがあります。その要求に対応するためには、食品安全の認証を取得することが必要になります。また、認証制度を活用することは、クレームの減少や従業員の教育レベルの向上といったメリットももたらします。一方で、認証の維持は時間とコストが必要になるため、自社にとって最適な認証を選択することが求められます。

GFSI（世界食品安全イニシアチブ）のような国際的な業界団体による先進的な取り組みを意識することも重要です。GFSIは食品防御や食品偽装に対する対策など、多角的な問題提起を行っています。これらの議論は長い年月をかけて行われており、その結果を自社の今後の品質戦略におけるテーマに据えたり、マーケティングツールとして活用したりすることも有効です。

各国の法規制やガイドラインへの対応が重要

G2Gの視点からは、各国の法規制やガイドラインに対応する必要があります。米国では、食品安全強化法（FSMA）のように、新たな食品安全管理手法**HARPC**が法制化されるなど、先進的な取り組みが行われていますが、日本でも早期にHARPCの考え方を取り入れることが望まれます（10-07参照）。

さらに、食習慣が異なる国・地域では対象となる食中毒菌やアレルゲンの種類も異なるため、これらのハザードに対する法令な

B2B
Business to Businessの略。企業間で行われる取引のこと。

G2G
Government to Governmentの略。政府間や自治体間で行われるやりとりのこと。

HARPC
Hazard Analysis and Risk-based Preventive Controlsの頭文字をとった言葉で、「ハープシー」という。「ハザード分析及びリスクベースの予防管理」と訳され、HACCPがハザード分析と重要管理点（CCP）を中心とした工程管理システムなのに対し、HARPCではさらに予防管理をリスクベースで行う観点が加えられている。

B2BとG2Gの視点で見る世界の食品安全の取り組み

B2B

世界的な食品安全認証
FSSC 22000
オランダ・Foundation FSSC(FSSC財団)が開発・運営している食品安全システム認証のスキーム

世界的な食品安全の業界団体
GFSI (The Global Food Safety Initiative)
フランス・世界食品安全イニシアチブ本部

G2G

行政による指針(英国)
SFBB (Safer Food, Better Business)
イングランド食品衛生規則
英国食品基準庁 (Food Standards Agency) が小規模食品事業者の食品安全管理及び食品衛生に関する規制への遵守を支援する目的

国主導の食品安全認証(中国)
China HACCP
政府主導で開発・運営している食品安全システム認証のスキーム

法規制(米国)
食品安全強化法 FSMA
・FDA 査察活動
・103 条ヒト用食品のための予防コントロール
・HARPC(次世代型 HACCP) がベース

行政方針(米国)
二国間同等性承認

近い将来、注目を浴びると予測される食品安全の課題例

		法律・ガイダンスの内容	予測される課題
業界団体 GFSI GFSIベンチマーク要求事項		第7.1版　2017年4月	・未承認サプライヤー対応 ・食品安全法規遵守
		第7.2版　2017年12月	・監査員能力評価に質問項目を追加 ・食品偽装要求事項 (スコープJに追加) など
		第8版　2019年9月	・食品安全文化 ・トレーサビリティシステムの評価 ・定期的な現場及び機器の検査など
G2G (米国) 食品安全強化法 2015年 PCHF規則		HARPC(HACCP＋α)	
		プロセスコントロール	
		アレルゲンコントロール	・交差接触 (クロス・コンタクト) ・表示内容の保証
		サニテーションコントロール	・交差汚染 (クロス・コンタミネーション) ・RTE食品の取り扱い
		サプライチェーンプログラム	・フードチェーンの中での保証体制の構築
		リコール計画	・改正食品衛生法でも制度化
	検証	プランの見直し	・少なくとも3年ごと
		記録の保持	・重要な記録は2年間保管
		バリデーション(妥当性確認)の文書化	・食品安全計画実施前/製造開始90日以内

出典：いずれも各種資料をもとに著者作成

これからの時代、食品安全に取り組んでいくためには、日本国内に目を向けるだけでなく、グローバルな視点で緻密な対策を立てる姿勢が求められます。

どについても、理解と対策が求められます。

以上のような視点を持つことにより、私たちは食品安全の問題に対して、より広範で緻密な対策を立てることが可能となります。今後も専門家や行政の議論を注視し、その情報をもとに具体的な対応策を講じていくことが重要といえます。

テクノロジーを活用した食品システムの構築

米国の食品安全への新たなアプローチ

2020年7月、米国食品医薬品局（FDA）が、食品安全に関する10年間の作業計画を公表しました。テクノロジーの活用とデジタル化によるトレース（追跡）可能な食品システムの構想は、日本にも無関係ではありません。

米国が示す4つの中核的要素から見える方向性

米国食品医薬品局（FDA）は、2020年7月に「よりスマートな食品安全の新時代－FDAの未来への青写真（New Era of Smarter Food Safety－FDA's Blueprint for the Future）」と題した、10年間の作業計画を公表しています。

この計画は以下の4つの中核的要素で示されており、テクノロジーを活用し、安全でデジタル化されたトレース（追跡）が可能な食品システムを構築することを目指しています。近い将来、国家間（G2G）の規制にもつながる動きであり、日本の食品等事業者としてもいち早く取り組むべき課題が見えてきます。

①技術に裏打ちされたトレーサビリティ：サプライチェーンにおいては、まだ紙ベースでの記録に頼っているところが多く見受けられます。テクノロジーの活用とデータの統合により、仮に汚染された食品が見つかった場合にも、即時にトレースを行い、リスクに対しての迅速な対応ができることを目指しています。

②予防及び集団感染対応のためのスマートなツールやアプローチ：食中毒発生時の原因分析能力の向上、効率的なプロセスやコミュニケーションの開発、データ分析ツールの活用、協力関係の強化が重要とされています。

③新しいビジネスモデルとリテール・モダナイゼーション：食品のオンラインショッピングの重要性が高まり、それに対する対応が求められます。日本でもEC化が進んでいますが、安全に食品を提供するために、温度管理やアレルゲンの交差接触といった新たな課題があります。

④食品安全文化：食中毒のリスクを大幅に減らすためには、従業員の食品安全への認識とコミットメント（具体的に決意を表明

リテール・モダナイゼーション
Retail Modernization。小売業が最新技術を使って顧客体験を向上し、新たな販売チャネルの開拓、サプライチェーンの最適化など、効率的に商品を販売するための変革のこと。

EC
Electronic Commerce。電子商取引。インターネットなどを利用して、商品の売買やサービスなどの取引を行うこと。

米国食品医薬品局（FDA）が示す4つの中核的要素

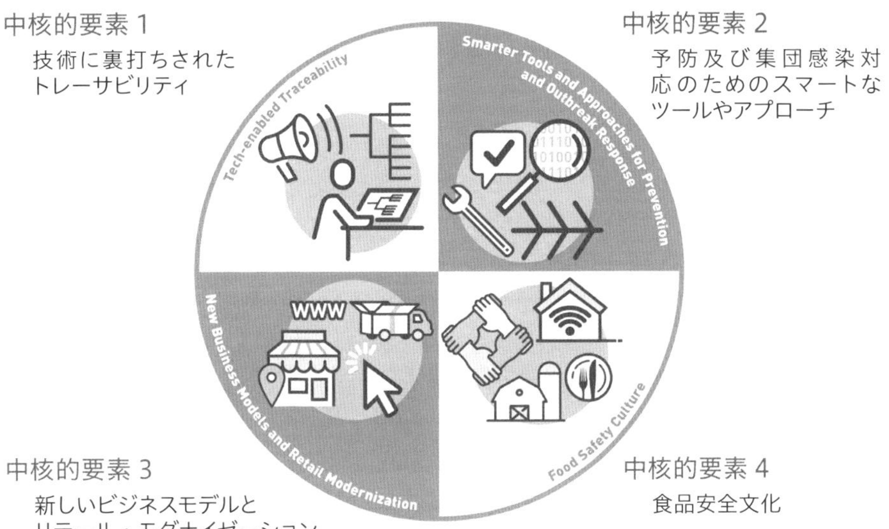

	4つの中核的要素	内訳
1	技術に裏打ちされたトレーサビリティ	1.1　基礎的な構成要素の開発
		1.2　業界の新技術採用の奨励
		1.3　デジタルトランスフォーメーションの活用
2	予防及び集団感染対応のためのスマートなツールやアプローチ	2.1　根本的な原因分析の活性化
		2.2　予測分析能力の強化
		2.3　国内の相互信頼
		2.4　査察、研修、及びコンプライアンスツール
		2.5　集団感染への対応
		2.6　リコールシステムの最新化
3	新しいビジネスモデルとリテール・モダナイゼーション	3.1　新たなビジネスモデルの食品の安全性確保
		3.2　昔ながらの小売業における食品安全の最新化
4	食品安全文化	4.1　食品システム全体を通じた食品安全文化の推進
		4.2　省庁を通じた食品安全文化の推進
		4.3　食品安全のよりスマートな消費者教育の開発・推進

出典：米国食品医薬品局（FDA）「New Era of Smarter Food Safety Blueprint」
（https://www.fda.gov/food/new-era-smarter-food-safety/new-era-smarter-food-safety-blueprint）をもとに作成

し約束すること）が欠かせません。

FDAはこれら4つの中核的要素の説明に加えて、作業計画の最後に、これらの施策は食品業界全体が協力し、新しい技術を最大限に活用することで、食品の安全性の向上と予期せぬ問題に対応することが可能になるとまとめています。

いま取り組むべきテーマ①

食品安全文化

国際的な流れとして、食品等事業者は、食品安全に対する考え方や価値観、信念、規範を組織全体で共有する「食品安全文化」の確立と維持が求められています。欧米を中心に、法律や規則もその視点で制定が進められています。

組織全体で食品安全に取り組む風土を作る

食品安全文化（Food Safety Culture）
GFSIは「組織内、組織間、組織全体の食品安全に対する考え方や行動に影響を与える共有された価値観、信念、規範」と定義している。

近年、「食品安全文化」あるいは「Food Safety Culture」という言葉を耳にすることが増えてきました。食品安全文化とは、簡単にいえば「安全な食品を提供する上で、食品に関わるすべての人々のモラルの向上と組織風土の醸成」ということを意味します。

食品安全文化の概念は、組織が食品安全に対する取り組みを高めるための重要な要素と認識されており、10年以上前から食品安全の業界団体であるGFSI（世界食品安全イニシアチブ）を通じて浸透してきました。その後、各国の政府や組織でこの概念を具体化し、法律や規則に組み込む動きが進んでいます。

各国の政府や組織の具体的な取り組み

PAS
Publicly Available Specificationの略。英国規格協会（BSI）が作成した公的文書で、公開仕様書と訳される。

豪州・ニュージーランド食品基準機関（FSAZN）
Food Standards Australia New Zealand。豪州とニュージーランドで設立した機関で、2国間で統一した食品基準を作成し、高水準の公衆衛生保護の確保に取り組んでいる。

コーデックス委員会（CAC）では「食品衛生の一般原則」の改訂を行い、「食品安全へのマネジメントコミットメント」という項目に「食品安全文化」を加えました。これは、安全な食品提供につながる人間の行動の重要性、すなわち「モラルを重視する文化の確立」を提唱しています。

一方、米国食品医薬品局（FDA）は、2020年に「よりスマートな食品安全の新時代」という方針を公表し、4つの中核的要素を挙げました（**10-03**参照）。特に食品安全文化については、食品システム全体を促進し、消費者教育も展開するという、生産から食卓までの全範囲を視野に入れたアプローチを掲げている点が特徴です。

欧州連合（EU）では、2020年に食品衛生に関する規則の追加提案が行われ、食品安全文化に関する項目が追加されました。しかし、この規則は業界からの反発を受け、具体的な実施には課題

GFSI（世界食品安全イニシアチブ）が示す「食品安全文化」の重要な構成要素

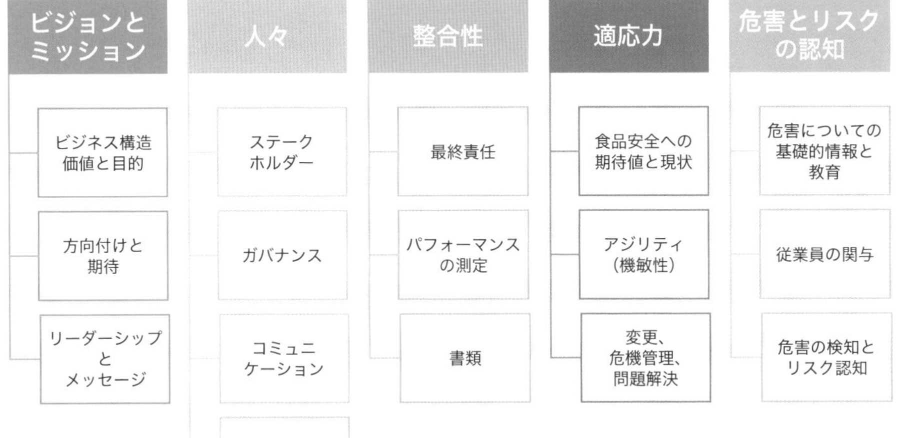

食品安全文化を組織内に定着させるためには、リーダーシップが重要な役割を果たします。経営者のコミットメントは、食品安全を組織全体で意識し、行動に移すための推進力となります。

出典：GFSI「食品安全文化　グローバル・フード・セーフティ・イニシアチブ（GFSI）による方針説明書」(https://mygfsi.com/wp-content/uploads/2019/10/GFSI-Food-Safety-Culture-Summary-JP.pdf)をもとに作成

が残っています。

ほかにも、英国規格協会（BSI）は2023年4月に「成熟した食品安全文化の開発と維持（**PAS 320**）」というガイダンスを発表し、**豪州・ニュージーランド食品基準機関（FSAZN）**では食品安全文化を行政査察のチェック項目として導入しています。

このような国際的な動向に対応し、GFSIは食品安全文化の定義と方針を示しています。また、GFSIが承認する**認証プログラムオーナー（CPO）**に対しても、食品安全文化への取り組みを求めています。特に、**FSSC 22000**などの認証を取得している企業は、要求事項の一部として食品安全文化に対する明確な計画とその実行が要件とされます。この計画には、食品安全文化の理解を深めるための教育やトレーニング、従業員の行動変容をうながすための施策、そして組織全体で食品安全文化を維持・強化するための持続的な取り組みが含まれることが求められています。

認証プログラムオーナー（CPO）
Certification Program Owner。ここでは食品安全認証の開発・運営を行う組織を意味する。

FSSC 22000
Food Safety System Certification 22000の略。ISO 22000を追加要求事項で補強した、食品安全マネジメントシステムに関する国際規格。

Chapter10
05

いま取り組むべきテーマ②

食品防御（フードディフェンス）

異物の混入や製造・販売環境の汚染といった、食品に対する意図的な危害行為に対して、米国では早くから「食品防御（フードディフェンス）」という考え方で、対策の導入に取り組んでいます。

意図的な不良から食品を防御する

食品に意図的に異物や有害物質が混入されたり、アルバイトや従業員によって、食品自体やその製造、販売の環境が汚染されたりするという、いわゆる「**食品テロ**」や「**バイトテロ**」といわれる行為は、残念ながら後を絶ちません。このように意図的に食品の安全性へ脅威を与える行為に対して、それを防ぐための取り組みのことを「食品防御（フードディフェンス）」と呼びます。これは食品安全（10-04参照）とは違い、意図的な行為への対策を指します。本項では、早くから食品防御の考え方を導入している米国の取り組みをもとに、食品防御について解説します。

食品テロ
意図的に、食品に異物や毒物などの有害物質を混入し、社会的不安を起こさせる行為。日本でも過去に、冷凍食品への農薬混入事件などが起きている。

バイトテロ
アルバイトや従業員が、職場で良識を欠いた行動を行い、組織の信用にダメージを与えること。

米国における食品防御の取り組み

米国では、食品安全強化法（FSMA）の第106条に基づく「意図的な不良からの食品防御のためのリスク低減策規則（**IA規則**）連邦規則集（21 CFR 121）」により、米国だけでなく、米国へ輸出する他国の食品企業にも食品防御が要求されています。また、食品安全の認証制度FSSC 22000でも同様に、要求事項として食品防御についての対策が求められています。

食品防御は、食品防御計画の作成、脆弱性評価、脆弱性緩和戦略の立案を含みます。内部からの攻撃を防ぐための対策も重要です。食品防御計画の作成プロセスはHACCPと似ています。製品の説明書や製造工程図（フローダイアグラム）の作成から始まり、リスク低減を実行すべき工程段階（**APS**）が特定された場合、その脆弱性によるリスクを最小化、または防止するための低減策やモニタリング・改善措置・検証手順を策定して、食品防御計画としてまとめます。HACCPプランと同様に、食品防御計画も定期

IA規則
Intentional Adulterationの略。米国において、国内外のフードサプライチェーンにおける意図的な食品事故を未然に予防するために定められた規則。2021年から完全施行。

APS
Actionable Process Stepの略。「実行可能な工程段階」と訳される。

米国食品医薬品局（FDA）における食品防御の取り組み

●食品防御の定義（FSMA 食品防御規則）

大衆に健康危害や経済的混乱を与える粗悪化の
意図的行動から食品を保護する努力

FSMA 適用組織
HACCP に取り組むのと同様に食品防御に取り組まなければならない

食品防御の基礎

HACCP システム同様、基礎的土台の上に食品防御計画が構築される
- 経営陣のコミットメント
- 人的資源と人の管理
- 施設の安全性を確保する（ハード面）
- 運用面での防御（ソフト面）
- 危機対応マネジメント

食品防御計画

- 脆弱性評価（脅威の特定・脅威の評価）
- 軽減戦略の決定
- チェックとモニタリング
- 改善措置
- 検証
- 再分析
- 記録

●食品防御計画の作成ステップ

脆弱性評価
→「リスク低減を実行すべき工程段階（APS）」が特定された場合
　→・脆弱性によるリスクを最小化または防止するための低減策
　→・モニタリング、改善措置、検証手順

チームの編成と基礎資料の準備
- 食品防御チームの編成
- 基礎資料の準備
- 施設の説明

▼

脆弱性評価表を作成
- KAT 方式の場合
- 3 要素方式の場合
- ハイブリッド方式の場合

▼

リスク低減策管理要素表を作成
- リスク低減策の種類
- リスク低減策の流れ

出典：各種資料をもとに著者作成

すべての食品関連の組織において、食品防御は優先事項とするべきです。そして、食品防御計画は、組織全体の食品安全管理システムの一部であり、全従業員が関与できるようにすることが重要です。

的なレビューと更新が必要となります。工程に大きな変更があった場合や新たな従業員が採用された場合、あるいは食品防御に関する新情報があった場合には、計画の再評価を行います。

従業員教育も重要な役割を持ちます。従業員は日常の作業中に脅威を発見し、報告する最前線にいるため、食品防御に対する理解が鍵となります。定期的な監視と評価を行い、緩和策が効果的であることを確認するとともに、食品防御計画に従わない行動が見つかった場合には原因を特定し、再発防止のための対策を講じます。

最終的には外部専門家による検証を行い、食品防御が効果的に行われているかを確認します。計画が効果的でない場合や新たな脅威が明らかになった場合には、計画の更新が必要となります。

いま取り組むべきテーマ③

Chapter10
06

トレーサビリティシステム

どんなに食品衛生管理に気を付けていても、食品事故を完全に防ぐことはできません。しかし、十分なトレーサビリティの体制を講じることで、健康被害の拡大防止や事業者の損害の抑制をはかることが期待できます。

食品トレーサビリティの概要と種類

食品事故などが発生した場合、事故が起きた理由を明らかにするため、何が原因だったのか、フードチェーンのどの段階で問題が生じたかなど、その原因や発生のタイミングを確認する必要があります。その際に十分なトレーサビリティの体制が確保されていれば、問題のある製品を即時に絞り込むことができ、製品の回収や原因の究明を進めやすくできます。それにより、消費者の健康被害の拡大を防ぎ、事業者の損害を抑えることも可能です。

食品トレーサビリティは、食品の移動を把握できる重要な概念で、食品の安全性確保と事故対応には不可欠です。農林水産省は、食品トレーサビリティを「食品の移動を把握できること」と定義しています。具体的には、食品の生産から消費までの過程を追跡するシステムで、事業者には食品の入荷・出荷に関する記録の作成と保存が求められます。

トレーサビリティには、主に内部トレーサビリティとチェーン（供給連鎖）トレーサビリティの2種類があります。内部トレーサビリティは、食品製造・加工工場や流通施設など、特定の工程や拠点に限定した情報の追跡を可能にします。内部トレーサビリティを構築することで、製品作りの全過程の可視化にも役立ちます。一方、チェーントレーサビリティは、フードチェーン全体、つまり原材料の調達から製造・販売・消費までをつないだ情報の追跡を可能にします。

牛肉、米・米加工品についてトレーサビリティが法制化
牛肉については牛トレーサビリティ法、米・米加工品については米トレーサビリティ法（正式名称は「米穀等の取引等に係る情報の記録及び産地情報の伝達に関する法律」）でそれぞれ定められている。

取組主体
1つの食品トレーサビリティのシステムに取り組む組織のこと。ここでいう「組織」は単独の事業者と複数の事業者からなる集団の両方を指す。

食品トレーサビリティの課題

日本では牛肉、米・米加工品についてトレーサビリティが法制化されています。その他の品目については、導入に法的な強制力

内部トレーサビリティとチェーントレーサビリティ

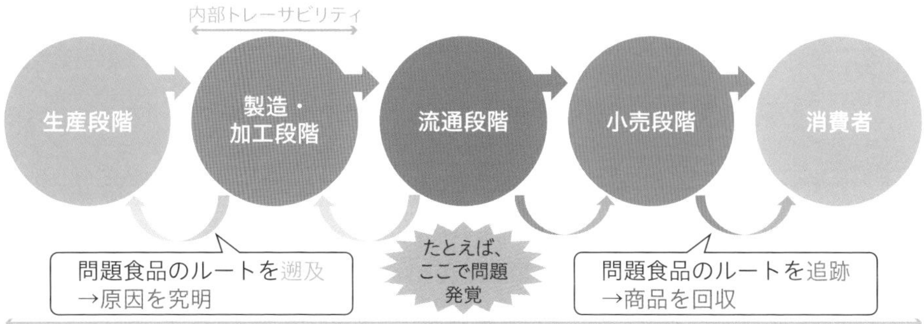

食品トレーサビリティの課題と対策案

課題	対策案
協力体制の構築	・調達から製造、販売までがトレーサビリティの重要性を理解し、連携して情報を共有する体制をつくる。
コスト負担	・トレーサビリティの導入による利点（品質向上、消費者の信頼増大など）を明確にする。 ・効率的なシステムの導入や公的補助の活用も検討する。
正確な情報収集	・ICTシステムや設備投資により、人為的なミスを防ぐしくみをつくる。 ・定期的な教育・研修を行い、スタッフの情報入力の制度を高める。
データ改ざんのリスク	・内部監査や第三者による外部監査を行い、常に情報の正確さを確認する。 ・データのセキュリティ対策を強化し、不正アクセスによる改ざんを防ぐ。
付加価値への理解	・食品トレーサビリティの重要性を全従業員に理解してもらう。 ・消費者にもその価値を伝え、理解を深めてもらう。

出典：いずれも各種資料をもとに著者作成

はなく、事業者の判断に任されているため、米国やEUに比べると遅れているといえます。また、その導入にもさまざまな課題があります。たとえば、食品トレーサビリティのシステムを構築するには、関係企業間や部門間での協力体制の整備が不可欠ですが、多くの**取組主体**と連携したシステムや機器の導入にはコストがかかります。また、各取引主体間で情報の捉え方などにズレが生じないようにしながら、システムを導入することは容易ではありません。

食品トレーサビリティを正常に機能させるには、正確な情報収集が必要不可欠です。不正確な情報が入力されると、意味をなさなくなるおそれがあります。そのためには、個人に依存しないしくみの構築や、人為的なミスを防ぐICTシステム（P.210）・設備投資が求められます。加えて、情報の信憑性を脅かすデータ改ざんなどのリスク対策も必要です。これには内部監査や第三者機関による外部監査の実施が有効ですが、ここにもコストが発生します。

トレーサビリティのシステムを構築する目的を明確にし、それに必要な機能を整理して、適正な費用対効果を得られるように取捨選択を行うことが重要です。

Chapter10
07

新たな管理手法HARPC

米国では、HACCPの考え方をさらに強化したHARPCという手法を食品安全強化法(FSMA)の規制に組み込んでいます。この規制は米国内で流通する食品すべてに関連するため、特に輸出事業者は知識を持つ必要があります。

食品を取り巻く環境の変化で見えてきたHACCPの弱点

従来の食品衛生管理手法HACCPは1960年代に米国で確立し、その後コーデックス「食品衛生の一般原則」の普及とともに世界的に広く受け入れられました。しかし、食品産業のグローバル化にともなって、食中毒事件やリコールの頻度と規模が増大し、従来のHACCPだけでは対応しきれない課題が明らかになりました。特に米国では、アレルギー表示ミスによるリコールや、サルモネラ、リステリアなどの微生物による食中毒事件が多発しました。

これらの課題に対応するため、米国食品医薬品局（FDA）はハザード分析に加え、リスクベースで予防コントロール（PC）を行う手法であるHARPC（ハープシー）を含む「ヒト向け食品のための予防コントロール（PCHF）」規制を法制化しました（**1-08**参照)。PCHFは米国内で消費される食品に義務付けられており、米国に輸入される海外製造の食品も対象に含まれている点が大きな特徴です。

HARPCが食品安全の新たなスタンダードに

予防管理適格者(PCQI)
Preventive Control Qualified Individual。PCHF規則で求められている食品安全計画を作成、あるいは監督する立場の者。

HARPCの実施にあたっては、食品安全計画を**予防管理適格者（PCQI）**が作成、もしくは監督することを求められています。また、ハザード分析の実施を必須と定めるとともに、必要に応じてPC（プロセスコントロール、アレルゲンコントロール、サニテーションコントロール、サプライチェーンプログラム、リコール計画など）を設定し、運用することになっています。

HARPCを活用した管理システムは、食品安全に関する最新の科学的知見に基づいて構築されるものであり、サプライヤーの検証、アレルゲン表示の保証なども含む、より実務的に安全性を確

HACCPとHARPCの概念図

HACCP
(Hazard Analysis and Critical Control Point)

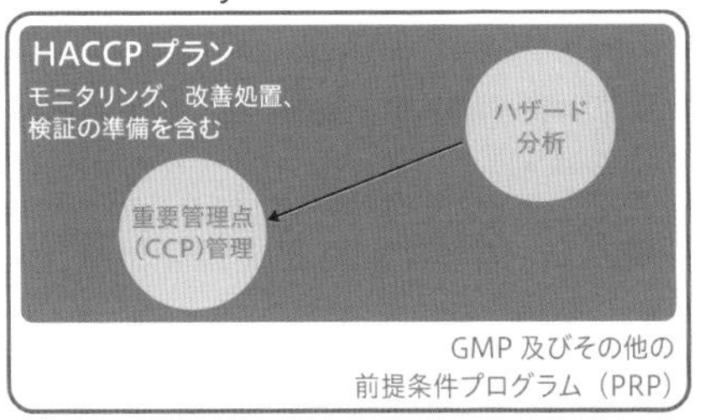

HARPC
(Hazard Analysis and Risk-Based Preventive Control)

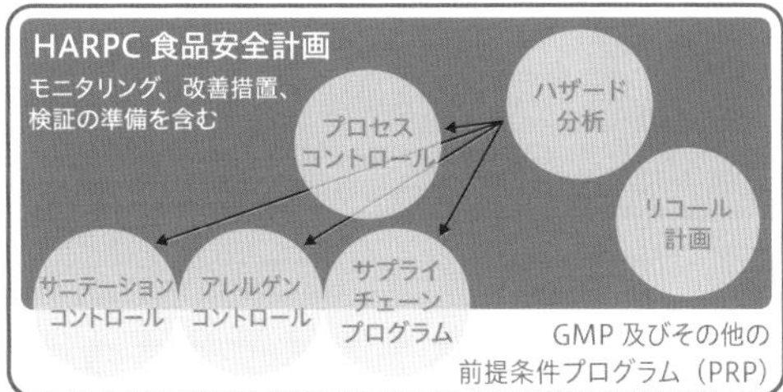

出典:FSPCA「Preventive Controls for human food Participant Manual」をもとに作成

HACCPプランとHARPC食品安全計画の比較

項目	HACCPプラン	HARPC食品安全計画
ハザード分析	・生物的ハザード ・化学的ハザード ・物理的ハザード	・生物的ハザード:BSEプリオンを追加 ・科学的ハザード:放射性物質を追加 ・物理的ハザード:幼児の窒息につながる要因を追加 ・経済的詐欺行為のうち食品安全に関わるものを追加
予防コントロール(PC)	・プロセスの重要管理点(CCP)	・プロセスのCCP+CCPでない他のポイントのコントロール
重要な工程の管理	・管理基準(許容限界)(CL)	・パラメータ及び数値(最小値/最大値)
モニタリング	・観察、測定 ・CCP管理に必須	・観察、測定 ・プロセスコントロールでは必須 ・必要に応じて他の予防コントロールも実施
改善措置または修正	・改善措置	・適切な改善措置または修正
検証	・HACCPシステム ・HACCPプラン それぞれに対して実施	・すべての予防コントロールに対して実施 ・サプライヤーがハザード管理している場合、サプライヤーに対しての確認が必須
記録	・CCP管理に必須	・すべての予防コントロールに対して適切に実施
リコールプラン	・作成は不要	・予防コントロールを必要とするハザードが特定された場合に作成が必須

出典:各種資料をもとに著者作成

HARPCを理解することは、食品安全の最前線で活躍するための大きなヒントになるでしょう。

保できる手法だといえます。

HARPCを理解し、活用していくことは、今後、国内だけでなくグローバルな食品安全の最前線で活躍するための必須事項となります。また、食品安全に対する新たなアプローチや法規制について常に最新の情報を入手し、その知識を現場に活かしていくことが求められます。

情報化投資

近年、さまざまな業界でICT化が進んでいますが、食品産業も例外ではありません。特に食品製造業界は、ロボットやAI、IoTといった方法を取り入れた「スマートファクトリー」に注目が集まっています。

食品産業の労働力不足とICT化への取り組み

近年、日本の人口減少は深刻化しています。特に食品製造業界は労働力不足が深刻です。そのため、業務効率化や省人化を図るための設備投資が急増しており、その一環として「**情報化投資**」が進行しています。特に大企業ではその傾向が顕著で、食品産業全体の約30.3%の企業が**ICT**化への投資を計画していると報告されています。このICT化の一環として、食品製造業界では「**スマートファクトリー**」の概念が注目されています。具体的には、以下の3つの方法に可能性を見出されています。

①**ロボットの活用**: AIと画像認識技術の進化により、食品向けの産業用ロボットの開発が進んでいます。生産性の向上とともに衛生性の確保が可能です。

②**AIの活用**: AIは大量のデータを分析する能力を持つため、将来のリスクを予測することができ、HACCPで必要なハザード分析にも使用することが可能です。また、検査工程などにAI技術を活用することで、労働力の不足を補い、検査精度を向上させることができます。

③**IoTの活用**: **IoTデバイス**を用いることで、製造全体の状態をリアルタイムで監視することができ、問題発生時にもすぐに対処することが可能です。

情報化投資
企業の設備投資のうち、情報化や効果的な情報技術の利活用のために投じる費用のこと。

ICT
Information and Communication Technologyの略。「情報通信技術」と訳される。

スマートファクトリー
AIやIoT技術などを駆使し、デジタルデータを活用して業務管理を行う工場のこと。

IoTデバイス
IoTにおいて、ネットワークに接続する「モノ」(機器類)にあたる。

ICT技術導入における課題

ただし、ICT技術の導入には課題もあります。特に「スキルを持った人材の不足」や「投資コストの負担が大きい」という問題が指摘されています。その解決のためには、人材育成やコスト効率のよい情報化投資の選択が重要となります。

食品安全分野の情報化投資における「成功の鍵」を7S分析で探る

7S 分析とは?
外資系コンサルティング会社、マッキンゼー・アンド・カンパニーが提唱した分析手法で、
課題をハード・ソフトに分解して分析するフレームワーク。

7S の要素:ハードの 3S である Strategy（戦略）、Structure（組織構造）、System（システム）と、
ソフトの 4S である Staff（人材）、Skills（スキル）、Style（スタイル）、Shared Value（共有価値）。
デジタル技術の導入に適した組織
構造の設計

Strategy
戦略
食品安全のデジタル化を推進する
戦略の策定

System
社内のシステム
食品安全管理のデジタルシステム
の開発・導入

Shared Value
共通の価値観
食品安全のデジタル化によって
生み出される付加価値と、その
価値を共有する意識の醸成

ソフトの 4S

Skill
組織に関わる強み
デジタル技術の習得と活用に必要
なスキルの評価・開発

Style
組織文化
デジタル化を促進するリーダーシップ
の確立と行動パターンの変革

Staff
人材
適切なスキルと知識を持つ人材の
確保・育成

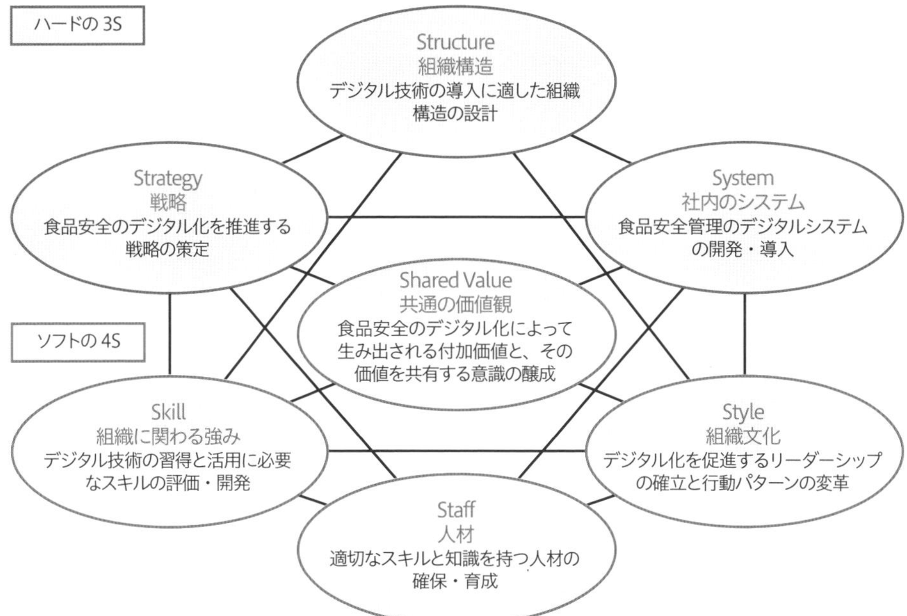

食品安全から見たスマートファクトリーのポイント

対応	対象工程・作業	技術・ツール	効果
ロボット	商品の盛り付けなどの作業	パラレルリンクロボット、双腕ロボットによる自動化	作業の正確さと効率化、人手不足の解消、衛生面の確保
AI	HACCP構築時のリスク分析	AIによる自動リスク分析	高速かつ高精度なリスク分析が可能
	原材料の受入検査	AIによる自動検査	精度の向上、労働力の削減、業務の自動化
	製品の品質検査	AIによる安価で高性能な検査システム	品質検査の効率化、サプライチェーン全体のコスト削減と品質向上
IoT	リアルタイムモニタリング	IoTによるリアルタイム監視	リアルタイムの情報に基づいた迅速な対応が可能
	温度管理帳票の作成	IoTによる自動記録・出力	温度管理の正確性向上、食品安全性の証明、業務負荷の軽減

出典：いずれも各種資料をもとに著者作成

日本の食品産業はしばしば利益率の厳しさが指摘されます。今後、情報化投資に対する投資コストとのバランスを考慮しながら、どのように ICT 化を進めるのかが注目されています。

ネットワークの強化

安全・安心な製品を提供し、食品安全を実現するためには、食品産業全体での取り組みが求められます。業界内外でどのようにネットワークを構築し、どのような課題に取り組んでいくかをフレームワーク思考で考えていきます。

ネットワークを活用した食品安全の取り組み

食品安全においては、業界内外の協力関係を強化することで、リスクの早期発見や対策の共有が可能になり、さらには前向きな食品安全保証の推進が期待できます。

業界内外でネットワークを形成する際には、「**3C分析**」（自社、競合、市場・顧客）の3つの要素で検討することが有効です。

①自社：デジタル技術の活用が不可欠です。**IoTセンサー**やAI、**ブロックチェーン**などの技術は、生産ラインの監視や品質管理の強化に役立ちます。ただし、情報セキュリティの重要性を忘れてはなりません。また、AIと予測分析の活用により、食品安全上のリスクや異常を予測することが可能です。データの収集と分析を通じて、品質異常の早期検知やリコールの予防、生産ラインの最適化などを実現することができます。

②競合：業界内の関連組織や規制機関との協力関係の構築から始まります。情報共有を通じて、早期に異常やリスクを把握し、対応策を共有することが求められます。

③市場・顧客：食品のサプライチェーンにおけるトレーサビリティと透明性の確保は、食品リコールや食中毒の防止、消費者信頼の獲得に重要な役割を果たします。また、米国の「ヒト向け食品のための予防コントロール（PCHF）」規則に見られるように、製品の安全性を確保するために行うサプライヤーの検証は、食品等事業者が自身のハザードを管理する上で基本となります。それには監査などが必要になるため、サプライヤーとの協力関係が不可欠です。

以上の取り組みにより、業界全体の食品安全保証が一層強化され、消費者信頼の獲得と業界の持続可能な発展が期待できます。

3C分析
「Company（自社）」「Competitor（競合）」「Customer（市場・顧客）」の3要素を分析することで、自社の事業展開に関する課題を探し出すフレームワークの考え方。

IoTセンサー
ネットワークに接続して検出した情報を収集・管理するセンサーのこと。

ブロックチェーン
情報通信ネットワーク上にある端末同士を直接接続し、やりとりした取引記録を、暗号技術を用いて分散的に処理・記録する技術。

食品安全のネットワーク構築のポイントと取り組む課題を3C分析で探る

市場・顧客（Customer）
- 消費者の意識と知識の向上
- サプライチェーン全体の「見える化」
- サプライヤーの管理と監視
  - 教育プログラム
  - 情報共有プラットフォーム
  - トレーサビリティシステム
  - 監査などの検証方法

自社（Company）
- IoT センサーで生産ラインを監視
- AI と予測分析を用いて品質異常の早期検知
- ブロックチェーンを用いたデータ保護
  - 専門的な技術者
  - ICT インフラ

競合（Competitor）
- 業界関連組織や規制機関とのネットワーク形成
- リスクと異常の早期発見
- 共有を通じた協力関係の強化
  - ネットワーク構築のための人的リソース
  - 情報収集と解析の能力

出典：著者作成

ISO 22000が示すコミュニケーションの役割

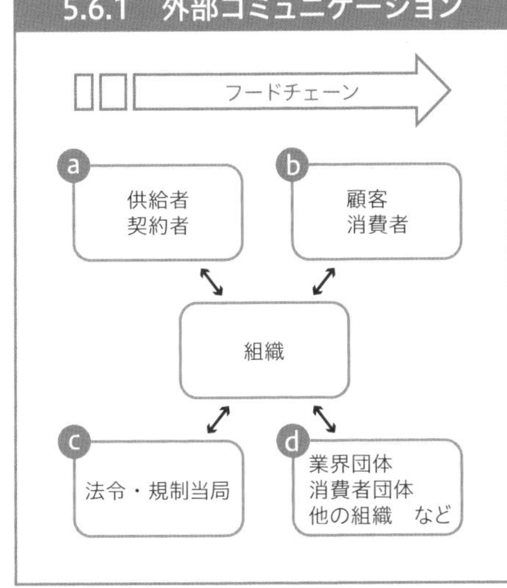

5.6.2　内部コミュニケーション

- ⓐ 製品または新製品
- ⓑ 原材料及びサービス
- ⓒ 生産システム及び装置
- ⓓ 製造施設、装置の配備、周囲環境

⋮

- ⓛ 製品に関連した食品安全ハザードを示す苦情
- ⓜ 食品安全に影響するその他の条件

▼ 伝達

食品安全チーム

FSMS の更新のインプット情報

▼

マネジメントレビューへのインプット

業界全体の食品安全保証を強化するには、業界内外のネットワークを構築し、コミュニケーションを図ることが大切です。このとき、フレームワーク思考の「3C 分析」を使って考えると効果的です。

出典：有限会社マネジメントホーム「ISOアラカルト」（https://manage-h.com/date/2020/02）をもとに作成

食品衛生管理とHACCPに関する用語集

食品衛生管理やHACCPでは多くの専門用語が使われています。コーデックス「食品衛生の一般原則」、ISO 22000とISO/TS 22002-1、米国の連邦規則集第21巻パート117で定義されている主な用語を紹介します。

●用語集の見方

・表は以下の形で表記しています。
色付きの部分：コーデックス「食品衛生の一般原則」より
区分欄　ISO：ISO 2200:2018及びISO/TS 22002-1より
FSMA：米国の連邦規則集第21巻パート117（21 CFR 117）より
・用語説明は筆者による原文からの仮訳です。

用語	原文	用語説明	区分
許容可能なレベル	acceptable level	食品の使用目的に応じて安全であるとみなされるよりも低いハザードのレベルのこと。	
		組織によって提供される最終製品において、超えてはならない食品安全ハザードの水準のこと。	ISO
アレルゲンの交差接触	allergen cross-contact	アレルゲン性食品または成分を含むことを意図していない別の食品へのアレルゲン性食品、または成分の意図しない取り込みのこと。	
		食物アレルゲンの非意図的な食品への混入のこと。	FSMA
清掃	cleaning	土、食品残さ、泥、油脂、またはその他の好ましくない物質の除去のこと。	
		土、食品残さ・汚れ、グリース、または他の好ましくない物質の除去のこと。	ISO
監督官庁	competent authority	規制食品の安全要求事項の設定及び／または施行を含む公的管理の組織に責任を負っている政府当局または政府によって認可された公的機関のこと。	
汚染物質	contaminant	食品の安全性または適切性を損なうかもしれない、食品に意図的に添加されていない生物的、化学的、または物理的な作用物質、異物、またはその他の物質のこと。	
		食品安全、または適切性を危うくするかもしれない、意図せず食品に加えられた、あらゆる生物的、または化学的な物質、異物、または他の物質のこと。	ISO

用語	原文	用語説明	区分
汚染	contamination	食品または食品環境における汚染物質の持ち込み、または発生のこと。	
		製品または工程の環境における、食品安全ハザードを含む汚染物質の混入または発生のこと。	ISO
管理	control	動詞として使用する場合:確立された基準及び手順の遵守を確保及び維持するために必要なすべての措置を取ること。	
		名詞として使用する場合:正しい手順が遵守され、規定された基準が満たされている状態のこと。	
管理手段	control measure	ハザードの防止または除去、あるいは許容レベルまで低減するために利用できるあらゆる措置または活動のこと。	
		重要な食品安全ハザードを予防または許容水準まで低減させるために不可欠な処置、もしくは活動のこと。	ISO
是正措置	corrective action	管理を再確立し、影響を受ける製品の処分を分離及び決定し、逸脱の再発を防止または最小限にするように、逸脱が発生した時に取られるあらゆる措置のこと。	
		不適合の原因を除去し、再発を防止するための処置のこと。	ISO
重要管理点	critical control point (CCP)	重大なハザードを管理するために必要不可欠な1つまたは複数の管理手段がHACCPシステムにおいて適用されるステップのこと。	
		コントロールが適用可能で、食品安全上のハザードを予防もしくは排除する、またはそのようなハザードを許容可能なレベルにまで低減するために不可欠な、食品加工におけるポイント、ステップまたは手順のこと。	FSMA
		重要な食品安全ハザードを予防または許容水準まで低減するために管理手段が適用され、かつ規定された許容限界及び測定が修正の適用を可能にするプロセス内の段階のこと。	ISO
許容限界	critical limit	食品の受容性及び非受容性を分離するCCPでの管理手段に関連する、観察可能または測定可能な基準のこと。	
		許容可能と許容不可能とを分ける測定可能な値のこと。	ISO
逸脱	deviation	許容限界を満たしていないか、またはGHP手順に従っていないという不適合のこと。	
消毒	disinfection	生物的または化学的薬剤及び/または物理的手法を用いて、食品の安全性及び/または適切性を損なわないレベルまでの、表面上、水または空気中の生存可能な微生物の数における減少のこと。	
		環境中の微生物数を、食品安全または適切性を損なわないレベルにする、化学物質、及び/または物理的方法による低減のこと。	ISO

用語	原文	用語説明	区分
フローダイアグラム	flow diagram	食品の生産または製造において使用される一連のステップの体系的な表現のこと。	
		プロセスにおける段階の順序及び相互関係の図式的並びに体系的提示のこと。	ISO
食品事業者	food business operator (FBO)	フードチェーンにおけるあらゆるステップで事業を運営する責任を負っている事業体のこと。	
食品取扱者	food handler	包装された食品または包装されていない食品、食品に使用される機器及び器具、あるいは食品と接触する、及びそのことが予想される表面を直接取り扱う人であり、それゆえに、食品衛生の要求事項を遵守することを期待される人のこと。	
食品衛生	food hygiene	フードチェーンのすべてのステップにおいて、食品の安全性及び適切性を確実にするために必要なすべての条件及び手段のこと。	
食品衛生システム	food hygiene system	必要に応じて、CCPでの管理手段によって補足された前提条件プログラムであり、全体として捉えたときに、食品がその使用目的にとって安全かつ適切であることを確実にすること。	
食品の安全性	food safety	食品がその使用目的に従って、調理及び／または喫食されるときに、消費者に対して健康への悪影響を引き起こさないことの保証のこと。	
		食品が、意図した用途に従って調理及び／または喫食される場合に、消費者の健康に悪影響をもたらさないという保証のこと。	ISO
食品の適切性	food suitability	食品がその使用目的に応じて、人の消費に受け入れられることの保証のこと。	
適正衛生規範	good hygiene practices (GHPs)	安全かつ適切な食品を提供するために、フードチェーン内のあらゆるステップで適用される基本的な手段及び条件のこと。	
HACCPプラン	HACCP plan	食品事業における重大なハザードの管理を確実にするために、HACCPの原則に従って作成された文書または一連の文書のこと。	
HACCPシステム	HACCP system	HACCPプランの作成、及びその計画に従った手順の実施のこと。	
ハザード	hazard	健康に悪影響を及ぼす可能性のある食品中の生物的、化学的、または物理的な作用物質のこと。	
		疾病または傷害を引き起こす可能性がある、あらゆる生物的、化学的(放射性物質を含む)、または物理的な要因のこと。	FSMA
		食品安全ハザード(food safety hazard)：健康への悪影響をもたらす可能性のある食品中の生物的、化学的または物理的要因のこと。	ISO
ハザード分析	hazard analysis	原材料及びその他の成分、環境、工程、または食品で特定されたハザード、及びそれらの存在につながる条件に関する情報を収集及び評価して、重大なハザードであるかどうかを判断するプロセスのこと。	

用語	原文	用語説明	区分
モニター	monitor	管理手段が管理下にあるかどうかを評価するために、計画された一連の観察または管理パラメータの測定を実施する行為のこと。	
		コントロール手段が意図した通りに機能しているどうかを評価するために、計画された一連の観察または測定を実施すること。	FSMA
		モニタリング(監視)(monitoring):システム、プロセスまたは活動の状況を確定すること。	ISO
前提条件プログラム	prerequisite programmes	適正衛生規範、適正農業規範、適正製造規範、及びHACCPシステムの実施の基盤を設定する基本的な環境条件と運用条件を確立するトレーニングやトレーサビリティなどの他の慣行と手順を含むプログラムのこと。	
		組織内及びフードチェーン全体での、食品安全の維持に必要な基本的条件及び活動のこと。	ISO
一次生産	primary production	保管、また必要な場合には農業生産物の輸送までを含む、フードチェーンにおけるこれらのステップのこと。これには、作物の栽培、魚及び動物の飼育、及び農場またはそれらの自然の生息地からの植物、動物、または動物製品の収穫が含まれる。	
重大なハザード	significant hazard	管理されない場合に許容できないレベルで発生する可能性が合理的に予測され、意図された食品の使用目的を考えると管理が不可欠な、ハザード分析によって特定されたハザードのこと。	
		重要な食品安全ハザード(significant food safety hazard):ハザード評価を通じて特定され、管理手段によって管理される必要がある食品安全ハザードのこと。	ISO
ステップ	step	一次生産から最終消費までの、原材料を含むフードチェーンのポイント、手順、業務、または段階のこと。	
管理手段の妥当性確認	validation of control measures	適正に実施されている場合、管理手段または管理手段の組み合わせが特定の結果に対するハザードを管理することが可能であるという証拠を入手すること。	
		妥当性確認(validation):コントロール手段、コントロール手段の組み合わせ、または食品安全計画全体が正しく実行される場合に特定されたハザードを効果的にコントロールできるという科学的及び技術的証拠を入手及び評価すること。	FSMA
		妥当性確認(validation):管理手段(または、管理手段の組み合わせ)が重要な食品安全ハザードを効果的に管理できる証拠を得ること。	ISO
検証	verification	監視に加えて、方法、手順、検査、及びその他の評価を適用して、管理手段が意図した通りに機能しているかどうかを判断すること。	
		コントロール手段またはコントロール手段の組み合わせが意図された通りに機能しているか、または機能してきているかどうかを判断し、食品安全計画の妥当性を確立するための、モニタリング以外の、方法、手順、試験及びその他の評価を適用すること。	FSMA
		客観的証拠を提示することによって、規定要求事項が満たされていることを確認すること。	ISO

※2023年9月現在　出典:コーデックス「食品衛生の一般原則」、ISO 22000:2018、ISO/TS 22002-1、米国21 CFR 117をもとに作成

参考Webサイト情報

HACCPをはじめ、食品安全と食品衛生管理の理解に役立つさまざまな情報が掲載されているWebサイトを紹介します。

厚生労働省 HACCP（ハサップ）

HACCPに沿った衛生管理の制度化の説明や、「HACCPに基づく衛生管理」「HACCPの考え方を取り入れた衛生管理」についての情報が得られます。

https://www.mhlw.go.jp/stf/seisakunitsuite/bunya/kenkou_iryou/shokuhin/haccp/index.html

厚生労働省 HACCP導入のための参考情報

HACCP導入の理解に役立つリーフレットや手引書、動画などの情報が得られます。

https://www.mhlw.go.jp/stf/seisakunitsuite/bunya/0000161539.html

厚生労働省 HACCP導入のための手引書

中小規模の食品製造事業者がHACCPに取り組む際の参考として作成された、業種別の手引書が入手できます。

https://www.mhlw.go.jp/stf/seisakunitsuite/bunya/0000098735.html

農林水産省 コーデックス委員会

コーデックス委員会の概要やコーデックス食品規格、関連文書などの情報が得られます。

https://www.maff.go.jp/j/syouan/kijun/codex/

食品安全委員会 食品安全情報マップ

食品安全情報のデータベース検索や食品ハザード情報など、食品安全に関する詳細な情報が得られます。

https://www.fsc.go.jp/foodsafetyinfo_map/

消費者庁 食品安全に関する取組

食品に関するリスクコミュニケーションをはじめ、食品安全について知識と理解を深める情報が得られます。

https://www.caa.go.jp/policies/policy/consumer_safety/food_safety/

公益社団法人日本食品衛生協会 食品衛生情報

食中毒予防やHACCP、食品衛生に関わる資格など、食品衛生に関する情報が得られます。

https://www.n-shokuei.jp/eisei/index.html

一般財団法人食品産業センター HACCP関連情報データベース

HACCPの基礎知識や日本の法令、認証など、HACCPを理解するためのさまざまな情報が得られます。

https://haccp.shokusan.or.jp/

全国食肉事業協同組合連合会 HACCPの手引き

主に食肉販売業向け、食肉処理業向けのHACCP導入の手引書や衛生管理に関するパンフレットなどの情報が得られます。

https://www.ajmic.or.jp/haccp/index.html

コーデックス委員会（CAC） Standards 規格文書

コーデックス委員会（CAC）が策定した一般規格（コーデックス・スタンダード）についての情報が得られます。（英語）

https://www.fao.org/fao-who-codexalimentarius/codex-texts/list-standards/en/

米国食品医薬品局（FDA） Food Code 2022

米国食品医薬品局（FDA）が発行する食品安全のガイドライン「Food Code」2022年版についての情報が得られます。（英語）

https://www.fda.gov/food/fda-food-code/food-code-2022

GFSI （Global Food Safety Initiative）

国際的な食品安全業界団体GFSI（世界食品安全イニシアチブ）についての情報が得られます。

https://www.theconsumergoodsforum.com/jp/gfsi_japan/

FSPCA （The Food Safety Preventive Controls Alliance）

米国のFSPCA（食品安全予防管理アライアンス）による食品安全強化法（FSMA）に関する研修やカリキュラムについての情報が得られます。（英語）

https://www.ifsh.iit.edu/fspca

国際標準化機構（ISO） ISO 22000

国際標準化機構（ISO）が定めた食品安全マネジメントシステムのISO 22000に関する情報が得られます。（英語）

https://www.iso.org/iso-22000-food-safety-management.html

著者メディアプラットフォーム note

本書の著者・今城 敏氏の情報サイト。さまざまな視点での食品安全に関する考察を読むことができます。

https://note.com/imanari

食品安全技術センター YouTube

食品安全を支える技術や最新の情報が得られます。本書の著者・今城 敏氏による解説動画も観ることができます。

https://www.youtube.com/channel/UCHEiP8iFI7lfS1ONZ6BW9mw

索引

か行

さ行

た行

な行

は行

ま行

や行

ら行

著者紹介

今城 敏（いまなり　さとし）

食品安全技術センター代表。大手メーカーで食品保存技術の研究や特保商品開発の微生物学的品質確保などに携わり、農林水産省への出向時にはHACCP支援法改正の技術支援を行う。また、業界団体GFSI作業部会では食品安全のあり方を提言。立命館大学客員研究員、農林水産省FCPアドバイザー、（一財）東京顕微鏡院技術アドバイザー、服部栄養専門学校衛生管理アドバイザー、ISO 22000プリンシパル審査員など、食品安全のエキスパートとして活躍中。主な著書に『フレームワーク思考で学ぶHACCP』（カナリアコミュニケーションズ）、『法令等でわかる食品の一般衛生管理』（幸書房）など。

■装丁　井上新八
■本文イラスト　イラストAC
■本文デザイン　株式会社エディポック
■編集　ビーンズワークス株式会社
■DTP　株式会社だん広房
■担当　竹内仁志

図解即戦力
食品衛生管理のしくみと対策がこれ1冊でしっかりわかる教科書 -HACCP対応-

2023年11月 8日　初版　第1刷発行
2024年 8月28日　初版　第2刷発行

著　者　今城 敏
発行者　片岡　巌
発行所　株式会社技術評論社
東京都新宿区市谷左内町21-13
電話　03-3513-6150　販売促進部
　　　03-3513-6160　書籍編集部
印刷／製本　株式会社加藤文明社

ISBN978-4-297-13745-8 C3060　Printed in Japan

◆お問い合わせについて

- ご質問は本書に記載されている内容に関するもののみに限定させていただきます。本書の内容と関係のないご質問には一切お答えできませんので、あらかじめご了承ください。
- 電話でのご質問は一切受け付けておりませんので、FAXまたは書面にて下記問い合わせ先までお送りください。また、ご質問の際には書名と該当ページ、返信先を明記してくださいますようお願いいたします。
- お送りいただいたご質問には、できる限り迅速にお答えできるよう努力いたしておりますが、お答えするまでに時間がかかる場合がございます。また、回答の期日をご指定いただいた場合でも、ご希望にお応えできるとは限りませんので、あらかじめご了承ください。
- ご質問の際に記載された個人情報は、ご質問への回答以外の目的には使用しません。また、回答後は速やかに破棄いたします。

◆お問い合せ先

〒162-0846
東京都新宿区市谷左内町21-13
株式会社技術評論社　書籍編集部
「図解即戦力
食品衛生管理のしくみと対策が
これ1冊でしっかりわかる教科書
-HACCP対応-」係
FAX：03-3513-6167

技術評論社ホームページ
https://book.gihyo.jp/116